**아이 셋 키우며
부업으로
월 2000만 원 버는 법**

아이 셋 키우며 부업으로 월 2000만 원 버는 법

초 판 1쇄 2020년 05월 26일

지은이 김유정
펴낸이 류종렬

펴낸곳 미다스북스
총괄실장 명상완
책임편집 이다경
책임진행 박새연 김가영 신은서
본문교정 최은혜 강윤희 정은희 정필례

등록 2001년 3월 21일 제2001-000040호
주소 서울시 마포구 양화로 133 서교타워 711호
전화 02) 322-7802~3
팩스 02) 6007-1845
블로그 http://blog.naver.com/midasbooks
전자주소 midasbooks@hanmail.net
페이스북 https://www.facebook.com/midasbooks425

© 김유정, 미다스북스 2020, *Printed in Korea*.

ISBN 978-89-6637-799-2 03320

값 15,000원

미다스북스는 다음세대에게 필요한 지혜와 교양을 생각합니다.

아이 셋 키우며 부업으로 월 2000만 원 버는 법

김유정 지음

미다스북스

평범한 주부,
진짜 부자의 길로 들어서다!

나는 누구보다 평범한 여자다. 운 좋게 서울 국민대학교 국제통상학과에 합격하여 '투투' 친구들과 재미있는 대학생활을 보냈고, 장학금을 받으며 학교생활을 열심히 했다. 대학교에 입학하면 공부 끝, 자유 시작일 것 같지만 여전히 학점과 토익 점수 때문에 공부라는 올가미에서 벗어날 수 없었다.

대학교 졸업 후, 나는 당연히 문제없이 취업할 줄 알았지만, 현실은 녹록하지 않았다. 처음 여의도 증권사 면접에 떨어지고, 집에서 펑펑 울면서 사회생활을 시작했다. 그 뒤로는 서류전형 통과해서 면접 보는 것도 감지덕지했다.

여러 취업 관문을 거쳐 글로벌 운송회사에 입사했으며, 목소리가 좋아 고객센터 팀장으로 10년 근무했다. 초등학교 6년, 중학교 3년, 고등학교 3년 총 12년을 거치며 내가 운명처럼 합격한 회사에서 몸과 영혼을 갈아 넣었지만 항상 똑같이 반복되는 업무에 점점 지쳐갔다.

결혼할 나이가 되자 다른 일에 도전하기에는 늦은 것 같았다. 그래서 결혼이라도 빨리 해야 회사를 탈출할 수 있을 것 같았다. 나와 똑같은 직장인이 아닌 사업에 큰 꿈과 목표가 있는 남자를 원했다.

나는 어려서부터 피자를 너무 좋아했다. 친구들과 피자 먹으면서 "나는 피자 가게 사장과 결혼할 거야. 나는 강남에 빌딩 사서 월세 받을 거야. 나는 아이 셋을 키울 거야."라는 말을 자주 했다. 세상은 상상한 대로 이루어진다고 했던가. 그때 당시 내가 좋아했던 고소하고 맛있는 미스O피자에서 15년째 근무하는 남자와 소개팅을 했다. 이 남자는 본인의 피자 가게를 차려, 우리나라 1등 프랜차이즈 피자 가게를 만드는 꿈이 있는 사람이었다. 멋있었다. '그래, 결심했어. 난 프랜차이즈 피자집 사장 사모님이 되는 거야.'

결혼도 순조롭게 이어졌다. 내가 원하는 결혼식장, 신혼여행, 신혼집, 꿈같은 결혼생활을 시작했다. 나는 주변의 부러움을 받으며 멋지게 회사에 사표를 냈다. 행복했다. 때마침 코엑스가 리모델링하면서 미스ㅇ피자가 재계약을 안 하고 문을 닫아야 했다. 남편은 사업을 시작했다. 이제 본인 피자를 만들 수 있게 된 것이다. 시작은 순조로웠다. 장사도 그럭저럭 잘되었다. 하지만 프랜차이즈를 하기에는 자금이 부족했다. 집 담보로 대출을 많이 받았다. 당연히 문제없이 잘될 줄 알았지만 점점 대출 이자를 감당하기가 어려워졌다. 결국 신혼집을 팔고 아이 셋과 함께 시댁에서 살게 되었다.

도망갈 곳이 없을 때, 두 갈래 길이 주어진다. 그냥 안주하고 그대로 사는 것과 위기를 기회로 만들어 더 앞으로 나아가는 것. 선택은 내가 하는 것이다. 나는 후자를 택했다. 앞으로 나아가면서도 두려움이 있었지만 무작정 계속 노력했다. 어떤 일이 나에게 다가올지 알 수 없지만 안주하는 것은 절대 답이 아니라는 것을 분명히 알고 있었다. '어떻게 하면 빚을 갚을까? 어떻게 하면 매출이 오를까?' 항상 생각하고 고민하고 답을 찾아 나아가야 한다.

우리는 누구나 경제적 자유를 꿈꾼다. 하지만 직장생활에 만족

아이 셋 키우며 부업으로 월 2000만 원 버는 법

하면서 그냥 열심히 산다. 또 아이를 키우면서 시간이 흘러가는 대로 그냥 산다. 분명 새로운 길이 있다. 생각보다 많다. 직장생활을 하면서 누구나 부업을 할 수 있고 아이 키우면서 누구나 돈 벌수 있다. 나는 어려운 상황이지만 긍정적인 생각으로 어떻게든 방법을 찾으면서 새로운 시도를 했다. 세상에 정답은 없다. 하지만 나는 안다. 나는 분명 나아지고 있다. 나는 이 책에서 부업의 필요성을 일깨우며 돈 버는 방법, 기회를 찾는 방법, 돈을 굴리는 마인드까지 알려줄 것이다. 누구나 부자가 될 수 있도록 함께 나아갈 것이다.

목 차

프롤로그 평범한 주부, 진짜 부자의 길로 들어서다! ······························· 4

STEP1
아이 셋 엄마의 빚 청산 재테크 공부

1 인생 목표, 빚부터 갚고 세우자 ·································· 15

2 빚에 대한 불안이 돈을 벌게 했다 ······························· 23

3 돈에 대한 사고방식을 바꾸자 ··································· 29

4 빚도 고민, 육아도 고민이다 ···································· 35

5 돈 공부, 나는 이제 시작이다 ··································· 43

6 빚 갚는 기술이 따로 있을까? ·································· 50

7 아이 셋 주부, 경제 독립을 외치다 ······························ 56

STEP2
이제 쇼핑자에서 판매자로 각성하라

1 남들 다 하는 중고나라로 시작하다 ·· 65

2 육아용품으로 온라인 판매를 배우다 ·· 74

3 온라인 판매를 적극 활용하자 ·· 81

4 중고나라로 온라인 판매 사장님이 되자 ······································· 87

5 0원으로 시작해서 가장 단순하게 돈 버는 방법 ························· 94

6 온라인 시장을 이해하고 시작하자 ··· 101

7 온라인 쇼핑몰 입문하기 - 오픈마켓, 소셜커머스 ···················· 108

8 아이 셋 평범한 주부인 나도 가능할까? ····································· 116

9 열정만 있으면 누구나 할 수 있다 ·· 123

STEP3
온라인 판매로 대박 나는 9가지 기술

1 매출을 2배로 올리는 상세페이지 제작법 ·································· 133

2 매출을 2배로 올리는 사진 찍는 방법 ·· 139

3 상위 노출로 판매 매출을 올리자 ·· 146

4 블로그, 인스타그램, 온라인 마케팅을 활용하자 ·················· 153

5 잘 팔리는 썸네일을 만들자 ······································ 160

6 썸네일, 상세페이지, 구매평이 답이다 ························· 168

7 광고는 선택이 아닌 필수다 ······································ 175

8 카테고리, 상품명, 키워드에 신경을 쓰자 ······················ 182

9 온라인 판매 교육을 듣고 공부하자 ····························· 189

STEP4

온라인 판매로 월 매출 2,000만 원 만들다

1 주부, 온라인 판매에 목숨을 걸다! ····························· 199

2 광고 마케팅을 공부하자 ·· 205

3 추가 수입은 곧바로 재투자하자 ································· 212

4 주부 마인드에서 사업가 마인드로 바꾸자 ······················ 219

5 힘든 일은 전문가에게 맡기자 ··································· 226

6 한눈팔지 말고 매출 향상에 집중하자 ·························· 233

7 지금 매출에 만족하지 말자 ······································ 238

8 사업의 성공은 시간 관리에 달려 있다 ························· 245

9 지금 외롭다면 잘하고 있는 것이다 ····························· 251

STEP5
빚 갚고 진짜 부자가 되기로 결심했다

1 엄마의 돈 공부 이제 시작이다 …………………………………… 261

2 부동산의 꽃, 경매를 배우다 ……………………………………… 268

3 대단하다, 내가 이 빚을 다 갚다니! …………………………… 275

4 몸 때우기는 이제 그만, 돈을 굴리자 ………………………… 282

5 아이 인생이 아닌 내 인생을 살자 …………………………… 289

6 부의 추월차선은 온라인 판매가 답이다 …………………… 297

7 간절함만이 내 인생을 바꿀 수 있다 ………………………… 304

8 경험을 돈으로 바꾸는 기술을 배우자 ……………………… 310

9 빚 갚고 진짜 부자가 되기로 결심했다 …………………… 317

에필로그 위기는 정말 기회다 ………………………………………… 324

아이 셋
엄마의
빛 청산
재테크 공부

1

인생 목표,
빚부터 갚고 세우자

사업 목표가 있는 남자와 결혼할 거야!

나는 해외 운송업체 고객센터에서 팀장으로 10년을 근무했다. 글로벌 회사답게 회사 시스템이 모두 영어로 되어 있고 본사가 독일이며, 고객센터 특성상 늘 고객을 상대해야 하는 감정 노동에 시달렸다. 처음 입사했을 때부터 내 몸과 영혼을 바쳐야 했다. 그래도 직장에서 월급을 받기 때문에 그 정도는 당연한 것이라고 생각했다. 나의 직장생활은 너무 재미없었다. 하루에 200콜 이상의 고객 전화를 받고 스크립트를 읽으며 기계처럼 반복 응대하고, 화를 낼 수 없으며 상사가 시키는 일만 한다. 정말 죽지 못해 회사생활을 했다.

회사를 그만두려고 몇 번 사직서를 냈다. 상사는 내 사직서를 버리며 "유정아, 힘들지? 조금만 참아."라고 나를 달래며 돌려보냈다. 나는 혼자 끙끙 고민했다. 이건 아니다. 이러다가 내가 죽겠다 싶어 부모님께 선전 포고를 했다.

"엄마 아빠, 저 회사 진짜 못 다니겠어요. 사표 낼게요!"

평소에 힘든 내색 안 했던 딸이라 전혀 이해를 못 하셨다.

"네 나이에 회사 그만두면 결혼도 못 해, 돈 그만큼 주는 회사가 어디 있어? 안 돼! 다녀!"

그때부터 나의 목표는 직장인이 아닌 인생 목표가 있는, 사업하는 남 자를 만나는 것이었다. 그 남자의 사업 성공이 내 인생 목표였다.

나는 고등학교 때 피자를 처음 먹게 되었다. 피자는 신세계였다. 그때 는 동네 피자들이 1+1을 많이 했다. 그래서 친구와 1+1 피자를 사서 내 가 한 판 다 먹었다. 나는 피자를 정말 좋아한다. 20대 때는 피자를 너무 좋아해서 나는 "피자집 사장과 결혼할 거야."라고 많이 이야기했다. 그때 피자ㅇ은 좀 느끼했고, 미스ㅇ피자는 정말 맛있었다.

꿈이 있는 남자를 만나다

나는 50번 정도의 소개팅을 하여, 드디어 내가 원하는 남자를 만났다. 남편은 미스ㅇ피자 코엑스점에서 15년 근무하였고 앞으로 본인이 만든 피자 가게로 미스ㅇ피자를 넘어 우리나라 1등 피자 프랜차이즈로 성공하

아이 셋 키우며 부업으로 월 2000만 원 버는 법

는 꿈이 있었다. 너무 멋있었다. 세상을 다 가진 것 같았다. 결혼 시작도 너무 순조로웠다.

시댁 근처에 30평대 아파트를 구입하여 신혼집을 정하고 남들의 부러움을 받으며 회사에 멋지게 사표를 던졌다. 때마침 기다리던 아이도 생겼다. 모든 것이 완벽했다. 그러던 중 기회가 왔다. 코엑스가 리모델링을 시작하면서 미스O피자와 계약이 끝났다. 남편은 이제 본인 피자 가게를 오픈할 준비를 했다.

코카콜라 회사에서 수많은 직원 중에 콜라 제조 방법을 아는 사람이 딱 2명이라고 한다. 그만큼 중요한 일급비밀이다. 피자도 비슷하다. 시중 피자 가게에서 피자 도우를 정말 만들 수 있는 사람은 극히 드물다고 한다. 대부분 만들어져 있는 도우를 프랜차이즈에서 비싸게 사고 냉동 도우를 받아 그대로 사용한다. 그래서 피자 도우 맛이 다 비슷하다. 하지만 피자의 진짜 맛은 도우에 따라 달라진다고 한다.

남편은 미스O피자가 중국에 처음 오픈했을 때 오픈 멤버로 중국에 한 달 정도 있었는데, 그때 피자 도우 만드는 비법을 우연히 알게 되었다고 한다. 그래서 본인이 여러 연구 끝에 더 맛있고 담백하고 몸에 좋은 피자 도우를 만들게 되었다.

남편은 2호선 구로디지털역 인근에 피자 가게를 오픈했다. 상호는 마구스피자! 모든 피자에 미니피자, 아기피자를 서비스로 제공하면서 피자 홍보를 했다. 꽤 잘 팔렸다. 프랜차이즈를 만들기 위하여 사무실을 확장

아기피자

하고 사무직원을 뽑고 법인으로 등록했다. 이 과정에서 돈을 집 담보로 많이 빌리게 되었다. 계속 빌리면서 이자가 점점 늘어났다.

나는 남편이 피자 가게를 오픈하면서 우울한 독박육아를 시작했다. 남편 일상은 아침 11시에 피자 가게를 오픈하고 새벽 2시까지 장사를 하고, 정리한 후 피자 도우를 직접 만들고, 아침 7시에 집에 들어와 잠을 자고 아침 11시에 다시 출근했다. 그렇게 쉬는 날 없이 365일 매일 일하면서 힘들다는 소리 한 번 없이 묵묵히 본인 갈 길을 갔다.

그런데 어느 날 남편이 무리한 대출로 이자도 못 낼만큼 힘들다고 말했다. "유정아, 집을 팔아야 할 것 같아." 나는 "뭐!"라고 소리쳤다. 이런 사달이 날 줄 알았던 것 같다. 남편은 그동안 피자 가게를 유지하느라 여기저기서 대출을 받았고 그런 사실을 나에게는 말해주지 않았던 것이다. 우리는 서로 대화할 시간도 없었다. 남편은 남편대로 끙끙 앓고, 나는 나대로 주말에 친정 부모님의 도움을 받으며 겨우겨우 아이 셋을 육아하고 있었던 것이다.

아이 셋 키우며 부업으로 월 2000만 원 버는 법

마구스피자 앱 후기

상황이 이렇게 되자 부모님과 나는 정말 많이 울었다. 부모님의 마음은 찢어졌다. 더 힘든 것은 신랑의 고집이었다. 상황이 그런데도 남편은 여전히 피자 사업을 계속하고 싶어 했다. 어떻게든 성공하겠다며 더욱 열심히 일했다. 나는 숨이 막혔다.

나는 내가 너무 자랑스러워했던 신혼집을 할 수 없이 팔고 남편의 가게 바로 앞으로 이사했다. 하지만 피자 가게는 로또가 되지 않는 한 이미 해결이 안 되는 상태였다. 그럼에도 남편은 여전히 피자 가게를 고집했다. 상황은 점점 더 안 좋아졌다. 결국 길거리에 나앉아야 하는 상황이 되었다. 나는 어쩔 수 없이 아이 셋을 데리고 시댁에서 살게 되었다. 남편은 계속 피자 가게를 하느라 집에 거의 없었다. 시댁에서 시댁

친정부모님과 큰딸

어른들과 시누이와 아이 셋을 데리고 같이 살게 되었다.

　남편은 이런 상황에서도 계속 피자 가게를 운영했다. 나는 남편에게 이제 같이 못 살겠다고 했다. 남편은 그때서야 가게를 내놓겠다고 했다. 하지만 거짓말이었다. 가게가 안 나간다고 핑계만 늘어놓으며 계속 가게를 운영했다. 나중에 부동산에 물어보니 가게를 안 내놓았단다. 결국 계약 기간 끝까지 장사를 하고 가게를 접었다.

　아이 셋 키우며 부업으로 월 2000만 원 버는 법

여보, 빚부터 갚고 인생 목표 세워!

나는 그제야 돈의 중요함을 뼈저리게 깨달았다. 나는 직장생활을 할 때 영어 스트레스가 많았다. 외국계 기업으로 영어는 기본이다. 영어로 화상 회의도 하고 대부분의 직원이 영어를 매우 잘한다. 그래서 나는 첫째 딸에게 영어 중요성을 강조하며 유아 때부터 잉글리〇에그 전집을 사주며 영어에 노출을 하고 영어 학습지에 영어학원까지 보냈다.

아이가 영어 학원에서 공부하는 동안 엄마들끼리 모여서 수다를 떠는데, 커피를 자주 마셨다. 카페에 가면 나도 모르게 "이거 얼마예요? 저거 얼마예요? 비싸네…."라고 말했다. 그런데 그때 한 동네 엄마가 나한테

아이들 셋

짜증 섞인 목소리로 "언니, 왜 이렇게 돈, 돈 거려?" 하는 것이었다. 별로 친하지도 않았는데 당황했다. 나는 그 뒤로는 커피 마시러 절대 가지 않았다.

돈이 없으면 비참해진다는 것을 깨달았다. 있을 집도 없고 먹고 싶은 것도 못 사 먹고 아이들이 사달라고 하는 것도 마음껏 못 사주고…. 소비뿐만 아니라 인간관계도 비참해진다. 돈이 나를 힘들게 하고 불편하게 했다. 스트레스에 시달렸다. 그러면서 나쁜 생각을 자주 했고 스스로를 궁지로 몰았다. 그래도 나는 아이 셋 엄마니깐 이겨내자고 생각했다. 그리고 '이렇게는 못 살겠다, 빚을 갚아야겠다, 돈을 벌어야겠다, 돈을 많이 벌어야겠다.'라고 생각했다. 돈이 흘러 넘쳐서 돈 걱정 안 하고 하고 싶은 것 다 하고, 먹고 싶은 것 다 먹으면서 살고 싶었다.

2

빚에 대한 불안이
돈을 벌게 했다

우여곡절 끝에 아이 셋과 시댁에 들어가다

시어머님은 요리를 잘하신다. 몇 십 년 동안 시흥유통상가와 구로디지털단지역 근처에서 인근 건물이 새로 올라갈 때마다 한식 장사로 돈을 많이 버셨다. 또 아끼시면서 많은 돈을 모으셨다. 그래서 아들 장가갈 때 신혼집으로 번듯한 아파트를 사주시고, 아들이 피자 가게 오픈할 때도 돈을 보태주셨다. 우리가 빚으로 신혼집을 팔고 상황이 점점 안 좋아지자 어머님이 시댁에 들어오라고 먼저 말씀해주셨다. 너무 감사하고 죄송했다. 나는 빚도 걱정이었지만 독박육아로 너무 힘들어하고 있던 터라 기댈 곳이 필요했다.

시댁으로 이사하는 날, 우리 집의 짐이 시댁 집에 다 들어갈 수가 없어 살림을 많이 버려야 했다. 침대, 소파, 화장대, 거실장 등을 버리면서 나는 주체할 수 없는 눈물을 흘렸다. 처음 신혼살림을 준비하며 엄마랑 같이 즐겁게 보러 다녔던 추억이 떠올랐다. 나는 마음이 무척 아팠다. 가슴이 뜯겨져 쓰레기처럼 버려지는 것 같았다.

이렇게 아이 셋과 시댁 생활을 시작했다. 시댁에서 이삿짐을 정리하고 있었다. 갑자기 누가 문을 거칠게 두드렸다.

"띵동띵동!"

"누구세요?"

"문 열어! ○○○ 집에 있지? 문 열어! 쾅쾅!!"

나는 당황해서 순간 문을 열었다. TV에서만 보던 깡패 같은 아저씨 2명이 일수 가방을 들고 나에게 소리쳤다. 나는 그런 사람 없다며 황급히 문을 닫으려고 했지만 깡패 아저씨들은 "어디 숨었어! 나와! 당장 나와!"라고 소리 지르며 나를 위협했다. 어머님이 "그런 사람 없다. 다른 집을 찾아온 것 같다."라며 억지로 문을 닫았다.

그렇게 TV에서만 보던 상황을 내 눈앞에서 겪었다. 심장이 밖으로 튀어나오는 줄 알았다. 다리가 후들거렸다. 어지러웠다. 나는 그때부터 빚이라는 무서움 때문에 잠을 제대로 못 잤다. 빚이 너무 무서웠다. 빚이 나를 이렇게 힘들게 할 줄은 꿈에도 몰랐다.

아이 셋 키우며 부업으로 월 2000만 원 버는 법

사실 아이 셋이라서 내가 직접 돈 벌 생각을 못 했다. 그러나 아니었다. 무엇을 해서라도 돈을 벌어야 했다. 일거리를 찾아보았다. 하지만 아이가 어려서 직장을 왔다 갔다 할 시간이 안 맞았다. 그러면 어떻게 해야 돈을 벌 수 있을까? 막막했다. 할 줄 아는 거라고는 고객센터 응대밖에 없는데 다시는 콜센터에 가고 싶지 않았다.

직장보다 더 좋은 중고나라 발견하다

남편은 나보다 8살이 많다. 그래서 결혼하자마자 아이를 빨리 갖고 싶어 했다. 하지만 직장 스트레스로 아이가 생기지 않았다. 그래서 한약도 먹고 배란일도 체크하면서 노력했다. 임신 확인을 위하여 임신 테스트기를 자주 사용하다 보니 가격도 만만치 않았다. 그러다가 네이버 '중고나라' 카페에서 임신 테스트기 겉에 플라스틱이 없지만 테스트기 심만 여러 개 저렴하게 팔고 있는 것을 발견했다.

그때 불현듯 '중고나라'가 떠올랐다. '맞다, 맞아! 이것저것 다 팔고 있는 중고나라에 들어가보자. 어머나 세상에! 내가 이사할 때 버렸던 침대, 소파, 화장대, 거실장들을 모두 중고나라에서 팔았으면 몇십 만 원은 벌었겠다. 아깝다!'

쿠팡으로 아이용품 걸음마 보조기를 구매했다. 리뷰 이벤트에서 1등 당첨이 되어서 바운서를 받았다. 집에 바운서가 있어서 선물로 받은 새 상품을 사진으로 찍어서 중고나라에 처음 올렸다.

'띵동' 정말 구입하겠다는 문자가 왔다. 나는 입금을 요청했다.

'띵동' 입금이 들어왔다. 뛸 듯이 기뻤다. 항상 직장인 마인드로 월급이 나한테 돈이 들어오는 유일한 수입인 줄 알았는데, 내가 특별한 일을 하지 않았는데도 수입이 만들어져서 너무 기쁘고 좋았다.

나의 중고나라 판매는 이렇게 시작되었다. 처음에는 가까운 우체국 택배를 이용했다. 에어캡을 공짜로 이용할 수 있어서 좋았다. 하지만 택배비가 많이 나와서 계산을 잘못하면 나한테 별로 남는 게 없었다. 그래서 집에 있는 포장 재료로 최대한 포장해서 편의점 택배로 발송했다.

나에게 안성맞춤 부업 시작하다

중고나라 판매를 하면서 집을 정리하기 시작했다. 아이들 장난감, 아이들 책, 신발, 옷, 가방, 장갑, 액세서리 등 팔 수 있는 건 계속 팔았다. 집에 필요 없는 물건이 정말 많았다. 그러면서 나의 소비를 반성하기 시작했다. 사용하지도 않는 물건이 잔뜩 있었다. 나는 혹시나 하는 불안한 마음으로 소비하는 것도 있었다. 아니, 사실은 너무 많았다. 다음에는 진짜로 필요한 물건만 구입하자고 굳게 다짐했다.

첫째 딸은 100% 모유 수유를 했다. 젖병을 물리고 싶어 젖병, 젖꼭지를 사서 포장을 뜯었는데, 아이가 싫어해서 한 번도 사용하지 않고 그대로 있었다. 젖병은 특별한 이상이 없는데 공기 중에 놔두었더니 젖꼭지 표면이 살짝 뿌연 상태였다. 그래도 사용을 한 번도 안 했고 어차피 삶아서 사용하므로 괜찮을 줄 알고 팔았다. 하지만 바로 컴플레인이 들어왔다. 사용한 것 같다는 의심이 든다고 했다. 그래서 할 수 없이 바로 환불

아이 셋 키우며 부업으로 월 2000만 원 버는 법

해줬다. 가끔은 판매할 욕심에 손해를 보기도 한다. 아이용품은 특별히 위생에 신경 써야 한다.

처음에는 중고나라에만 올리다가 번개장터를 알게 되었다. 번개장터는 올리기가 더 간편하고 편리했다. 그래서 중고나라와 번개장터를 동시에 올리기 시작했다. 그러다가 헬로마켓, 당근마켓 등 판매 채널을 점점 늘리기 시작하니 더 빨리 판매할 수 있었다.

아이들이 어린이집에 가면 본격적으로 사진 찍고 올리고 청소하기를

중고나라, 번개장터, 헬로마켓, 당근마켓 이미지

반복했다. 너무 재미있었다. 통장에 반찬값 할 정도로 돈이 쌓이기 시작했다. 하루에 얼마 팔아야겠다는 목표 금액을 세웠다. 집안에서 물건을 찾고 사진을 찍고 올렸다. 그렇게 목표 금액을 달성한 날은 뿌듯하고 행복했다. 나에게 딱 맞는 부업을 찾았다.

이렇게 나의 판매는 시작되었고, 나는 중고 판매의 달인이 되어가고 있었다. 나의 단골이 점점 늘어났다. 나의 상점을 팔로잉하여 내가 물건을 올리면 나를 믿고 구입하는 팬도 생겼다. 그래서 더 열심히 집중하게 되었다. 그리고 포장에 신경을 많이 썼다. 운송 중에 파손되면 오히려 환불을 해야 하기 때문에 택배비 손해를 보기 때문이다. 파손이 안 되도록 에어캡 포장에 신경 쓰고 물건은 최대한 깨끗이 보관하고 문의 시 바로 답변을 하고 가능하면 최대한 당일 발송으로 빠르게 진행했다.

그리고 나는 중고나라를 하면서 나의 소비를 뒤돌아볼 수 있었다. '나는 왜 굳이 이걸 사서 이제는 팔려고 노력하네.' 그러면서 매달 당연하다고 생각한 고정 비용을 적어보았다. 진짜 필요한지 다시 한 번 생각해보았다. 그렇게 나는 점점 달라지기 시작했다.

3

돈에 대한
사고방식을 바꾸자

돈, 많으면 많을수록 좋다

나는 10년 동안 직장생활을 하면서 돈에 대해 깊게 생각해본 적이 없다. 나는 친구들보다 조금 더 버는 것 같았고 월급을 더 많이 받는 건 승진을 해야 하므로 기대도 없었다. 나 스스로 한계를 정한 것이다. 나는 월급 받아서 혼자 쓰는데도 늘 돈이 부족했다. 월급이 들어오면 카드 값으로 대부분 다 나가고 남는 돈은 쥐꼬리만큼밖에 없었다. 그렇다고 아끼면서 궁상맞게 살기는 싫었다.

지긋지긋한 회사를 탈출하는 유일한 방법은 결혼이었다. 퇴근을 하면 친한 동생 미진이와 회사 홍보는 재미로 지내고 있었다.

"미진아, 결혼하려면 얼마 필요해? 200? 300?"

미진이가 어이없다는 듯이 본다.

"언니! 못해도 2,000만 ~3,000만 원은 있어야 해!"

"어머! 그렇게나 많이 필요해?"

나한테는 모아둔 돈이 없었다. 많이 당황했다. 결혼은 장난이 아니구나. 나는 결혼 목표 자금 3,000만 원을 모아야겠다는 결심을 했다. 그때부터 2년 넘게 돈을 열심히 모아서 결혼 자금을 준비했다.

나는 결혼할 때. 부모님께 손 안 벌리고 혼수 장만을 해서 뿌듯했다. 하지만 엄마는 "아무개는 결혼할 때 부모한테 용돈 주고 금가락지도 끼워줬단다."라고 하셨다. "엄마! 나는 거기까지 생각도 못했네." 돈은 역시 많으면 많을수록 좋은 거구나!

시댁에서 시부모님과 시누이와 사는 것이 처음에는 불편하고 어려운 부분이 많았다. 하지만 시어머님은 내가 돈을 빨리 모아서 빚을 갚을 수 있게 최대한 도와주셨다.

우선, 음식 값이 전혀 들지 않았다. 시어머님께서는 어차피 먹는 거 조금 더 하면 된다고 말씀하셨다. 하지만 우리는 다섯 식구라서 많이 먹는다. 게다가 수도세, 전기세, 도시가스 비용을 어머님이 다 내주셨다. 이런 좋은 환경에서 나는 최대한 빨리 빚을 갚아야 했다.

아이 셋 키우며 부업으로 월 2000만 원 버는 법

빚 갚으려면 '돈, 돈, 돈' 해야 한다

처음에는 빚이 얼마인지 정확히 알지도 못했다. 남편과 대화할 시간도 없고 남편이 여러 곳에서 돈을 빌린 터라 상환 날짜, 상환 방법, 이자 등이 각각 다르다 보니 생각하는 것조차 머리 아팠다. 제일 먼저 내 빚이 정확히 얼마인지 알아야 한다.

아파트를 팔고 나서 남은 빚이 1억 5,000만 원 정도였다. 어느 것을 먼저 갚을 건지 우선순위를 정했다. 먼저 가장 오래된 대출이면서 연체 기간이 오래되고 금리가 가장 높은 것부터 갚아야 한다. 이렇게 온종일 몇날 며칠 돈 계산을 하다 보니 어느 순간 내가 '돈, 돈, 돈' 하고 있었다.

남편은 억지로 피자 가게를 그만두고 사무직으로 취업했다. 퇴근하고 저녁 8시 전에 집에 왔다. 세상 행복했다. 우리 식구가 같이 밥을 먹는 그 순간이 너무 좋았다. 주말에도 같이 있고 일요일에 교회 가고 마트에 갔다 와도 여유가 있었다. 우리 가족이 같이 있으니 돈을 좀 쓰게 되었지만 그래도 그 순간을 즐기고 싶었다. 내가 얼마나 간절히 바라던 순간인가! 하지만 빚을 갚아야 한다는 생각에 마음은 늘 불편했다.

어느 날, 남편이 본인 마구스피자가 프랜차이즈로 어떤 점이 부족한지 배워야겠다며 피자 가게 아르바이트를 하겠다고 했다. 나는 흔쾌히 승낙했다. 그리고 고마웠다. 나는 독박육아가 너무 싫었지만 남편의 월급만으로는 빚 갚는 게 너무 더디었기 때문에 선택의 여지가 없었다. 남편은 평일 퇴근 후 피자 배달 아르바이트를 하고 주말에 늦게까지 일해서 한달에 총 400만 원 가까이 벌어왔다. 그 돈은 그대로 모두 빚 갚는 데 사용했다. 그리고 시어머님이 생활비로 쓰라고 나에게 50만 원씩 몇 달 주셨다. 정말 감사했다. 어머님이 주신 50만 원과 중고나라에서 판매한 금액을 합해서 한 달 생활을 했다.

나는 아이 셋을 데리고 악착같이 아끼는 소비 생활을 하는 사람이 아니다. 그렇다고 큰돈을 쓰지도 않았지만 돈을 중요하게 생각하지 않았다. 그동안 살면서 크게 불편함이 없었기 때문이다. 하지만 상황이 180도 바뀌었다. 나는 아껴야 하며 고정 비용도 줄여야 했다. 아무리 들여다봐도 다 필요한 것뿐이었다. 소비를 안 하는 것은 당연하고 고정 비용을 줄이지 않으면 답이 안 나왔다. 이 고정 비용 줄이는 과정이 고난이었다.

로또인 줄 알았던 보험 해지하기

10년 직장생활하면서 여러 스트레스에 시달렸다. 고객 전화는 끊임없이 들어오고 상사는 계속 일을 시켰다. 우울하고 '이렇게 살아서 뭐 하나?'라는 생각을 자주 했다. 두통약을 달고 살았다. 그랬더니 배도 자주 아팠다. 하루에 커피를 7~8잔씩 마셨다. 어느 날 커피를 타서 자리에 앉다가 배가 아파서 주저앉았다. 식은땀이 났다. 병원 가서 목 마취로 위내시경을 했다.

의사 선생님이 "아이고, 젊은 아가씨가 위 출혈이 4군데나 있네. 스트레스 그만 받아요. 큰일 나요."라고 했다.

그때 정말 내가 안 좋다는 생각에 약을 한 달치 받아오며 바로 보험 가입을 했다.

20대에 사회생활을 시작하면서 처음에는 주변 사람의 권유로 보험에 가입하기 시작했다. 실비, 암보험, 연금보험 등 나는 걱정 병이 있어 더 많은 보험에 가입했다. 보험 설계하시는 분이 "유정 씨는 암에 걸리면 로또예요!"라고 말할 정도였다. 나는 머쓱하게 웃었다.

나의 미래 로또를 깨는 것은 정말 어려웠다. '혹시 보험 해지했다가 아프면 어떻게 하지?' 여러 번 나와의 싸움 끝에 '여태까지 특별히 안 아팠는데, 설마 크게 아프겠어.'라는 마음으로 굳은 결심을 하고 실비 보험만 빼고 모두 해지했다. 혹시나 하는 마음으로 실비 보험은 두었다.

보험을 해지하니 큰돈이 내 통장에 꽂혔다. 고민 없이 바로 빚의 일부를 갚았다. 생각보다 덤덤했다. 오히려 빚을 갚아서 기분이 훨씬 좋았다. 심지어 그때까지 낸 보험료가 너무 아까웠다. 나는 지금까지 한 번도 보험금을 받아본 적이 없다. 실비도 고민에 들어갔다. 용기를 내볼까, 말까? 때마침 나라에서 건강검진 용지가 왔다. 나이가 40세가 안 되어서 위내시경을 내 돈으로 해야 했다. 나는 결심했다! '그래, 건강검진을 하고 문제 없으면 실비도 해지하자!'

위내시경과 대장내시경까지 했다. 내 걱정과 다르게 위도 깨끗하고 대장도 깨끗하단다.

"저 10년 전에 위 출혈이 4군데나 있었어요. 정말 자세히 보셨어요?"

의사 선생님은 웃으셨다. 기쁘다. 나의 회사 탈출로 위가 정상으로 돌아왔구나. 앗싸!

보험회사에 바로 전화해서 실비보험을 해지했다. 보험을 해지한다고 하면 이것저것 물어볼 것 같고 해지 안 시켜줄 것 같은데 보험 해지는 엄청 간단하다. 별로 물어보는 것 없이 해지하면 바로 해지 보험료가 입금된다. 하지만 내가 낸 보험료 전부를 못 돌려받고 손해를 본다. 매우 아깝다. 그래도 통장에 돈이 들어오면 순간 잊어버리고 기쁘다. 기쁨도 잠시, 고민하지 말고 전부 금융기관에 넣어야 한다. 고민하는 순간 '외식 한 번 할까? 아이들 사달라는 장난감 한 번 사줄까?' 하면서 다른 곳에 사용할 수 있기 때문이다.

모든 보험을 해지하면서 나 자신이 대견스러웠다. 내가 그동안 움켜쥐고 놓지 않으려는 것을 내려놓은 듯 시원했다. '어차피 나는 부자가 될 것이고, 부자면 보험이 굳이 필요 없고 혹시나 아프면 건물 하나 팔면 되는 거야.'라며 스스로를 위로했다. 우선은 빚 없애는 데 모든 것을 집중했다. 돈이 나의 목숨을 잡고 흔들지 않도록 내가 노력해야 했다. 나는 썸 타는 연인처럼 돈에 관심을 가지고, 돈을 잘 알고, 돈을 사랑하는 사람으로 바뀌어야 했다.

아이 셋 키우며 부업으로 월 2000만 원 버는 법

4

빚도 고민,
육아도 고민이다

고정 비용, 꼭 필요한 것인지 점검하자

'이제 고정 비용 어떤 것을 줄여볼까?'

고정 비용 나열한 종이를 계속 들여다보며 고민했다. 내가 아무리 돈이 없어도 지금 같은 경쟁 시대에 나보다 나은 사람이 되려면 아이들 공부는 잘해야 하니 교육비는 꼭 필요했다.

'나는 애가 셋이라서 물 끓이고 주전자 물병 닦으면서 시간 허비하는 것보다 그 시간에 아이들 보는 게 더 나아. 한 달에 돈을 주고 사용하는 정수기는 필요해. 할인카드로 할인도 받으니 괜찮아. 요즘같이 미세먼지, 바이러스 심한데 어린아이들이 있으니 공기청정기도 필요해.'

고정 비용은 필요한 것뿐이었다. 더 이상 줄일 수가 없었다. 그렇게 몇 달 고정 비용을 그대로 유지하며 살았다. 나는 평소처럼 유튜브를 보는데 참하게 생긴 남자 유튜버가 소비에 대해서 이야기했다. 그 유튜버는 소비를 거의 안 하고 지금이 원시시대 아니면 1970~1980년대라고 생각을 하고 산다고 했다. 그러면 군이 필요한 게 없어서 그렇게 돈을 모았다는 이야기를 자랑스럽게 했다. 아하! 그럼 나도 생각을 조금 바꿔보자!

우리 어렸을 때는 정수기가 없었다. 엄마가 매일 보리차 아니면 눈에 좋은 결명자차를 끓여주셨다. 그때는 그 갈색물이 지겨워서 엄마한테 생수가 먹고 싶다고 했다. 지금은 매일 정수기 물만 먹어서 가끔 보리차를 먹으면 너무 맛있다. 우리 아이들도 한번 보리차를 끓여줬더니 정수기 물 싫다고 한다. 용기가 생겼다. 그럼 공기청정기를 대체할 수 있는 게 있을까? 공기청정기를 사용 안 하시는 엄마에게 물어보았다. 엄마는 환기 잘하고 물걸레로 매일 닦아주면 된다고 하셨다. 나는 매일 청소하는 것이 자신이 없지만. 고정 비용을 줄일 수만 있다면 해야 했다. '오호! 매달 5만 원 넘게 줄일 수 있겠군! 5만 원씩 1년 하면 60만 원이나 줄일 수 있네! 해지하자!' 당장 60만 원 돈을 번 것 같아서 기분이 좋았다!

쓸데없는 불안과 걱정이 육아를 망친다
이젠 고정 비용을 줄이고 싶어서 안달이 났다. 나는 첫째 딸 5살 때부터 영어학원, 미술학원, 발레학원, 구몬 학습지로 국어, 영어, 수학, 한자를 빠짐없이 시켰다. 둘째 아들과 셋째 딸도 미술학원, 발레학원, 구몬

아이 셋 키우며 부업으로 월 2000만 원 버는 법

책 읽기를 하고 있었다. 우리 아이들은 매주 선물 한 꾸러미를 가져오는 남자 구몬 선생님을 정말 좋아했다. 구몬 하는 날만 손꼽아 기다렸고, 선생님도 선물로 아이들을 잘 구슬리며 공부를 열심히 가르치셨다. 그렇게 몇 년 동안 가르치시던 선생님이 다른 곳으로 발령이 났다고 했다.

그때 나는 기회가 왔다고 생각했다. 하지만 선물을 받는 것에 재미를 붙인 아이들이 구몬을 너무 좋아했다. 어쩔 수 없이 새로운 여자 선생님과 구몬을 했다. 하지만 착한 초보 여자 선생님은 선물에 집착하는 아이들을 공부로 연계시키지 못하셨다. 여러 우여곡절 끝에 구몬을 그만두게 되었다. 구몬 학습지에만 한 달에 20만 원 들었다. 1년 계산하면 240만 원 줄였다. 대박!

사실 처음에는 많이 불안했다. 나만 너무 안 가르치나? 우리 아이들만 뒤처지면 어떡하지? 그래서 아이들한테 쉬운 문제집을 1권씩 사서 매일 2장씩 풀게 했다. 그리고 내가 동화구연 자격증이 있어서 밤마다 동화책을 제대로 읽어줬다. 공주도 되었다가 늑대로 변신도 했다. 아이들은 엄마가 책을 읽어주면 정말 좋아한다. 계속 읽어 달라고 해서 오히려 피곤했다. 학습지 할 때는 선생님이 오시기 전에 풀어놔야 한다는 강박관념이 있어서 첫째에게 화를 많이 냈다. 매일 꾸준히 안 하면 "너 공부 안 하면 큰일난다."며 겁주는 말을 하고 화를 내고 아이를 때리기도 했다. 첫째 아이도 나를 싫어하고 서로 힘들어했다.

나도 첫째 아이 때는 육아가 처음이라 잘 몰랐다. 주변 엄마들과 어울리다 보니 주변 시선을 늘 의식했다. 우리 아이가 또래 아이들보다 조금 잘하면 어깨가 으쓱하고, 못하면 세상 무너지는 것처럼 아이를 잡았다. 그렇게 아이를 혼내면 나도 기분이 안 좋아서 우울해졌다. 그렇게 힘든 육아생활을 스스로 반복했다.

지금 생각해보면 왜 그렇게까지 했는지 이해가 안 간다. 나는 첫째가 뒤처질까 봐 늘 조바심을 내고 걱정을 많이 했다. 나의 쓸데없는 걱정과 불안으로 아이를 다그쳤다. 너무 미안했다. 내가 아이들 엄마인데 무책임했다는 생각이 든다.

처음에는 고정 비용을 줄이고자 했던 생각들이 나의 육아를 뒤돌아보게 했다. 내가 직장생활만 했던 것처럼 아이들을 사회가 원하는 플랫폼으로 서울 명문대에 가고 대기업에 취직시키고자 했던 것이다. 내가 그렇게 노예처럼 일했던 직장에 똑같이 아이들을 보내려고 키웠던 것이다. 직장 탈출하면 세상 무너지는 듯 무서워했던 나처럼 말이다.

나는 공부와 학원에 대해 많은 생각을 했다. 학원 비용의 가치를 생각하게 되었다. 미술학원이 정말 필요한가? 엄마표 미술은 어떤가?

우리 아이는 셋이다. 아이들을 데리고 미술학원 가는 것도 학원 시간 맞추는 것도 쉬운 일이 아니었다. 과감히 학원을 버리고 집에서 스케치북을 하나씩 주고 물감을 줬다. 내가 주제를 정해도 첫째는 귀여운 캐릭터만 그리고, 둘째는 로봇이나 공룡을 그리고, 셋째는 장난을 치면서 그린다. 말 정말 안 듣는다. 속이 터진다.

아이 셋 키우며 부업으로 월 2000만 원 버는 법

맨위: 첫째 발레 사진, 왼쪽: 둘째 발레 사진, 오른쪽: 셋째 발레 사진

셋째는 꿈보다 해몽이다. 말을 잘 갖다 붙인다. 물감으로 스케치북 뚫어질 정도로 막 칠해놓고서는 엄마 그린 거란다. 또다시 물어보면 아이스크림이라고 말한다. 쫑알쫑알거리는 그 모습이 정말 귀엽다. 이렇게 엄마표 미술 수업을 하다 보면 몇 분 하고 안 한다고 한다. 그러면 내 마음에서 무언가 막 올라오지만 애써 꾹꾹 누르며 '학원 안 보내길 잘했지!' 하며 스케치북과 물감을 치우고 닦았다.

나는 하체가 통통한 편이다. 고등학교 다닐 때는 다행히 긴 교복 치마가 유행이여서 불편함이 크게 없었다. 하지만 사회생활을 하면서 옷 입을 때 스트레스가 있었다. 그래서 우리 아이들에게 발레를 시켰다. 첫째 딸은 통통한 편인데 발레를 2년 했더니 다리는 날씬하다. 둘째 아들은 처음에는 재미있게 했지만 공룡 로봇 자동차를 좋아하면서 남자는 발레 하면 안 된단다. 셋째 딸은 엘사 공주라며 계속 발레를 하고 싶어 한다. 나는 개인적으로 발레를 적극 추천한다. 체형 교정, 집중력 향상에 좋다. 첫째 딸이 발레대회를 나갔다 와서는 쉬고 싶다고 했다. 나는 존중했다. 예전의 나라면 무슨 소리냐며 끝까지 하라고 아이를 다그쳤을 것이다.

처음에는 빚을 빨리 갚기 위해 고정 비용 줄이고자 나는 돈에 대해 많은 생각을 했다. 그러면서 나의 육아 방식도 점점 달라졌다. 꼭 필요하다고 생각했던 것이 사실은 내 내면에 잠재되어 있던 불안과 걱정, 주변 시선, 사회가 만들어놓은 플랫폼에 의한 것임을 깨달았다.

아이 셋 키우며 부업으로 월 2000만 원 버는 법

경제 교육은 어른과 아이들 모두 필수다

아이에게 학교 공부만 가르치는 것이 아니라 경제 교육도 같이 해야 한다. 우리 부모님은 어렸을 때부터 나에게 돈 문제를 거론한 적이 없다. '돈'에 대해선 최대한 쉬쉬하며 감추려 하셨다. 또 돈을 좋아하면 속물이 된다며 주의를 주셨다. 그런데 이게 맞는 것일까? 부모님은 내가 어렸을 때 하고 싶은 것은 거의 다 해주신 편이다. 그래서 나는 우리 집이 부자는 아니지만 그래도 꽤 잘사는 줄 착각했다. 그래서 나는 돈에 대해서 관심도 없고 굳이 알려고 하지 않았다.

첫째 딸 발레 대회

내가 빚을 빨리 갚으려 했던 이유 중 하나는 빚을 대물림하기 싫은 것 때문이었다. 경제 교육을 안 하는 것은 빚을 대물림하는 것과 같다. 나는 아이들과 용돈, 부동산과 주식, 금융에 관한 대화를 많이 할 것이며 아이스크림을 먹고 과자를 사면서도 알려줄 것이다. 또한 나도 경제 공부를 꾸준히 하여 아이들과 함께 배우고 성장할 것이다. 이제야 내가 편견을 조금 깬 것 같다. 나는 달라졌다. 자존감이 올라가고 자신감도 생겼다.

5

돈 공부,
나는 이제 시작이다

유튜브 시청도 인생 공부가 된다

아이 셋과 시댁에 살면서 시어머님이 잘해주시고 신경 써주시니 항상 감사하다. 하지만 서로 불편함이 있는 데다 계속 신세를 질 수는 없다. 빚을 빨리 갚고 돈을 벌어 따로 나와 살아야 한다.

나는 '앞으로 이사를 어디로 가야 하나, 어디 전세가 좋을까?' 그렇게 막막해하며 고민했다. 그러면서 네이버 부동산 앱을 다운받고 내 동네 주변의 집값을 여기저기 훑어보고 있었다. 그러다가 잘못 눌러서 유튜브를 처음으로 보게 되었다. 그 유튜브는 〈부동산 읽어주는 남자〉 정태익 대표의 것이었다. '절대로 전세 살지 말라'는 편을 우연히 보게 되었는데 그 유튜브가 내 인생을 180도 바꾼 터닝포인트가 되었다. 그동안 나는 유튜브에 관심이 없었다. 유튜브는 아이들 대상의 〈뽀로로〉 같은 만화나 재미 위주의 콘텐츠만 있는 줄 알았다. 유튜브 시청하는 것은 시간 낭비라고 생각했다. 그래서 아이들이 유튜브를 보면 나쁜 영향을 받는다고 생각하며 보지 말라고 했다.

물론 유튜브 구독자수가 많고 조회수가 높다고 해서 좋은 유튜버라고 할 수는 없지만, 여러 정보와 지식을 주고 좋은 영향력을 미치는 유튜버도 정말 많다는 것을 알게 되었다. 유튜브 플랫폼 자체는 매우 좋다. 시대가 변했다. 지금 시대에 뒤처지는 것은 늙어간다는 것이다. 그러므로 이런 새로운 플랫폼을 얼마나 지혜롭게 사용하는지가 중요하다.

유튜브는 구글 AI에 의해 내가 좋아하는 연관된 콘텐츠가 계속 나온다. 정말 정보가 넘쳐 흐른다. 처음에는 〈부동산 읽어주는 남자〉의 유튜브만 보다가 지금은 소사장 소피아, 얼음공장, 김도사, 권마담, 단희샘, 김새해, 청울림, 김미경, 또 나와 하는 일이 비슷한 신사임당 창업 다마고치, 박세니 마인드 코치와 다양한 명상 관련 채널도 본다.

그들은 나를 모르지만 나에게는 모두 스승님이다. 내가 몰랐던 다양한 지혜를 나눠준다. 물론 이것은 마케팅으로 사용하는 것이지만 내가 유튜브 보는 것은 비용이 들지 않는다. 지금 어린 자녀를 키우느라 집에만 있거나 코로나 바이러스 때문에 집에 있어서 심심하다면 당장 유튜브를 열

아이 셋 키우며 부업으로 월 2000만 원 버는 법

남편의 피자 유튜브

고 관심 분야 콘텐츠를 보고 관련 독서를 하기 바란다. 그리고 더 나아가 유튜브 보는 사람이 아니라 유튜브를 하는 사람이 되기 바란다.

남편은 피자 전문가다. 피자 관련해서 여러 영상을 올렸다. 피자 오븐기 닦는 법 영상을 찍었더니 피자 오븐기 청소 대행 문의와 피자 창업 컨설팅이 꾸준히 들어온다. 피자 반죽 만드는 법 영상을 올렸더니 반죽 컨설팅 문의가 온다. 유튜브의 영향력은 생각보다 어마어마하다. 그리고 유명 유튜버 중에는 경제적 자유인이 많다.

부동산 경매 관련 내용을 열심히 보았더니 성공 스토리가 보였다. 대부분 악착같이 모아 종잣돈을 마련한다. 종잣돈으로 부동산 경매를 해 현재 시세보다 싸게 구입한다. 전세나 월세를 이용하여 수익률을 만든 다. 계속 반복한다. 또 유튜버가 되어 사람을 모아 경매를 가르친다.

현대 사회는 보이지 않는 계급 사회다

나는 돈에 대해서 깊게 알아보거나 궁금해한 적이 없다. 하지만 여러 유튜브와 책을 보면서 돈에 대해 조금 알 것 같다. 돈이란 무엇인가?

〈부동산을 읽어주는 남자〉 정태익 대표는 이렇게 말했다.

"15세기 말 콜럼버스가 신대륙을 발견했다. 못사는 유럽 인구가 이주 를 했다. 대규모 농장이 생기면서 대규모 인력이 필요했다. 처음에는 유 럽의 신용불량자들을 반노예처럼 부리며 그들에게 일을 시켰다. 하지만 전염병이 생겨서 노동력 부족 현상이 발생했다. 16세기 중반 아프리카 흑인 노예 강제 이주를 했다. 목과 발을 묶고 배에 태워서 짐이나 가축 또는 화물처럼 실었다. 50%가 죽고 50%가 살아남았다. 그러다가 에이브 러햄 링컨이 1863년 노예해방선언을 발표했다. 하지만 노예가 없어진 것 이 아니라 노예 제도는 여전히 존재하고 겉모습만 살짝 바뀐 것이었다."

『모든 것의 가격』이라는 책에는 노동의 가격에 대해 이렇게 나온다.

"노예 제도가 없어진 이유는 노예를 먹이고 재우는 비용보다 임금(월급) 을 주는 것이 싸기 때문이다. 자본가들은 이민자나 외국인 노동자를 통해 지속적으로 임금을 낮춘다. 어찌 보면 지금 우리나라 공장에서 임금이 저렴한 외국인을 고용하는 이유이기도 하다. 과거에는 남자는 농사일, 여자는 허드렛일을 하므로 누구나 가능했다. 하지만 사회제도가 점점 발달하면서 의사, 변호사, 의사, 다양한 사람이 필요했다. 그래서 노예를 아기 때부터 변호사, 의사, 교수로 키우려는 데 비용이 많이 들고, 그렇다고 똑똑한 사람이 된다는 보장도 없다. 투자 대비 성과가 안 나온다. 그래서 노예를 다 풀어줬다. 알아서 성인이 되면 월급을 주고 회사원으로 고용하는 것으로 바뀌었다.

그래서 회사원을 현대판 노예라고 한다. 현대 사회는 보이지 않는 계급 사회이다. 회사원은 사장에게서 절대 많은 돈을 받을 수 없기에 절대 부자가 될 수 없다. 하지만 다행히 현대 사회는 돈과 지식이 있으면 노예에서 사장이 될 수 있다. 이동이 가능하다. 하지만 쉽지 않다. 학교에서 돈과 은행에 대해서 가르쳐주지 않는다. 대기업 취직을 위한 방향만 가르친다. 그렇게 해야 나라 경제가 돌아가기 때문이다."

자본주의, 돈이 최고다

우리는 자본주의 시대에 살고 있으며 은행 제도를 꼭 알아야 한다. 많은 사람들이 돈을 은행에 맡기고 찾으러 동시에 오지 않는다는 점을 이용하여 지급준비금(은행이 예금의 일정 부분을 한국은행에 맡겨두는 자금)을 제외한 나머지 돈을 빌려주고(대출) 이자를 받는다. 만약 IMF 때처럼 사람들이 한꺼번에 돈을 찾으려고 하면 정부가 막는다. 지급 정지를 시켜서 은행이 망하지 않게 한다.

우리나라 지급준비금이 7%라고 치면, 7억만 있으면 허상의 돈으로 100억을 대출해줄 수가 있다. 은행은 투자금 전혀 없이 이자를 받아서 은행 직원들에게 월급 주고 성과급 주면서 은행을 운영한다. 은행에서 빚을 계속 권하는 이유다. 대출해가면 이자를 받기 때문에 은행은 새로운 돈이 계속 생기게 된다. 이렇게 돈이 계속 늘어난다. 이것이 인플레이션이다(인플레이션이란 통화량의 증가로 화폐 가치가 하락하고, 모든 상품의 물가가 전반적으로 꾸준히 오르는 경제 현상이다.)

1975년 짜장면 가격은 210원이었고 지금은 5,000원이 넘는다. 짜장면 가격은 왜 계속 오를까? 은행 제도 때문이다. 오르는 가격보다 내가 더 많이 벌어야 하고 인플레이션을 이겨내야 한다. 실물자산은 눈에 보이는 것으로 금, 은, 석유, 토지, 특허, 부동산 등이 있다. 돈의 가치가 계속 떨어지기 때문에 실물자산을 가져야 한다. 실물자산은 인플레이션을 이길 수 있다. 우리가 은행에 저축하는 것보다 실물자산에 투자해야 하는 이유다. 그래서 사람들이 부동산에 열광하며 분양, 급매, 경매 등 부동산에 관심을 갖는 것이다.

나는 우선 빚을 빨리 갚아야 한다. 빚을 갚고 종잣돈을 만들어 실물자산에 투자를 해야 한다. 가끔 빚이 있지만 대출을 받아 투자로 돈을 불리는 사람도 있다. 대부분 빚 있는 상태에서 투자를 하면 불안한 마음에 돈을 잃을까 봐 조바심과 압박감이 생긴다. 그러면 투자 실수를 할 수도 있다. 그래서 가능하면 모든 빚을 청산하고 종잣돈을 모아 투자해야 한다.

처음 2,000~3,000만 원 초기 종잣돈을 모을 때는 돈을 한곳에만 모아 두자. 처음에 나는 여러 은행에 금리 높은 곳에 적금을 넣어놨다. 그랬더니 금융기관별, 통장별로 분산되어 있어 총 금액이 한눈에 들어오지 않고, 금액 계산할 때마다 취합해서 다시 계산해야 하니 시간과 에너지가 들었다. 빚을 갚으려고 적금을 해지할 때도 이 은행, 저 은행 왔다 갔다 해야 해서 불편했다. 재테크 잘하는 고수의 공통점은 처음에는 심플하게 무조건 모은다는 것이다. 사실 초기 종잣돈은 금리 몇 % 더 받는 것에 큰 차이가 없다. 특히 지금은 저금리 시대기 때문에 더 그렇다. P2P, 주식, 펀드 등 수익률이 확정되지 않은 상품은 수시로 체크하며 신경을 써야 한다.

종이에 목표 날짜와 목표 금액을 적자. '2020년 8월까지 ○○만 원 종잣돈 만들기'라고 정하고 오직 이 한 가지에만 집중하고 몰입하자. 『원씽 (The One Thing)』 저자는 오직 한 가지 목표를 설정하고, 이를 이루기 위해 하루에 단 한 가지만 하는 것이 목표를 이룰 수 있는 가장 확실한 방법이라고 한다. 중요하지 않은 것은 버려라.

나는 예전에 〈슬램덩크〉 만화를 좋아했다. 주인공 강백호는 잘하는 하나의 슛만 계속 넣는다. 나도 이것저것 다 하려고 하지 말고 딱 한 가지, 돈 모으는 것에 집중하기로 했다.

초기 목표 금액을 달성했을 때에 은행에 가서 높은 금리의 예금 상품이 무엇인지 물어보고 '특판 금리 상품'이 있는지 확인하고 돈을 바로 넣어두자. 돈이 새지 못하도록 마음을 단단히 먹고 온 신경을 집중하여 목표 종잣돈을 만들자. 종잣돈은 크면 클수록 좋다.

6

빚 갚는 기술이
따로 있을까?

'지피지기(知彼知己)면 백전백승(百全百勝)'

적을 알고 나를 알면 100번 싸워 100번 이긴다. 지금부터 적은 빚이다. 나의 수입과 지출을 알면 100번 싸워 100번 이긴다. 나는 1억 5,000만 원의 빚을 2년 안 되서 다 갚았다. 빚 갚는 기술은 분명 존재한다. 우선 종이와 펜을 준비하자.

빚의 총 금액이 얼마인지 알아야 한다. 종이에 금융기관과 전화번호, 금액, 상환 방법, 상환 날짜, 금리 등을 세세하게 적는다. 나만의 방법이다. 금융기관 전화번호를 꼭 기재하자. 매우 중요하다.

처음 빚이 얼마인지 정확히 확인하고자 금융기관에 전화를 하고 중간

중간 돈이 생기면 즉시 연락해서 입금하기 위해 필요하다. 돈이 생겼을 때 전화번호를 찾아야 하는 번거로움이 있다. 이때 전화번호 찾아야 하는 귀차니즘으로 바로 돈을 못 갚고 유혹이 들어오면 참지 못하고 다른 곳에 쓰게 된다.

누군가 나에게 "빚이 얼마예요?"라고 묻는다면 "얼마입니다."라고 정확하게 말할 수 있어야 한다. 대부분 사람들은 "글쎄요. 얼마 정도인 것 같아요."라며 두리뭉실하게 답한다. 나도 그랬다. 두리뭉실한 이유는 대출을 여러 곳에서 급하게 빌려와서 기억을 제대로 못해서이다. 빚이 얼마인지 기억을 못 하면 당연히 빚 갚는 속도는 늦어진다. 빚을 10년 내내 갚을 것인지, 3년 안에 갚을 것인지는 본인의 선택이다. 이제 빨리 빚을 갚고 경제적 자유를 꿈꾸자. 더럽고 치사해서라도 빨리 빚을 갚자.

찬물에도 위아래가 있다

'빚'에도 위아래가 있다. 우선순위를 정하지 못하면 오히려 빚을 키우게 된다. 나는 대출 기간이 길고 금리가 높은 것을 먼저 갚았다. 그리고 다른 조건이 비슷하면 대출 금액 적은 것부터 빨리 갚았다. 적은 금액을 빨리 갚아야 하는 이유는 금융기관 수를 줄여야 하기 때문이다. 어떤 일이든 많고 복잡하면 생각하기 싫어져 행동으로 옮길 수가 없다.

내가 기억하기 편하게 대출 목록을 단순하게 바꿔야 한다. 또 빨리 갚으면 나에게 성취감이 생겨서 자신감이 올라간다. 나는 빚을 하나씩 갚을 때마다 떡볶이와 어묵 5,000원어치를 먹으며 신랑과 행복한 다짐을 했다. 빚을 전부 다 갚으면 내가 좋아하는 소곱창을 먹자고 굳게 약속했다!

'천 리 길도 한 걸음부터.' 나를 알려면, 모든 수입과 지출을 적는 것부터 시작해야 한다. 나는 가계부 적는 것이 귀찮았다. 하지만 빨리 빚을 갚으려면 해야 한다. 이 행동을 하느냐 안 하느냐에 얼마나 빨리 빚을 갚을 수 있느냐가 달려 있다. 만사 제쳐두고 실행한다면 놀라운 경험을 하게 될 것이다.

'돈은 쥐도 새도 모르게 빠져나간다.' 나는 처음에 무작정 통장, 카드 내역을 보며 적어보았다. 또 생각나는 대로 적어보았다. 끝이 없었다. 뚜껑을 열어보니 계속 줄줄 나왔다.

나는 내가 정말 알뜰하다고 생각했다. 평소 홈쇼핑도 안 하고, 과일도 거의 안 사고, 애들 데리고 마트도 절대 안 가고, 소비를 거의 안 한다고 생각했다. 그런데 착각이었다. 자잘하게 돈을 쓰고 있었다.

나는 옷을 좋아한다. 안양지하상가는 나의 무대다. 브랜드 제품보다는 저렴하다는 생각에 옷을 많이 사고 액세서리는 예쁘면 우선 사고 본다. 계절 바뀔 때마다, 시간 날 때마다 갔던 나의 무대 방문 횟수를 줄여나갔다. 지금은 내 방 옷장을 열고 보물찾기 하듯이 옷을 찾아야 한다.

또 다른 소비는 남편과 내가 무진장 좋아하는 라면이다. 우리 부부 덕분에 큰딸도 라면을 좋아한다. 라면 자체로도 많이 먹지만, 부대찌개 먹

아이 셋 키우며 부업으로 월 2000만 원 버는 법

을 때, 불고기 먹을 때, 떡볶이 먹을 때도 넣어 맛있게 먹었다. 일주일 내내 먹었다. 요즘 라면 값을 보면 생각보다 비싸서 놀란다. 우리는 안 먹을 수는 없어서, 일주일에 1~2번으로 줄이기로 했다.

시댁, 친정 찬스 이용하기

빚이 있는 집은 친정이나 시댁에 부모님과 함께 사는 것을 적극 추천한다. 나는 시댁에 산다. 경제적으로 도움을 많이 받는다. 전기세, 수도세, 도시가스비 등을 줄일 수 있으며, 특히 식비를 아낄 수 있다. 또 육아에서도 도움을 받을 수 있다. 어른들도 아이들의 웃음소리를 들으며 기쁨과 에너지를 받을 수 있고 아이들은 예절을 배운다.

나는 한 달에 2~3번 친정에 간다. 친정엄마는 내가 좋아하는 치킨, 족발, 곱창를 사주신다. 너무 맛있다. 내가 집에 갈 때에는 친정 부모님은 아이들 우유, 옷, 과자, 반찬, 과일 등을 바리바리 싸주신다. 나는 운이 정말 좋다. 시댁, 친정 어른들께 정말 감사하다.

'돈을 한 푼도 허투루 쓰지 않겠다!' 필히 수입 범위 안에서 살아야 한다. 지출은 무조건 줄여야 한다. 저축을 늘려서 일정 금액이 모이면 바로 빚을 갚는다. 신용카드 없애기. 처음에는 한 개만 남기고 바로 잘랐다. 카드 회사마다 혜택이 달라서 그 혜택이 발목을 잡지만 과감히 잊어버려야 한다.

'부업으로 수입을 늘려라!' 남편은 사무직을 하면서 평일 저녁, 주말에 피자 가게에서 아르바이트를 한다. 나는 육아를 하면서 온라인 판매도 하고 계약직으로 재택근무도 하고 있다.

해외 운송 회사 고객센터에서 10년 근무하면서 알고 지냈던 지연 언니한테 오랜만에 연락이 왔다. "유정아. 설문하는 재택근무인데 해볼래?" 나는 기회가 왔다는 것을 직감하고 바로 잡았다. "지연 언니, 고마워요!"

예전에는 회사를 미워했다. 싫어했다. 하지만 지금은 그 회사에서 재택근무를 한다. 지금은 너무 좋다. 감사하다. 고객에게 전화해서 만족도를 점수로 받고 그 이유를 물어보고 엑셀로 정리한다. 간단한 것 같지만, 처음에는 고객 말을 다 풀어썼다. 너무 길었다. 고객의 핵심 답변을 정리하면서 점점 글 쓰는 실력도 향상되었다. 이 경험은 책 쓰기에도 크게 도움을 주었다.

주부들이 할 수 있는 부업은 생각보다 많다. 내가 어렸을 때 어른들의 부업은 신문 배달, 우유 배달, 인형 눈 붙이기 정도였다. 지금 부업의 종류는 다양하다. 예전에는 그 방법을 찾기가 어려웠지만, 지금은 핸드폰 앱에 있는 알바천국, 알바몬, 잡코리아, 벼룩시장, 온라인 네이버, 블로그, 유튜브가 부업 정보를 쉽게 알려준다. 한마디로 본인 노력과 의지에 따라 정보를 얻고, 바로 할 수 있다. 처음에는 두렵지만 막상 행동하면 누구나 할 수 있다. 용기를 내자!

나는 고등학교 때 처음 아르바이트를 했다. 대문 문고리에 열쇠 수리 스티커 붙이는 아르바이트였는데 친구랑 같이 했다. 스티커 장당 15원

아이 셋 키우며 부업으로 월 2000만 원 버는 법

정도 받았다. 다이어트 한다며 재미있게 했다. 가끔은 몰래 스티커를 버리기도 했다. 사장 아저씨는 신기하게도 알고 계셨다.

그다음 아르바이트는 커피숍이었다. 나는 회사생활이 익숙해졌을 때 새로운 일을 하고 싶었다. 그때는 신촌이 나의 아지트였다. 예쁜 커피숍에 아르바이트 구한다는 전단지를 보았다. 무작정 들어가 면접을 보았다. 다음 날부터 낮에 회사 일하고 저녁에 일했다.

회사에서 고객과 전화통화만 하다가 손님을 직접 만나는 게 재미있었다. 어느 날 사장님이 앞 가게에 가서 얼음을 빌려오라고 했다. 앞 가게에서 고등학교 동창 친구 주희를 만났다. 우리는 환호성을 질렀다. 동네가 아닌 신촌에서 보니 너무 반가웠다. 맨날 컴퓨터 앞에만 앉아 있다가 서빙을 하니 다리가 퉁퉁 부었다. 그래도 부수입이 생겨서 좋았다. 하지만 회사생활과 병행하면서 하는 것은 쉬운 일은 아니었다.

지금 나는 10개 파이프라인 만들기가 목표다. 좀 더 나아가 일하지 않아도 돈이 들어오는 구조를 만들 것이다. 요즘은 파이프라인 하나를 준비하고 있다. 바로 책 쓰기이다. 내 이름의 베스트셀러 책이 출간되면 책의 인세가 들어온다. 뿐만 아니라 칼럼이나 강연, 컨설팅으로 수입이 된다. 이렇게 수입 파이프라인을 늘리고 빚을 상환하는 데 집중하면 생각보다 빨리 갚는다. 나도 한때는 빚이 많았지만 지금은 다 갚았다!

7

아이 셋 주부,
경제 독립을 외치다

행복하고 싶어서 결혼했다

답답한 직장생활을 탈출하고 싶었다. 당시 내 나이에 할 수 있는 건 결혼뿐이었다. 결혼만 하면 자유를 찾고 행복할 줄 알았다. 하지만 아이를 낳고 키우면서 남편이 미웠다. 육아 우울증이 나를 힘들게 했고 피자 사업을 한다고 집에서 잠만 자는 것밖에 모르는 남편이 이기적이라고 생각했다. 나 빼고 주변 친구들은 다 행복해 보이고 잘 사는 것 같아 항상 부러웠다. 싸우고 싶어도 얼굴 보기도 힘든 남편과 싸워서 뭐 하나 싶어 참고 또 참았다.

결국 사업 실패로 신혼집을 처분해야 하는 지경까지 이르자, 나는 남편에게 그동안의 울분을 퍼부었다. 그만하고 싶었다. 하지만 아이 셋 엄마이기에 참았다.

이럴 거면 왜 나랑 결혼했어?

나는 독박육아를 했다. 나는 서울 독산동에서 살고 친정은 불광동이다. 나는 친정 부모님에게 놀러 오시라는 핑계를 대며 육아 도움을 요청했다. 차가 없는 친정 부모님은 금요일 저녁마다 바리바리 음식을 싸 들고 한 시간 반 동안 지하철과 버스를 갈아타며 나를 도와주러 오셨다. 부모님도 평일에 일하시는 만큼 주말에 쉬셔야 하는데…. 그런데도 내가 힘들다고 하니 손자 손녀를 봐주러 오시는 것이었다. 우리 집에 오시면 친정엄마는 일주일 정도 먹을 음식을 해주시고, 친정아버지는 집에만 있는 아이들을 데리고 마트나 시장을 다니시면서 아이들과 주말 시간을 보내주셨다.

부모님은 처음 몇 번 왔다 갔다 하면 내가 늘 그랬듯이 알아서 잘 살 줄 아셨나 보다. 그런데 아이가 한 명씩 늘어날 때마다 부모님도 점점 지치시는지 많이 힘들어하셨다. 몇 년을 그렇게 하시면서 정말 부쩍 늙으셨다. 무릎이 아프다고 침을 맞으시고 파스를 붙이시면서도 나의 육아를 도와주셨다.

그런데 엎친 데 덮친 격으로 남편의 사업까지 실패했다. 남편이 피자 사업을 시작할 때 누구보다 나는 좋았다. 육아가 힘들고 고되어도 사업만 하면 큰 부자가 될 거라고 생각했다. 우리 가족이 모두 남편 피자 사업이 잘되기를 간절히 바랐다. 하지만 사업은 생각보다 쉽지 않았다. 결국 신혼집을 팔고 시댁으로 들어갔다. 그때 나는 정말 많이 울었다. 부모님의 마음은 갈래갈래 찢어졌다. 성공해서 부모님을 꼭 호강시켜드리겠다고 마음속으로 그렇게 다짐했다.

위기가 기회로 바뀌는 순간

나는 아이 셋의 엄마로 돈을 벌어야겠다는 생각을 못 했다. 그래서 중고나라, 번개장터로 집에 있는 장난감을 팔면서 반찬값이나 버는 정도였다. 나는 하나라도 더 빨리 많이 팔기 위해서 애를 썼다. 사진을 다시 찍어보고, 제목을 바꿔보고, 가격도 낮춰서 올려보고, 글을 다시 써보기도 하고, 다른 물건과 섞어서 올려도 보고 했다.

어느 날, 빅마켓 마트 1층에 국비 경력단절여성 교육 과정으로 포토샵과 일러스트레이터, HTML을 가르친다는 현수막을 봤다. 3개월 동안 아침 10시부터 4시까지 매일매일 가야 하며 출석 시 수당을 준다. 한 달 교통비 포함 15만 원 정도 준단다! 포토샵도 배우고 돈도 나오니, 님도 보고 뽕도 따는 거였다. 안 할 이유가 없었다. 아이들 어린이집 보내고 수업을 들으면 될 것 같아서, 무작정 신청을 하고 면접을 보았다. 생각보다 신청자가 많았지만 합격했다. 이렇게 나에게 기회가 왔다.

수업은 너무 재미있었다. 육아만 하다가 학창 시절 수업 듣는 것 같았다. 선생님도 젊으셔서 내가 10대로 돌아간 것 같았다. 같이 듣는 언니들과 아줌마 수다도 재미있었다. 교육 과정 중에 나는 포토샵 GTP 1급 자격증을 따고, 웹디자인 자격증 필기시험을 한 번에 붙고 실기를 준비하면서 본격적으로 내 사업자등록증을 이용해 온라인 판매를 시작했다.

나는 할 수 있다! 처음에는 막막했다. 네이버 스마트스토어 개설을 하고 뭘 해야 하는지 몰랐다. 그래서 네이버 파트너 스퀘어 교육을 들으려고 했다. 하지만 내가 들으려고 하는 강의는 매번 마감이었다. 그래도 강의 당일에 새벽 수강 취소하는 사람이 꼭 1명은 있다. 나는 밤을 새면서 신청을 하고 강남으로 열심히 수업을 들으러 다녔다.

아침에 강남으로 교육을 받으러 갔다가 오후에 집에 가면서 어린이집에서 아이들을 데리고 집에 왔다. 아이들 저녁밥 먹이고 씻기고 저녁 10시 전으로 무조건 재우려고 노력했다. 아이들이 자면 낮에 배운 것을 공부하고 상품 등록을 시작했다. 피곤하지만 즐거웠다.

'결제 대기 1건'

오잉? 주문도 아니고 이건 뭐지? 두근두근 네이버에 전화를 했다. 입금하기 전 상태라고 한다. 아쉽다. 빨리 입금해라! 제발 입금해라! 띵동!

'신규 주문 1건'

처음 주문이 들어왔을 때 기분은 말로 표현하기 어렵다. '하나님, 감사합니다. 감사합니다.' 10번은 중얼거리며 남편에게 자랑했다. "오빠 나 주문 들어왔어!" 할렐루야 너무 기쁘다. 취소될까 봐 얼른 주문 확인을 눌렀다(주문 확인을 눌러야 고객이 구매 취소를 못한다.). 이 경험은 돈을 주고도 못 살 큰 경험이다. 이 기쁨이 나를 성장시켰다.

이 기쁜 마음으로 상품 등록을 계속했다. 네이버 스마트스토어 외에 이베이(G마켓, 옥션), 인터파크, 위메프, 티몬, 11번가, 쿠팡 판매 채널을 계속 늘렸다. 나는 아이 셋 평범한 주부에서 온라인 상품 판매 등록 달인이 되어가고 있었다.

주변 사람들이 나에게 물어본다.

"온라인 판매 어떻게 해요? 대단하네요."

그러면 나는 "일단 시작하세요. 이것저것 준비한다고 시간을 지체하지 말고 그냥 경험하세요."라고 한다. 맞다! 일단 부딪치자. 홈텍스나 세무서 가서 사업자등록증 발급하고 구청에 통신판매업 신고하고 네이버 스마트스토어 가입하자. 어렵다고 생각하면 끝도 없다. 쉽다고 생각하면 쉽게 나아갈 수 있다.

그래도 어렵다고 생각하면 온라인 판매 관련 책을 여러 권 읽고, 유튜브 〈신사임당〉와 〈창업 다마고치〉를 시청한다. 분명 도움이 될 것이다. 행동하자. 나중에 해야겠다고 미루는 습관은 답이 없다. 지금 삶에서 나아지지 않는다. 나한테 꼭 알맞은 때는 없다. 사정은 항상 생긴다.

육아를 안 도와주는 남편은 꼴도 보기 싫다. 얼굴만 보면 화가 나고 짜증이 난다. 아내가 이유 없이 짜증을 낸다면 적극적으로 육아 살림을 도와주고 많은 대화를 해야 한다. 대부분의 남편은 잘 도와주지만, 무관심

아이 셋 키우며 부업으로 월 2000만 원 버는 법

한 남편도 정말 많다. 나의 남편도 시간이 없다며 일만 했다. 남편은 정말 시간이 없었다. 나도 알지만, 독박육아가 너무 답답했다. 남편에게 징징거려보고 잔소리도 해보지만 달라지는 건 없었다. 나는 외딴 무인도에 있다고 생각했다. 외로웠다.

하지만 내가 온라인 판매를 하면서 남편한테 신경 쓸 겨를이 없어졌다. 나는 달라졌다. 남편이 대신 상품을 팔아줄 것이 아니므로 철저하게 기대가 없었다. 내가 스스로 모든 것을 알아내야 했고, 책상에 앉아 컴퓨터 키보드 두드리기 바빴다.

내가 바쁘다 보니 남편에게 집안일 설거지, 청소, 빨래를 부탁하게 되었고, 남편도 내가 바쁜 것이 눈에 보이니 거절할 수 없어 수용했다. 자연스레 집안일을 분담하게 되었다. 결과적으로 남편은 꽤 든든한 조력자가 되었다. 그동안 외로움은 사치였던 것이다.

돈에는 힘이 있다. 남편의 월급만 바라보는 것이 아니라 아이 셋 주부라도 스스로 경제적으로 독립을 해야 한다. 나는 하루하루 살맛이 난다. 직장에서 누가 시켜서 하는 일이 아니라, 내가 수입을 늘리기 위해 해야 하는 일은 가슴이 뛴다. 계속 도전하게 된다.

이제
쇼핑자에서
판매자로
각성하라

1

남들 다 하는
중고나라로 시작하다

중고나라 편견을 버리자

중고나라를 알고는 있었지만 내 아이의 용품을 중고로 산다는 것은 사실 찝찝했다. 하지만 평소 야무지고 깔끔한 친구 미진이 딸이 입던 옷과 장난감을 물려받는 건 괜찮았다. 오히려 신생아에게 새 옷을 입히는 것보다 몇 번 삶았던 옷이 더 부드러울 거라고 생각했다. 실제 아토피가 있는 아이들은 화학 성분을 없애기 위해 여러 번 빨고 삶아서 입힌다.

처음 중고에 대한 편견이 있을 때 쿠팡에서 걸음마 보조기를 구입했다. 이때 소셜커머스가 뜨고 있었고 쿠팡은 가격이 저렴했다. 또 후기 이벤트가 많았다. 나는 후기를 길게 잘 써서 1등으로, 유명한 바운서를 선물로 받았다. 그야말로 득템했다. 집에 바운서가 있어 선물을 어떻게 해야 할지 고민하다가 '중고나라에 올려볼까?' 하고 박스 그대로 사진을 찍고 시중 판매 가격보다 조금 싸게 올려보았다. 구매 문자가 왔다. 바로 팔렸다. 새 상품이고 가격이 싸서 빨리 팔렸다. 10년 직장생활만 하던 나에게 월급 외에 수입이 들어오는 이 경험은 놀라움 그 자체였다. 매달 25일 월급날만 바라보며 살았던 내게 다른 경로로 돈이 들어오는 게 신기했다.

바운서에 누워서 놀던 아이가 크면서 장난감이 점점 늘어났다. 피셔프라이스 쏘서와 점퍼루는 아이들이 좋아한다. 쏘서는 설거지할 때 아이를 넣어두면 아이가 그 위에 있는 장난감을 만지면서 놀 수 있다. 높이 조절이 가능해서 좋다. 점퍼루는 아기들이 점프를 할 수 있어서 엄청 좋아한다. 하지만 사용 기간은 길어야 2~3개월 정도로 아이들이 점점 흥미를 잃어가며 먼지만 쌓여가기 일쑤다.

덩치가 있는 장난감, 바운서, 쏘서, 점퍼루를 정리하고 팔아야겠다며 깨끗이 사진을 찍고, 옛날 아이들이 즐겁게 타고 있던 사진을 찾아 중고나라에 올렸다. 부피가 있어서 택배 비용은 착불로 하거나 직거래가 제일 편하고 좋다.

아이들이 어릴 때는 엄마 껌딱지라서 엄마가 화장실조차도 마음대로 왔다 갔다 하지 못한다. 아이가 징징거리면 설거지, 이유식 만드는 것조

아이 셋 키우며 부업으로 월 2000만 원 버는 법

첫째 보행기　　　　　　　　　둘째 쏘서

차 마음대로 할 수가 없다. 그래서 다양한 장난감은 도움이 된다. 하지만
사용 기간이 짧다. 집에는 자잘한 장난감이 정말 많다. 어린이날, 아이들
생일, 크리스마스에 친정과 시댁 어른들이 선물을 하나씩만 사줘도 계속
늘어난다. 처음에는 신나서 놀지만 며칠 지나면 금방 시들시들해진다.
중고나라에 팔아도 팔아도 물건이 계속 나온다. 얼마나 놀라운가! 처음
에는 큰 장난감 위주로 팔다가 작은 장난감도 팔기 시작했다. 너무 재미
있었다. 집이 정리되고 통장에 돈도 들어오니 너무 좋았다.

다 내 마음 같지가 않다

　물건을 한 페이지에 1개만 올리다가 나중에는 5~6개 장난감을 한꺼번
에 올렸다. 여러 개 한꺼번에 사면 택배비를 할인해준다. 천안에 사는 애
기 엄마가 유아 블럭을 구매하겠다고 했다. 계좌번호를 주니 바로 입금

이 들어왔다. 나는 포장을 했다. 몇 분 지나서 다른 상품도 구매하겠다며 택배비를 할인해달라고 했다. 당연히 할인해줄 수 있다. 입금은 아이 낮잠 시간에 한다고 한다. 나도 아이를 키우고 있어서 잘 안다. 아이들이 있으면 무엇에 집중할 수가 없다. 이해했다. 나는 '입금해주겠지.' 하고 다른 상품과 같이 포장해서 택배 접수를 했다. 다시 입금을 해달라고 했다. 아기가 낮잠을 안 자서 저녁에 해주겠다고 했다. 알았다고 하고 송장 번호 넣어줬다. 저녁에도 연락이 없다. 밤늦게 문자 보내면 아이가 깰 수 있어서 그다음 날 연락했지만 답변이 없다. 다다음날도 연락했지만 배송 완료가 되어도 연락이 없다. 이런, 오 마이 갓!

이 경험 후로는 절대로 입금 전에 발송하지 않는다. 간혹 '안 그러겠지.' 믿고 싶을 때가 있지만 똑같은 실수는 안 된다. 명심하자! 내 통장에 돈이 들어오면 그때 발송하자!

중고나라 카페에 인원수는 18,129,097명이다. 네이버 카페에는 씨앗, 새싹, 잎새, 가지, 열매, 나무 울창한 숲까지 랭킹이 있다. 중고나라 카페의 랭킹은 숲이며 네이버 카페 최고 단계이다. 매일 23만 개의 중고 상품이 계속 등록된다. 하루 23만 개를 초 단위로 환산하면 1초에 3개씩 물건이 올라온다. 놀랍다.

내가 물건을 올리고 몇 시간 지나면 내 글은 저 밑에 쭉쭉 내려가 있다. 중고나라에서 필요한 물건 이름을 적고 메인 1~2페이지에 나와야 잘 팔린다. 그래서 안 팔린 물건들은 매일매일 새로 올려야 한다. 최신 글이 되게 해야 한다. 비록 노가다이지만 중고나라는 그만큼 많은 사람들이

중고나라 카페

중고나라 최신 글로 등록, 사기정보조회

이용하기 때문에 잘 팔린다.

중고나라 카페에는 중요한 기능이 있다! 바로 '최신 글로 등록' 기능으로 PC버전 우측 상단에 있다. 똑같은 글을 매일 쓰려면 어려운데 쉽게 최신 글로 바꿀 수 있는 것이다. 하나의 글에 하루에 한 번씩만 누르면 바로 최신글 등록이 가능하고 총 3번까지 가능하다. 중고나라 앱에서도 〈최신 글로 등록〉 기능이 똑같이 있다. 앱으로 상품을 올리면 카페에서도 동시 등록되어서 좋다.

입금하기 전, 한 번 더 조심하자

중고나라로 물건을 팔다 보면, 나도 필요한 물건을 구입할 때가 있다. 항상 '사기'인가? 먼저 의심해야 한다. 중고나라는 워낙 많은 사람들이 이용하기 때문에 사기가 판친다. 뉴스 기사에 종종 나온다. 노트북이나 컴퓨터 등 고가의 물건을 구입했는데, 택배를 열어보면 돌뭉치가 들어 있고, 판매자는 잠적해버린다. 그리고 진짜 사기 전문가들은 소액으로 사기를 친다. 몇만 원 안 하는 건 사람들이 바쁘고 귀찮아서 신고를 잘 안 하기 때문이다.

항상 입금 전에 의심해야 한다. 중고나라 물건 글에 보면, 판매자 정보 이메일 주소 옆에, 〈사기정보조회〉를 클릭한다. 전화번호 또는 계좌번호로 조회할 수 있다. 또 더치트(thecheat.co.kr) 사이트에 들어가서 계좌번호를 검색한다. 무료 조회이므로 꼭 이용한다. 판매자와 카톡으로만 대화하지 말고, 전화번호를 주고받고 문자나 전화 통화를 한다. 종이에 이름, 전화번호를 기재하고 물건이랑 사진 찍어서 보내달라고 한다. 제일 좋은

아이 셋 키우며 부업으로 월 2000만 원 버는 법

더치트 사기조회사이트

방법은 직거래로 물건 확인하고 돈을 준다.

나도 물건을 팔다 보니 종종 요청이 들어온다. 종이에 이름, 전화번호를 적고 물건이랑 같이 사진 찍어서 보내달라고 하면 보내준다. 귀찮을 때도 있지만 입금하는 사람의 마음을 알기 때문이다.

또 유아용품 사기도 엄청나다. 나는 큰딸이 '실바니아' 팬이다. 실바니아 '불 들어오는 집'만 해도 10만 원 정도이며 인형, 가구, 소품도 많다. 이것저것 다하면 30만 원은 훌쩍 넘는다. 그래서 중고나라로 알아보고 있었다. 실바니아 '불 들어오는 집'은 중고로도 나오지 않는다. 나오는 순간 다 팔린다. 나는 키워드 '새 글 알림 받기'를 설정해놓았다. '실바니아'와 '실바니아 불 들어오는 집' 2개 키워드를 걸어놓았다.

보통 새 상품 가격이 10만 원 정도 하는데, 그날 따라 75,000원에 나온 것이다. 나는 신나서 문자로 연락을 했고 답장이 바로 왔다. 계좌번호 받아 다른 사람이 구입할까 봐 급하게 돈을 먼저 입금시켰다. 오후에 송장번호 넣어준다고 했다. 나는 일하느라고 잠시 까먹고 있다가 오후 늦게야 생각이 났다.

'송장번호 주세요.'

답이 없다. 엥?

'저기요, 발송하셨나요?'

느낌이 쎄하다. 전화를 걸어보았다. 벨소리가 가다가 꺼진다. 갑자기 더치트 사이트가 생각나서 조회해보니까 이미 전적이 9회나 있는 사기꾼이었다. 아이용품은 사기가 없을 거라고 착각한 내가 어리석었다.

나는 그 뒤로 가능한 중고나라에서는 판매 정보만 올리고 구입은 직거래 위주로 한다. 실제 구입은 번개장터로 한다. 번개장터는 중고나라보다는 사기가 덜하다. 번개장터는 스마트폰 앱 위주로 만들어져 사용하기 편리하다. 나만의 상점이 있다. 내 상점의 이름은 '센스만땅몰'이다. 내가 올린 상품을 한눈에 볼 수 있고, 내 상점을 이용한 사람들이 후기를 남길 수도 있다. 내 후기는 40개 정도 남겨져 있다. 다 좋은 글이다. 나는 좋은 상품을 저렴하게 잘 팔고 있다. 후기는 서로 남길 수 있기 때문에 사기를 예방할 수 있고, 상대방의 과거도 알아볼 수 있는 구조다. 그리고 중고나라처럼 하루에 5개 무료 상단 업을 할 수 있고, 장바구니 개념으로 '찜' 기능도 있다.

아이 셋 키우며 부업으로 월 2000만 원 버는 법

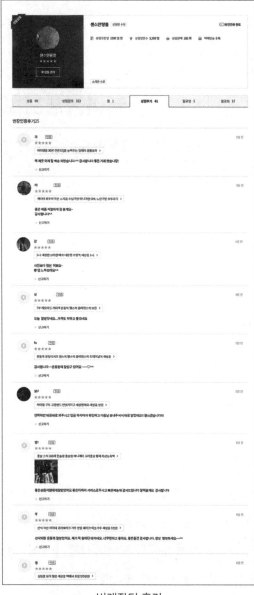

번개장터 후기

나는 중고나라, 번개장터를 완전히 습득하면서 더 빨리 많이 올리고 판매하는 방법을 알게 되었다. 지금도 꾸준히 올리고 있다. 나를 팔로잉하는 사람들이 점점 늘어난다. 단골도 생겼다. 나는 급하게 돈이 필요하면 은행을 알아보는 것이 아니라, 안전하고 좋은 중고나라와 번개장터를 이용하여 돈을 번다. 그런 것은 분명 나에게 도움을 준다.

2

육아용품으로
온라인 판매를 배우다

택배비 만만치 않다

처음 택배 발송시 집에서 가까운 우체국 택배를 이용했다. 에어캡을 무료로 사용할 수 있어서 좋았다. 물론 지역마다 차이가 있고, 1m가 넘는 에어캡은 100원을 내야 하지만 그래도 싸다. 하지만 에어캡을 많이 사용할수록 무게와 부피가 늘어나서 택배 비용이 부담스럽다. 나는 중고 거래 초반에, 책 1권을 4,000원에 팔았다. 손님은 싸다고 생각하고 구입했다. 에어캡으로 완벽히 둘러 포장해 우체국 택배로 보냈더니 착불로 4,000원이 나왔다. 손님이 컴플레인했다. 내가 생각해도 물건 값보다 택배비가 비싼 것 같았다.

그 뒤로는 편의점 택배를 알아보았다. 알아보니 편의점 택배는 더 가깝고 싸다. 전국 GS25와 CU, 세븐일레븐에서 편의점 택배 접수가 가능하다. GS25와 CU는 CJ대한통운 택배가 배송 담당하고, 세븐일레븐은 롯데 택배가 담당한다. 또 24시간 접수 가능하고, 당일 발송 마감 시간은 지역마다 다르지만 보통 평일 15~17시, 토요일은 12시다.

앞으로 중고 거래를 계속해서 할 거라면 앱을 다운받아 이용하면 훨씬 편리하다. 회원가입하면 할인쿠폰, 이벤트가 많다. 앱을 적극 추천한다. 편의점 택배 박스 규격은 가로 세로 높이 합이 총 160cm 이내, 한 변의 길이가 100cm 이내, 무게는 30kg 이하만 가능하다. 박스 포장이 원칙이다. 포장을 완벽히 해야 한다. 그리고 중요한 팁! 사업자등록증이 있으면 편의점 택배도 계약 요금이 있다. 2kg 미만은 2,600원 고정 가격이다. 처음 인터넷 판매를 하면서 기본 물량이 작아 계약을 따기가 어려울 때, 택배 계약하기 전 편의점 택배로 얼마든지 발송 가능하다. 걱정하지 말자.

평소 나도 온라인으로 물건 구입을 하다 보면 박스가 들어오고 마트에 다녀와도 박스가 나온다. 깨끗한 박스를 미리 집에 쟁여둔다. 에어캡도 모아둔다. 처음에 핸드폰으로만 중고나라, 번개장터를 이용하다 보니 손가락이 아프고 눈이 답답했다. 중고 거래로 모은 돈으로 컴퓨터를 구매했다. 그때 컴퓨터 포장으로 에어캡이 어마어마하게 들어왔다. 기분이 좋았다. 그 에어캡을 꽤 오랫동안 잘 사용했다.

어느 날 에어캡이 똑 떨어졌을 때, 모던하우스에서 구매했던 아이들

소꿉놀이 장난감 접시랑 컵 여러 개를 포장을 해야 했다. 나는 달력 몇 장을 뜯어 구겨 넣고 지퍼팩에 넣어 박스 포장을 했다. 살짝 불안했지만 깨지는 유리컵이 아니니까 괜찮을 거라고 생각했다. 컴플레인이 들어왔다. 금이 갔다고 사진을 대문짝만 하게 찍어서 보내왔다. 에휴! 속상했지만 바로 환불했다.

돈 낭비, 시간 낭비를 경험한 후 에어캡을 구입하는 게 낫겠다 싶었다. 에어캡은 생각보다 저렴했다. 집에 커다란 에어캡과 여러 개 박스가 있으니 온라인 판매 전문 사장님 같았다. 웃음이 나면서 기분이 좋았다. 앞으로 포장은 완벽히 하자!

나는 아이들을 아침 9시 전에 어린이집에 보냈다. 아이 아빠가 출근할 때 어린이집에 안 보내면 나 혼자 3명을 데리고 어린이집에 가야 해서 버거웠기 때문이다. 나는 악착같이 일찍 일어나 아이들을 준비시키고 어린이집에 하루도 빠짐없이 보냈다. 우리 아이들은 익숙하다. 어린이집 보내면 나는 전날 주문 들어온 것을 포장해 오전 택배를 접수했다. 고객이 빠르다며 좋아했다. 아이들 하원하기 전에 주문이 들어오면 거의 바로 접수했다. 나만의 원칙이었다.

2018년 5월, 어느 금요일에 아이들이 하원하는 시간쯤 아동책 전집 주문이 들어왔다. 당시 토요일은 어린이날 공휴일로 접수는 가능해도 택배 발송이 쉬는 날이다. 어차피 월요일에 발송되고, 전집은 무거워서 나는 조금 귀찮았다. 주말도 껴 있으니 다음 주 월요일에 보낸다고 했다. 그런

아이 셋 키우며 부업으로 월 2000만 원 버는 법

데 고객이 급하다고 빨리 접수해달라고 했다. 나는 이해가 안 갔다. '책이 급할 게 뭐 있어. 주말이 껴 있어서 어차피 발송도 안 되는데.' 나는 알았다고 하고, 아이들 하원시키고 밥 먹이고 씻기면서 택배 발송하는 것을 잊었다.

다음 날 토요일도 아이들이 게임한다고 핸드폰을 가져갔다. 완전 잊고 있었다. 나중에 핸드폰을 봤더니 고객이 난리가 났다. 내가 사기인 줄 알고 환불해달라고 했다. 내가 아이 셋이라서 정신이 없었다고 변명을 늘어놓았지만 소용없었다. 환불해줬다. 허무했다. 좀 서둘러 금요일 당일 접수할 걸 후회했다. 입금 들어온 돈을 다시 보내자니 마음이 아팠다. 게으름 피우지 말자.

대형 마트의 마케팅 따라 하기

남편이 피자 가게를 할 때 사은품으로 미니 안마기, 칫솔꽂이를 구비하고 있었다. 가게 정리하면서 집 한구석에 수북이 쌓여 있었다. 처음에는 주변 친구 지인들에게 몇 개씩 나누어주었는데도 많이 남았다. 나는 중고나라와 번개장터로 팔기 시작했다. 미니 안마기는 1개 5,000원에, 칫솔꽂이는 3,000원에 팔았다. 소모품이라서 생각보다 잘 안 팔렸다.

나는 연구를 하다 마트에서 본 것을 활용했다. 처음에는 가격을 낮춰보았다. 4,900원으로 바꿨다. 팔리긴 팔린다. 이번에는 1+1, 10,000원인데 8,000원으로 바꿨다. 또 2+1 15,000원인데 12,000원으로도 바꿔보았다. 점점 판매량이 늘어나고, 고객들은 저렴하게 구매했다며 좋아했다. 나는 신이 났다. 자신감이 올라갔다. 이젠 후기를 작성하면 다음 주문 시 칫솔꽂이를 사은품으로 넣어주겠다고 했다. 고객의 칭찬 후기가 올라왔다. 후기 효과는 대단하다. 후기가 없을 때에는 사람들이 의심하고 구매 고민을 많이 한다. 칭찬 후기는 사람들이 신뢰하므로 구매 속도가 빠르게 증가한다.

　나는 칫솔꽂이도 2,900원으로 바꿔보았다. 생각보다 안 팔린다. 1+1 6,000원인데 3,900원으로 바꿔보았다. 가끔 팔린다. 1+1+1 9,000인데 5,900원으로 바꿨다. 조금 더 팔린다. 안 되겠다. 방법을 바꿔야 했다. 책을 찾아보았다.

『9900원의 심리학』 저자 리 칼드웰은 이렇게 이야기한다.

"소비자들은 9,900원에 혹해서 세트 메뉴와 1+1에 흔들리곤 한다. 실제로 대다수의 패스트푸드점에서는 햄버거, 감자튀김, 음료가 묶여 있는 세트 메뉴를 제공한다. 이러한 세트 메뉴를 주문하면 3가지의 개별 품목을 각각 따로 구입할 때보다 몇백 원 싸게 살 수 있다. 그러나 세트 메뉴 가격은 세트에 포함된 품목 중 2가지를 합한 가격보다는 비싸게 설정된다. 2가지 품목만 먹어도 충분한 소비자들마저 습관적으로 세트 메뉴를 주문하는 경우가 많다고 생각해볼 때 이와 같은 세트 메뉴 가격 전략은 매우 잘 짜여진 것이다. 또 아마존닷컴은 1990년대 말 프랑스에서 배송료를 1프랑 받기로 한 적이 있다. 1프랑은 일반적인 책값에 비해 극히 적은 금액이며 공정한 배송 가격이라는 데 대다수의 소비자가 공감할 만

했다. 그럼에도 배송료를 덧붙인 작은 변화로 인해 매출은 크게 줄어들었다. 이후 결국 프랑스에서도 무료 배송제가 채택되자 매출은 큰 폭으로 상승했다. 이는 무료 배송의 힘에 굴복하는 소비자들이 그만큼 많다는 의미도 될 것이다.

나도 세트 메뉴를 만들었다. 베스킨라빈스에서 아이스크림을 사먹으면 생뚱맞은 우산, 가방을 싼 금액으로 살 수 있다! 나는 미니 안마기와 칫솔꽂이를 세트로 팔아보자고 생각했다. 미니 안마기가 한 개에 4,900원인데 칫솔꽂이와 세트로 5,800원으로 가격을 설정했다. 손님 입장에서는 미니 안마기 살 돈에 900원만 더 주면 칫솔꽂이가 같이 오는 거다. 다이소에 칫솔꽂이가 보통 1,000원 정도 하니 밖에 외출하는 게 귀찮은 사람들은 같이 사기도 했다. 그러나 팔아도 재고가 남아 있었다.

당시에 나는 물건 가격에 배송비 2,500원을 별도로 받고 있었다. 그래서 물건 가격을 2,000원씩 올리고 무료 배송으로 바꿨다. 소모품의 판매 가격이 올라가니깐 생각보다 안 팔렸다. 안 되겠다 싶어 가격은 원래대로 두고 무료 배송으로 바꿨더니 순식간에 싹 팔았다. 택배 비용 빼면 남는 건 별로 없지만 내가 시도한 대로 다 팔려서 기분은 좋았다. 재고가 바닥날 때 온라인 판매의 진정한 재미를 느낀다.

유아용품 중고 재테크 유행하다

아이를 키우는 주부들은 유아용품을 살 때 제품 안전성과 디자인, 가격 말고도 한 가지 더 따지는 것이 있다. 다른 엄마들의 선호도가 높아 중고시장에 내놓았을 때 높은 가격을 받을 수 있는 물건 브랜드인지 살

피는 것이다. 아기가 금방 크기 때문에 잠깐 사용하는 유아용품은 깨끗하게 사용한 뒤 바로 중고시장에 내놓는다.

 '장비로 아이 키운다.'라는 말이 나올 정도로 많은 유아용품이 쏟아지는 가운데 '유아용품 중고 재테크'가 유행한다. 중고 거래를 통해 유아물품 구매뿐만 아니라 더 이상 사용하지 않는 물품을 팔아서 수익을 올린다. 아이를 키우는 주부는 누구나 할 수 있다. 중고나라, 번개장터를 이용하여 온라인 시장을 알아간다면 온라인 판매는 누구나 쉽게 접근할 수 있다.

아이 셋 키우며 부업으로 월 2000만 원 버는 법

3

온라인 판매를
적극 활용하자

중고나라에는 없는 것이 없다

신혼집 아파트를 팔고 시댁으로 이사하면서 혼수로 장만했던 TV, 거실장, 화장대, 소파, 침대를 버렸다. 마음이 많이 아팠다. 두 집 살림이 하나로 합치니 살림을 다 놓을 수가 없었다. 사용감이 있어 중고로 팔 수 있다는 생각을 못 했다.

중고나라를 알면서 별 희한한 것도 많이 판다는 것을 알았다. 어머님이 곰국을 끓이시려고 들통을 찾는데. 식구가 늘어나서 큰 들통이 필요했다. 인터넷으로 알아보니 크기에 따라 다르지만 10~20만 원으로 생각보다 가격이 비쌌다. 그래서 중고를 알아보았다. 이미 사용해서 밑이 타

시키먼 것 그대로인 들통이 2만 원에 올라와 있었다. 나는 '이건 뭐지? 저걸 누가 사?' 했는데 서로 구입하겠다고 댓글이 달려 있었다. 나는 이해가 안 갔다. 어머님께 여쭈어보았더니 냄비 탄 거 제거하듯이 들통도 베이킹 소다만 있으면 제거할 수 있다고 하셨다. 그러면 새 상품이 20만 원짜리인 들통을, 중고지만 2만 원이라는 엄청 싼 가격에 구입하는 것이다. 나도 댓글을 남겨보았지만 이미 놓쳤다.

집에 친구 아이가 물려준 뽀로로 붕붕카가 있었다. 우리 아이들 3명까지 잘 사용했다. 애들이 커서 처분할 때가 왔다. 붕붕카에는 낙서와 먼지, 검정 때들이 있다. 물티슈로 닦아도 안 지워졌다. 오래된 것이라 버릴 때가 되었다. 하지만 뽀로로 뽀통령의 캐릭터 자체로 아이들이 엄청좋아한다. 버리기 아까웠다.

중고나라에 무료로 나눔을 한다고 올렸더니 전국에서 연락이 왔다. 나는 우리 집에서 가까운 독산동에 사는 분에게 나눔을 했는데, 아주머니는 빈손이 아닌 아이들 과자 한 다발과 우유를 사가지고 오셨다. 기쁜 마음으로 뽀로로 붕붕카를 전달했다. 나는 큰 감동을 받았다.

온라인 판매 위력은 생각보다 대단하다

국민 알집 매트를 아는가? 요즘 층간 소음 문제로 아이들 있는 집은 주방과 거실 전체에 매트를 놓는다. 아이가 넘어질 때 충격을 보호하고 이웃의 층간 소음도 방지한다. 사실 아이뿐만 아니라 어른들이 걸을 때에도 쿵쿵 소리가 난다. 나는 아이 셋이므로 알집 매트 제일 큰 사이즈 2개

아이 셋 키우며 부업으로 월 2000만 원 버는 법

를 깔아놨다. 일반 매트와 다르게 두께가 4cm이다. 효과가 좋다. 이 알집 매트 위에서 우유나 주스를 먹다 흘리기도 하고 과자와 밥도 먹는다. 당연히 과자 부스러기 등이 떨어진다. 아이들이 흘린 것을 몇 번 물티슈로 닦아보지만 찜찜하다. 정기적으로 베란다에 가서 세제를 이용해서 닦고 호스로 물을 싹 뿌려 깨끗이 말린다. 그러면 새것처럼 깨끗해진다. 그 맛에 매트를 몇 번 물로 씻어냈더니 곰팡이가 생겼다.

아이들이 사용하는 매트인데 곰팡이가 나서 새 상품으로 장만을 했다. 곰팡이가 난 것을 버리려고 했더니 재활용이 안 되어서 쓰레기 수거 스티커 값 5,000원을 내야 했다. 아까웠다. 그래서 '중고나라에 올려보자. 안 팔리면 그때 버리자.'라고 생각하고 가격 5,000원, 매트 위에 곰팡이 난 부분 사진 찍고 부피가 커서 직거래로 올렸다. '설마 살까?' 했는데 며칠 후 어느 아주머니에게서 구입하겠다는 연락이 왔다.

"매트에 곰팡이가 났는데 괜찮으세요?"

"네, 마당에서 고양이 놀 때 사용하려고요."

나는 스티커 값 5,000원을 내야 했는데 오히려 중고 거래로 5,000원을 벌었다. 온라인이 없었다면 내가 그 사람을 만날 수 있었을까? 나는 중고나라, 번개장터 온라인 위력에 좀 놀랐다.

우리 집에는 아이들 책이 정말 많다. 나도 한때는 아이들에게 책 읽기를 강조하면서 아동 전집을 부지런히 사다 날랐다. 어렸을 때 부모님은 여러 백과사전 전집을 사주시면서 "책을 봐야 한다. 책 많이 읽으면 똑똑해진다."라는 말을 귀에 딱지가 앉도록 하셨다. 그래서인지 장난감을 사는 건 돈이 아깝지만 책은 전혀 아깝지 않았다. 동화구연 자격증이 있는 나는 처음에 열심히 읽어주었다. 돈이 아까워서 호랑이, 사자, 토끼로 빙의하면서 책을 읽었다.

하지만 아이들은 책보다는 노는 것을 더 좋아한다. 아이 셋이 책 몇십 권을 꺼낸 후 책 가운데를 펼쳐 세워 넓은 집처럼 만들며 놀곤 했다. 서로 경쟁해서 더 크게 만들다가 싸우기도 했다. 거실에 책이 밟힌다. 또 아이들은 책을 밟으며 땅따먹기 게임도 하고 정말 책으로 잘 논다. 정리도 안 하고 잔다.

아이들마다 좋아하는 장르도 다르다. 10살 큰딸은 만화책을 좋아한다. 요즘은 『흔한 남매』 만화책을 본다. 책을 보며 생일선물로 그 책을 달라고 한다. 약속했다. 7살 아들은 공룡, 자동차 책을 좋아한다. 5살 막내딸은 〈겨울왕국〉의 엘사공주, 뽀로로 책을 매우 좋아한다.

내가 구입한 책은 우리나라 위인전 전집, 세계 위인전 전집, 영어 단계별 전집이 있다. '나는 책을 왜 샀을까? 대리 만족인가? 비싼 거금을 들여서 내가 왜 그랬을까?' 많은 후회를 했다. 시간이 지날수록 책장에 먼지 수북한 아동 전집이 많아졌다. 책장에도 다 안 들어가서 거실 벽을 따라 쭈욱 쌓여 있었다.

안 되겠다! 이젠 책을 팔아야겠다! 오래되고 먼지 수북한 책은 버리고, 아이들이 보는 시기가 지난 책, 추억 때문에 남겨둔 책들을 전부 싸게 팔았다. 책장에 공간이 생기고 내 마음도 여유가 생겨 좋았다. 오히려 책에

아이 셋 키우며 부업으로 월 2000만 원 버는 법

손이 계속 갔다. 책장과 거실이 점점 깨끗해졌다. 공간 여유도 생겼다. 앞으로는 내가 원하는 것이 아니라 아이들이 좋아하는 책으로 구입해야겠다.

중고 거래도 목표를 세우면 달라진다

나는 중고 거래를 정말 많이 했다. 가끔 판매 내역을 보면 예전 월급명세서를 보는 것처럼 매우 뿌듯했다. '내가 이렇게 많이 팔았나? 대단하네, 고생했네.' 하며 칭찬한다. 처음에 한 푼 두 푼 통장에 돈 들어오는 것 자체가 신기했다. 그러나 시간이 지날수록 욕심이 생겼다.

나는 중고 거래로 수입 늘리는 것을, 내가 아이 셋을 키우면서 할 수 있는 최고의 부업이라고 생각했다. 부업은 열심히 노력하면 더 벌 수 있다. 처음 중고 거래를 2~3개월 하면서 통장 수입을 보고 놀랐다. 45만 원이 찍혀 있었다. 어떤 물건을 파느냐에 따라 금액은 달라지겠지만, 나는 아이들 장난감 위주로 빨리 파는 것에 중점을 두었기 때문에 판매 금액이 5,000원부터 몇만 원 사이였다. 판매 금액이 낮아 기대가 크지 않았지만 생각보다 총 수입이 커서 기뻤다. 이젠 조금 더 노력하자. 처음에는 반찬값만 벌어도 만족했지만 지금은 한 달 목표 금액을 정해서 실행한다. 모든 성공에는 분명한 목표가 필요하다. 우선 한 달 목표 금액을 정해보라.

나는 처음에 '이번 달 50만 원 벌기' 목표를 세웠다. 한 달이 생각보다 길어서 물건 나중에 올려야지 하고 귀차니즘이 발동한다. 그래서 일주일 단위로 목표를 바꿨다. '일주일에 15만 원 벌기' 그러면 실행력이 확실히 올라갔다. 일주일은 금방 가기 때문에 월요일부터 혼자 분주했다. 목표 금액에 빨리 도달하기 위해서 가격 비싼 물건을 찾기 시작했다. 결혼 전 사용했던 명품 가방을 올렸다. 예전에는 명품 가방을 많이 좋아했다. 지금도 많이 좋아하지만 나는 신상 명품 가방을 갖고 싶다.

『아주 작은 목표의 힘』을 쓴 고다마 미쓰오 저자는 목표 달성에 실패하는 것은 의지나 노력, 열정이 부족했기 때문이 아니라고 말한다. 오히려 반대로 그 의지나 노력, 열정이 처음부터 너무 과도했기 때문이라는 것이다. 뇌는 변화를 생존의 위협으로 느끼도록 진화해왔다. 그래서 목표를 향해 변화를 꾀하는 순간, 뇌는 저항하고 반항하기 시작한다. 그 목표의 크기가 클수록 뇌의 저항과 반항 또한 격렬해진다. 따라서 당신이 어떤 목표를 세워 앞으로 나아고자 할 때 처음에는 모든 것이 작아야 한다. 목표의 크기도, 계획의 크기도, 행동의 크기도 모두 작아야 한다. 그래야 뇌가 당신의 변화를 눈치채지 못하게 되고 목표를 향해 끝까지 앞으로 나아갈 수 있다.

나는 한 달에서 일주일로 잡았던 목표를 '하루 5만 원 벌기'로 바꿨다. 목표 금액이 작아져 목표가 만만해졌다. 의욕이 생긴다. 하루하루 최선을 다한다. 어느 새 습관으로 잡혀 사진 찍고 물건 올리는 일을 끼니도 거르면서 재미있고 신나게 하고 있다.

아이 셋 키우며 부업으로 월 2000만 원 버는 법

4

중고나라로
온라인 판매 사장님이 되자

중고나라, 번개장터, 당근마켓, 헬로마켓 판매 채널을 늘리자

처음 중고 판매는 네이버 카페 중고나라로 시작했다. 중고나라는 물건이 워낙 많아 없는 물건이 없다. 또 같은 물건도 많다. 그래서 가격 경쟁을 한다. 다른 사람보다 빨리 팔고 싶으면 가격을 싸게 올리면 된다. 그러다가 번개장터를 알게 되었다. 번개장터는 앱이며, 나의 전문 상점이 뚜렷하게 있고 물건을 올리면 한눈에 보기 편하다. '번개송금' 기능이 있다. 고객이 판매자에게 직접 입금하지 않고 번개장터로 먼저 결제한 후, 판매자가 발송한 송장번호가 실제 발송된 것이 확인되면, 그때 번개장터에서 판매자 계좌로 입금된다. 상품 찜 기능이 있고, '번개톡'이라는 채팅 기능이 있어 판매자와 구매자가 쉽게 이야기할 수 있다. 매우 편리하다.

번개장터 5년 뒤 당근마켓 앱이 생겼다. 당근마켓은 '동네 이웃과 하는 중고 직거래 마켓' 특성으로 서비스를 운영한다. 동네 근처 직거래로 사기 위험이나 주소 노출 부담이 없다. '가격 하락 알림' 기능이 있어 찜한 물건의 가격이 떨어지면 알림을 받아볼 수 있어 구매자는 합리적이고 저렴한 금액에 구입할 수 있고, 판매자는 빨리 팔 수 있다.

헬로마켓도 깔끔한 앱으로 잘되어 있다. 헬로마켓은 신규 가입 시 3,000원 할인쿠폰을 지급한다. 쿠폰으로 헬로페이 안전결제를 이용하여 할인을 받을 수 있다. 헬로마켓은 할인쿠폰 이벤트를 많이 한다. '헬로톡'으로 소통한다.

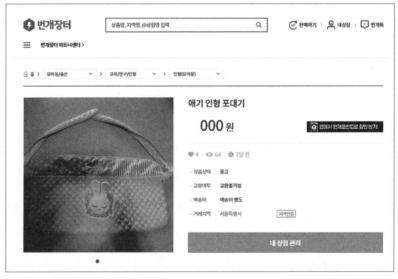

번개장터 메인화면

아이 셋 키우며 부업으로 월 2000만 원 버는 법

거래내역

구매	판매	정산

✓ 거래완료
1+1 새상품)미니 안마기 맛사지기 진동 성능좋음 피로 싹 풀려가핏~1
00원
통
2020.04.24 (오후 19:17)

✓ 거래완료
아이템풀 30권 전권 EQ를 높여주는 월레이 생활동화
000원
괴
2020.04.23 (오후 22:44)

✓ 거래완료
다우니 초고농축 섬유유연제 레몬그라스와 라일락향 1L와 200ml 덤
000원
네
2020.04.14 (오전 10:52)

✓ 거래완료
1+1 새상품)미니 안마기 맛사지기 진동 성능좋음 피로 싹 풀려가핏~l
00원
탕
2020.04.12 (오후 20:49)

✓ 거래완료
호비영어 패드 영어야놀자 유아영아 아동영어 영어홈스쿨
.000원
단
2020.04.08 (오전 11:09)

✓ 송금완료
헬로키티 킨더조이 장난감 17개
00원
펭   / 번개송금
2020.02.24 (오후 23:21)

✓ 거래완료
에르고 아기띠 그린컬러 포대기 만5천원 (가격내렸어요)
.000원
SI
2020.02.08 (오후 19:17)

✓ 거래완료
구두 신발 고정밴드 하이힐 고정밴드 새상품
000원
인
2020.02.02 (오후 16:33)

번개장터 판매완료

나는 중고나라와 번개장터를 중심으로 동시에 물건을 올렸다. 중고나라와 번개장터에서 번갈아가며 주문이 들어온다. 판매 속도가 확실히 빨라졌다.

내가 판매하는 물건 중에 이유식 만들 때 사용했던 전자저울이 있다. 첫째의 이유식은 책에 적혀 있는 대로 그날 하루하루 개량을 정확히 했다. 첫째는 내가 만든 이유식을 좋아하지 않았다. 나중에는 소금 간을 조금 넣어서 만드니 잘 먹었다. 둘째는 3~4일치 이유식을 만들었다. 잘 먹었지만 과자를 더 좋아했다. 셋째는 전자저울로 개량을 전혀 안 했다. 내 마음대로 재료를 다 넣고 4~5일치를 한 번에 만들었다. 잘 먹었다. 세상 편했다. 진작 이렇게 할 걸 후회했다. 전자저울은 필요 없었다. 그래서 여러 곳에 물건으로 올렸다. 중고나라로 한 여자분이 구입하겠다는 연락이 왔다. 입금을 헬로마켓 안전결제로 하고 싶다고 물어왔다. 나도 중고 거래 사기 경험이 있어 헬로마켓 앱을 다운받고 전자저울을 올리고 헬로페이 안전결제로 거래했다. 그때 처음 헬로마켓을 이용했다. 그 뒤로는 중고나라, 번개장터, 헬로마켓 3군데 동시에 물건을 올렸다.

판매 채널의 특징을 알아야 한다

나는 판매도 하지만 가끔 구입도 한다. 나는 경매에 관심을 가지면서 청울림 아저씨를 알게 되었다. 삼성 계열사 13년 근무하고 퇴사해 전국의 수요와 공급 데이터를 항상 달달 외우며 3년 만에 경매로 월세 수입 1,000만 원을 만든 대단한 아저씨다. 그의 책을 너무 읽고 싶었다. 나는 성격이 급하다. 인터넷 주문은 보통 1~2일 소요된다. 나는 당근마켓을 알고 있었다. 당근마켓 앱을 다운받아『나는 오늘도 경제적 자유를 꿈꾼다』책을 검색했다. 역시 있었다. 우리 집에서 가까워 연락을 했다. 저녁에 약속 잡고 받아 그날 저녁에 책을 읽었다. 가격도 저렴하고 바로 책을 읽어서 좋았다.

직거래의 장점은 물건을 확인하고 돈을 주기 때문에 안전하다. 택배 거래가 없으므로 서로 편하다. 판매자는 박스 포장을 안 해도 되고, 구매자는 기다리지 않고 바로 받는다. 택배 비용도 안 든다. 그 뒤로 나는 중고나라, 번개장터, 헬로마켓, 당근마켓 4군데에 올려놨다. 당근마켓은 직거래 경험으로 택배로 발송하기 어려운 물품 위주로 올렸다. 중고나라 한 군데 올렸을 때보다 주문량이 늘었고 나는 더 바빠졌고 수입이 늘고 기분은 더 좋았다. 어느 곳에서 주문이 들어올지 모른다. 어느 곳에서 조

아이 셋 키우며 부업으로 월 2000만 원 버는 법

회를 해도 내 물건이 선택될 수 있도록 물건을 더 많이 올렸다.

아이들을 9시 전 어린이집에 보내고 나의 부업이 시작된다. 집안일을 하면서, 2~3가지 물건 사진 찍고 중고나라, 번개장터, 헬로마켓, 당근마켓에 동시에 올린다. 시간이 얼마나 빨리 가는지 아이들 하원시간이 금방 다가온다. 안 되겠다. 빨리 물건 올리는 방법을 찾아야겠다.

첫째 딸 영어학원은 화, 수, 목요일 일주일에 3일 간다. 영어학원이 끝나면 어린이집에서 둘째, 셋째를 데리고 집으로 왔다. 영어 수업시간에 엄마들과 커피 마시며 수다를 즐겼다. 학원 근처 커피숍은 아이 엄마들로 항상 가득 차 있다. 엄마들과는 수다를 통해 서로 좋은 정보를 주고받을 수 있다. 아이들 교육 정보뿐만 아니라 삶의 지혜도 얻을 수 있다. 아이 엄마들 중에 산부인과 간호사 언니가 있다. 산부인과 에피소드를 들으며 하하호호 수다 떨었다. 언니가 나에게 물었다.

"시현 엄마, 미레나 했어?"

"미레나가 뭐예요?"

"시현 아빠, 정관 수술 했어?"

"아니요. 병원에 간다고 말만 하고 안 가요."

"시현 엄마, 설마 넷째 기다리는 건 아니지?"

"아니요! 절대 네버 네버!"

도레미도 아닌 미레나는 처음 들어봤다. 언니는 넷째 기다리는 거 아니면 빨리 미레나를 하라고 했다. 산부인과는 출산할 때만 가는 줄 알았는데. 피임도 많이 한다고 한다. 간호사 언니도 미레나를 했다고 했다. 미레나는 시술이다. 피임 목적으로 자궁 내부에 삽입하는 작은 기구다. 루프 피임법과 엄연히 다르다. 원래는 월경량을 감소시켜 생리통을 완화하는 치료 목적으로 사용된 것으로 피임 효과는 99%이다. 시술은 30만 원 정도 소요된다. 한 번 시술 시 5년 동안 피임 효과가 있으며 언제나 제거가 가능하다. 임신을 원하면 제거하면 된다. 이런 고급 정보를 알게 되어 바로 산부인과에 갔다. 그전에는 남편한테 정관 수술을 하라고 잔소리를 했다. 정관 수술은 사람마다 다르지만 수술이기 때문에 후유증이 있다고 한다. 나는 그 뒤로 미레나 시술 홍보를 정말 많이 했다. 모르시는 주부님들은 미레나 시술을 꼭 알아보기 바란다.

육아 사장님은 시간 관리를 철저히 해야 한다

나는 평소 아이들을 밤 10시에 재운다. 그 뒤에 나의 자유시간이 좋다. 조용하고 행복하다. 이 시간에 물건을 많이 올리다 보면 새벽에 잘 때가 많다. 그러다 보니 피곤하고 오후에는 잠이 막 쏟아진다. 첫째가 영어학원 수업을 가면 그 시간이 그렇게 피곤하다. 처음에는 엄마들과 커피를 마시다가 이제는 낮잠을 잔다. 이 시간을 활용하자.

낮잠을 참고 물건 사진 찍어 놓은 것을 올리기 시작했다. 한 시간 반을 꼼짝 안 하고 물건을 올렸다. 시간이 금방 갔다. 신랑이 안 입는 청바지 5벌을 만 원에 올렸다. 영어학원 가기 전 집에서 미리 청바지 사진을 찍어 놓았다. 상품을 올리자마자 문의가 들어왔다.

"사이즈가 몇인가요?"

"밖인데 집에 가서 알려드릴게요."

집에서 청바지 사진 찍을 때, 사이즈까지 같이 찍어야 한다. 옷을 올릴 때 사이즈 정보를 같이 기재해야 하는데, 사진을 먼저 올리고 사이즈는 수정해서 다시 올렸다. 일을 2번 한 것이다. 집에서 팔 물건 사진을 먼저 많이 찍어놓는다. 아이 영어학원 기다리거나 바깥 활동을 할 때 늘 물건을 올리고 있다. 집에서도 화장실 갈 때 핸드폰을 들고 간다. 예전에는 네이버 기사나 유튜브를 보았지만 이젠 물건을 올린다. 내 시간을 쪼개서 생산적인 일에 사용해야 한다. 아이들 핑계를 대며 시간 없다는 말은 그만하자.

중고나라 한 개만 올릴 때는 잘 몰랐지만 판매 채널을 번개장터, 헬로마켓, 당근마켓 4군데로 늘리면서 나의 일이 많이 늘어났다. 주문 문의도 많아졌다. 부업으로 생각했던 일의 수입이 점점 늘어나면서 신나고 재미있다. 아이 셋을 키우면서도 할 수 있는 최고의 직업이다. 일이 재미있어서 누가 시키지 않아도 알아서 시간 관리를 한다. 나의 본업은 엄마이므로 아이를 보는 시간에는 아이에게 최선을 다한다. 하지만 그 외 시간에는 나 혼자 운영하는 부업에 최선을 다하는 사장님이다.

5

0원으로 시작해서
가장 단순하게 돈 버는 방법

미니멀 라이프의 삶

미니멀 라이프(minimal life) 뜻은 무엇일까? 삶에 필요한 최소한의 물건만 갖추고 사는 생활이다. 예전에는 물건에 대한 생각 없이 그냥 살았다. 필요하면 사고 사용 안 하는 물건은 어디에 넣어두고 잃어버리고 대충 살았다. 하지만 중고나라로 사용 안 하는 물건을 팔아보면서, 내 눈에 필요 없는 물건들이 들어오기 시작했다. 정말 우리 집에 물건이 너무 많다. 내 집에 내가 주인인데 마치 물건을 모시고 사는 것 같았다. 왜 이렇게 물건이 많지?

우리나라가 잘살고 인터넷 시장이 활성화되고 너무나 간편하게 원하는 물건을 구매할 수 있고, 아끼면서 사는 삶이 아니라 원하는 물건을 사면서 소비하는 삶으로 바뀌어서 소비를 가볍게 즐기고 집에는 많은 물건들이 쌓여가게 되었다. 미니멀 라이프는 최소한의 물건만 갖추는 동시에 물질적인 것에 대한 소유욕과 집착을 버리고 내 삶의 행복에 집중하자는 것이다. 하루아침에 모든 것을 버릴 순 없었지만 나는 모든 것을 팔아버려야겠다고 다짐했다.

실제 온라인 판매는 물건을 도매로 사서 소매로 팔아 그 차액을 남기는 것이다. 도매로 물건을 사야 하므로 물건 값이라는 비용이 든다. 하지만 중고로 파는 물건은 비용이 0원이다. 이미 사용했고 필요 없는 물건을 판매하는 것이다. 얼마나 좋은가. 안 할 이유가 없다. 바로 사용하는 물건이 아닌 것은 다 판매할 상품이다. 집에 물건이 넘쳐흐른다. 판매해야 할 물건이 넘쳐흐른다.

물건을 계속 올리고 팔고를 반복하면서 소비를 전혀 안 한 것은 아니다. 나의 속마음은 필요한 소비만 하면서 살고 싶지만 현실은 어렵다. 요요 현상이 온다. 나는 예쁜 옷과 가방, 액세서리는 절대 포기를 못 한다. 요즘은 저렴한 상품이 정말 많다. 브랜드 옷을 비싼 값에 구입해도 관리를 잘 못하거나 한두 해 정도 입으면 옷이 늘어나거나 질린다. 그래서 나는 안양지하상가를 정말 좋아한다. 저렴한 가격의 예쁜 옷이 진짜 많다. 나의 무대다. 예전에는 자주 갔지만 지금은 철 바뀔 때 가거나 가끔 가려고 노력한다. 아가씨 때는 명품 가방을 원하고 좋아했다. 지금도 명품을 좋아하지만 아이들이 어려서 젖병, 여벌옷, 물티슈, 물, 간식을 항상 가지고 다녀야 하기 때문에 백팩을 주로 매고 다녔다. 그때는 칸켄과 키플링 백팩이 유행이었다. 나도 갈색 칸켄과 연초록색 키플링을 빅마켓에서 구입했다. 이제는 아이들이 좀 커서 작은 크로스 가방을 좋아한다. 내 친구 남편이 해외 출장을 자주 간다. 나는 몇 번 부탁했다. 오야니 두부 가방과 마크 제이콥스 가방을 구매했다. 가죽이 정말 좋다. 나는 참 인복이 많다.

특이한 나의 첫 단골 고객

나는 옷은 중고로 잘 안 팔고 버리는 편이다. 옷은 우선 사진을 많이 찍어야 하고 사이즈도 정확히 안내를 해야 한다. 문의만 하고 구입 안 하는 사람들이 많다. 또 중고 여성 옷은 많고 흔해서 잘 안 팔린다. 처음에는 그런 것을 모르고 내 옷을 여러 벌 올렸다. 나는 결혼 전에 입었던 가죽 자켓을 올렸다. 사이즈가 작고 요즘 스타일이 아니다. 연락이 왔다.

"수영복 같은 부드러운 재질의 레자 종류인가요?"

"레자예요."

"가죽 느낌 좋을 것 같아요. 저는 이런 옷 집착해요. 애착이 있어요."

"네. 필요하시면 연락주세요."

"지금 살 수 있을까요? 직거래 가능한가요? 건물 어디다가 넣어놓으시면 찾으러 갈게요."

아이 셋 키우며 부업으로 월 2000만 원 버는 법

대화가 중간중간 좀 이상했다. 일반적인 표현이 아니다. 재질 촉감에 대해 이야기를 자주 하고, 황홀하다는 표현과 집착, 애착 이야기를 자주 한다. 나는 이상해서 이 사람의 아이디를 타고 들어갔다. 아니나 다를까 후기가 장난 아니다. '변태 슈렉 끝까지 구입 안 하고 거짓말로 일관한다, 변태 남자예요, 직거래한다고 하고 안 사네요, 계속 예쁘다고 하고선 안 사요.' 나는 '아 변태였구나. 구입 안 하겠군!' 하고 넘겼다. 하지만 이 고객이 계좌번호를 달라고 한다. 바로 입금이 들어왔다. 입금자 이름이 남자였다. 하지만 나는 입금이 들어왔으므로 약속한 1층 유모차 바구니에 가죽자켓을 넣어놓았다. 물건을 잘 찾아갔다. 그 뒤로도 내 옷에 관심을 갖고 이것저것 물어보았다. 나는 이 남자가 좋아할 만한 옷을 찾아보았다. 유행 지난 수영복을 올려볼까? 버리긴 아까워서 가지고 있었다. 연락이 왔다.

"이런 스판 수영복 좋아해요. 몸에 붙을 때 느낌이 좋아요."

"네, 필요하시면 연락주세요."

"이런 옷 집착하는 거 이해 못 하시겠죠."

"이해는 못 하지만 이런 옷 좋아하시는 분도 있구나 생각해요."

"옛날 처음 입었을 때 느낌이 너무 황홀해서, 평소에도 속에 입고 싶어서요. 속옷으로요."

"네, 필요하시면 연락주세요."

이번에도 입금이 잘 들어왔다. 내가 유모차 바구니에 넣어두면 이 남자분은 소리 소문 없이 찾아갔다. 이젠 나한테 본인이 좋아하는 옷 종류

사진도 보내준다. 이 남자 분은 속옷 대신 입을 수 있는 부들부들한 옷을 많이 좋아한다. 나는 광택이 살짝 있는 검정 얇은 반바지도 올려보았다. 역시 이분 취향을 저격했다. 나는 이 단골에게 옷 2개 사면 할인해주거나, 서비스로 사진 찍기 귀찮은 옷을 같이 넣어준다. 많이 고마워하셨다.

특이하지만 나름 나의 첫 단골이다. 박스 포장하는 것도 때로는 일이고, 나랑 시간 약속을 해서 직접 얼굴을 보는 것도 아니고, 유모차 바구니에 넣어만 두면 알아서 가져가니 오히려 편했다. 내가 옷을 자주 안 올리면 빨리 올려달라고 보채기도 한다. 그럼 나도 재빨리 옷장을 열어본다. 단골이 좋아할 만한 옷을 찾아본다. 나는 안양지하상가에서 옷을 사고 남자 단골에게 옷을 팔고, 선순환이다. 이제는 단골에게 리뷰를 남겨달라고 당당하게 이야기한다. 좋은 리뷰를 길게 잘 남겨주었다. 입금도 잘하고 편한 나의 첫 단골이다.

세상엔 특이한 사람이 많다

집에 아이가 앉는 헬로키티 소파, 뽀로로 소파가 2개 있다. 3개가 있으면 좋으련만 3명이 2개 소파로 서로 앉겠다고 맨날 싸운다. TV 만화 볼 때마다 시끌시끌했다. 집에 아이 책상 의자가 4개나 있어 소파를 또 사는 건 자리를 차지하니 싫었다. 안 되겠다. 팔아야겠다. 헬로키티 소파를 사겠다는 연락이 왔다. 손님 아이디가 '키티원츄'이다. 입금이 들어왔다. 본인이 헬로키티 광팬이라며 이 소파를 팔아줘서 고맙단다. '세상에 특이한 사람이 많구나.' 빠른 발송을 요청했다. 나는 알았다고 하고 박스를 찾아보았다. 헬로키티 소파가 보기와 다르게 생각보다 좀 컸다. 박스가 다 안 맞는다. 빅마켓, 홈플러스 마트를 둘러보았지만 사이즈가 맞는 게 없었다. 결국 박스 2개를 칼로 자르고 붙여서 겨우 연결해서 택배 접수했다. 부피가 있어서 택배비도 생각보다 많이 나왔다.

나는 헬로키티 광팬 손님에게 택배비로 5,000원을 더 달라고 했다. 박스 포장이 쉽지 않았다. 다행히 이해하고 소파를 샀고 당일 발송까지 해줘서 너무 고맙단다. 나는 물건을 받으면 리뷰를 남겨달라고 당당하게 이야기했다. '택배 잘 받았고 이렇게 무거운 걸 택배로 쏴주셔서 감사하다, 소파 튼튼하고 좋다.'며 만족 리뷰를 남겨주셨다. 뿌듯했다. 박스 포장이 힘들었지만 5,000원 보상을 받으니 기분이 좋았다. 뽀로로 소파는 겉에 살짝 천이 뜯어져서 그냥 재활용 버리는 곳에 내려놓았다. 몇 시간 뒤에 내려가보았더니 다행히 누군가 가져갔다. 나는 물건을 팔아서 수입을 늘려 나갔지만 포장이 힘들고 무거운 것은 택배비를 더 받기도 했다.

집안에 물건이 많을 때는 뭔가 어수선하고 정신이 없고 늘 치우기 바빴다. 물건을 팔거나 버리면서 나는 중요한 한 가지를 깨달았다. 물건을 팔면 그 자리 공간이 생기면서 내 마음도 여유로워지고 가벼워진다. 집이 깨끗하고 편해지면 청소를 자주 하고 싶어진다. 청소를 하다 바닥에 물건이 있으면 주워서 다시 올려놔야 하므로 청소 흐름이 끊긴다. 그래서 바닥에 물건을 두지 않는 습관이 생기고 청소도 자주 하게 되었다.

아이들 장난감을 팔 때 처음에 고민을 많이 했다. '혹시나 아이들이 찾으면 어쩌지? 나중에, 며칠 뒤에 찾으면 어떻게 하지?' 고민했다. 하지만 아이들은 생각보다 단순하다. 기억이 나면 찾는 물건도 있지만 대부분 눈에 안 보이면 안 찾는다. 기억에서 사라진다. 아이들이 덕분에 장난감 팔기가 수월하다. 다행이다.

아이 셋 키우며 부업으로 월 2000만 원 버는 법

6

온라인 시장을
이해하고 시작하자

온라인 시장, 판매 가격을 조정해보자

물건을 많이 올리다 보면 몇 달째 안 팔리는 물건이 있다. 이 물건을 팔리게 하는 제일 간단하고 쉬운 방법은 가격을 내리는 방법이다. 가격 내리면 반응이 오기도 하지만 더 확실한 방법은 내 물건 찜한 고객에게 번개톡으로 가격 내린 것을 알려주고 구입 유도를 한다. 대부분 성사된다. 첫째 딸이 실바니아 팬이라서 실바니아 집, 인형 찜을 많이 해놓았다. 어느 날 실바니아 판매자가 가격을 내리면서 나에게 연락이 왔다. 아는 사람이 무섭다고 내가 더 깎아달라고 했더니 판매자가 오케이했다. 실바니아 인형을 저렴하게 구매했다.

나는 반대로 가격을 올려도 본다. 친정 부모님이 아이들에게 모아나 블록을 선물로 사주셨다. 때마침 모아나 영화가 아이들 사이에서 엄청난 인기를 누렸다. 우리 집 아이들은 모아나 영화를 보여줘도 시큰둥했고 특히 막내는 영화를 보면 무섭다고 울기까지 했다. 블록도 당연히 관심이 없었다. 그래서 인터넷으로 새 상품 가격을 조회해서 25,000원에 비슷하게 올렸다. 올리자마자 바로 연락이 왔다. 나는 너무 빨리 연락이 와서 당황했다. 나도 모르게 거짓말을 했다.

"지금 3만 원에 거래 중이라서요. 불발되면 연락드릴게요."

그리고 나는 가격을 바로 3만 원으로 올렸다. 그 뒤로 문의는 여러 번 왔지만 구매하는 사람이 없었다. 그래서 처음 연락 왔던 사람한테 다시 연락했다.

"불발되었어요. 25,000원에 해드릴게요."라고 연락했지만 답변이 없다. 욕심 부리다가 놓쳤다. 나는 오기가 생겼다. 29,000원으로 가격을 바꿨다. 아무도 연락이 없었다. 가격을 내려야 하나 계속 고민하고 있었다. 결국 구매하겠다는 사람이 나타났다. 29,000원으로 거래했다.

온라인 시장, 상품명 썸네일도 바꿔보자

내가 판단했을 때. 가격 내리기 아까운 물건들이 있다. 이때에는 '상품명' 이름을 바꿔보았다. 손님이 어떤 것을 구입하고자 했을 때 입력하는 단어 키워드를 생각하면 답이 나온다! 나는 아동 전집을 많이 올렸는데

아이 셋 키우며 부업으로 월 2000만 원 버는 법

생각보다 잘 안 팔렸다. 가격도 저렴하게 올렸는데도 반응이 없었다. 원래는 상품명을 '삼국유사 교원 30권 유아 아동 책' 이렇게 입력했다. 내가 '삼국유사'라고 치면 내 물건이 나오지만, 유아 아동 책으로 입력하면 내 물건이 보이지도 않았다. 그래서 상품명 순서를 바꿔보았다. '유아 아동 책 삼국유사 교원출판사 총 30권 상태 좋음'으로 바꿨다. 연관 태그도 #유아책 #아동책 #유아아동책 #삼국유사 #교원출판사로 바꿔보았다. 유아 아동 책 키워드를 입력하니 내 물건이 메인 상단에 나왔다. 상품명 연관태그 작성 시 순서가 중요하다. 내 상품이 '유아 아동 책'으로 조회가 되는 상품이면 그 키워드를 먼저 넣으면 된다. 상품 조회 시 메인 화면에 나오는 물건은 아무래도 잘 팔린다.

가격도 내려보고 상품명도 바꿔봤는데도 반응이 없다면 메인 사진을 바꿔본다. 보통 '썸네일'(Thumbnail: 썸네일은 인터넷 홈페이지나 전자책 같은 컴퓨팅 애플리케이션 따위를 한눈에 알아볼 수 있게 줄여 화면에 띄운 것)이라고 한다. 썸네일은 온라인 판매에서 너무 중요하다. 유튜브 썸네일도 매우 중요하다. 메인 사진을 다시 깨끗하게 찍어본다. 사진 찍는 위치를 바꿔보기도 하고 조명을 이용하기도 한다. 가끔 포토샵을 이용하는지 물어보는 사람이 있다. 요즘은 카메라가 너무 좋아서 포토샵을 굳이 이용 안 해도 충분히 깨끗하고 예쁘게 잘 올릴 수 있다.

아이들 장난감을 팔 때 나만의 방법은 아이들이 장난감을 가지고 놀면서 만든 작품 찍고, 노는 모습도 찍고, 놀면서 아이들이 즐거워하는 모습도 찍는다. 그리고 포장 상태도 찍는다. 예를 들어 블록을 팔 때는 블록으로 만든 작품, 블록 만드는 모습, 아이들이 블록 만들면서 웃는 모습을 찍는다. 간혹 장난감이 일부분이 파손되었거나 낙서가 있을 때에는 그 부분은 더 자세히 사진을 찍는다. 그리고 나는 아이들이 잘 때 포장을 완벽히 미리 한다. 포장한 상태도 찍어 안전하게 배송할 거라는 것을 먼저 보여준다. 그리고 설명을 자세히 보기 쉽게 작성한다. 새 상품인지 중고 상품인지 기재하고, 장점 위주로 작성하고, 파손 낙서가 있을 때에는 분명하게 설명한다. 배송 방법도 자세히 적는다. 몇 시까지 입금하면 당일 발송을 한다. 그리고 포장은 사진처럼 완벽하게 해서 파손 걱정 없이 발송한다는 내용을 명확히 적는다. 이렇게 기재해도 다 안 읽어보고 문의가 왔을 때에는 전직 고객센터 출신답게 세상 가장 친절하게 응대한다.

일반 온라인 판매는 썸네일 규정이 있다. 네이버 스마트스토어는 썸네일에 상품 1개만 노출하고 정면 이미지를 사용하고 배경이 흰색이나 단색을 사용한다. 이미지에 텍스트나 도형을 넣으면 안 된다. 동일 상품을 여러 번 올릴 수 없다. 규정을 지키지 않으면 패널티를 받는다. 하지만 중고 거래는 규정이 없다. 동일 상품을 사진을 바꿔서 여러 번 올려도 된다. 여러 번 올리면 고객 취향에 따라서 선택해서 주문이 들어온다. 썸네일 사진에 따라서 고객이 클릭을 할 수도 있고, 안 할 수도 있기 때문에 매우 중요하다.

유튜브도 썸네일이 중요하다
얼마 전 백종원 유튜브에 썸네일이 크게 화제가 되었다. 더본코리아 백종원 대표는 한식 사랑꾼 별명답게 〈백종원의 요리비책〉 썸네일에 한식 요리 이름을 쓸 때 이상한 번역이나 일본 음식 이름을 안 쓰고 한국어 발음 그대로 영어를 써놓았다. 예를 들어 가락국수는 'Garak Guksu'로, 떡만둣국은 'Tteokmanduguk'으로, 만두피튀김은 'Mandupi-twigim'으로, 떡볶이는 'Tteokbokki'로 기재했다. 보통은 해외 이용자들의 이해를 돕기 위해 영어로 번역을 많이 하는데 참 기발했다. 내 생각에도 한식이므로 한글로 하는 게 보기 좋았다. 역시 백종원이다.

유튜브에 썸네일은 매우 중요하다. 썸네일에 따라 조회수, 구독수가 달라진다. 영상 내용이 아무리 재미있어도 썸네일이 매혹적이지 않다면 구독자들이 오지 않는다. 유명한 유튜브 중에 〈허팝 Heopop 채널〉이 있다. 구독자 361만 명이다. 2014년 7월 29일에 개설해서 하루도 빠짐없이 영상을 올렸다고 한다. 허팝 채널은 3년 전까지만 해도 그다지 주목받지 못했다. 그래서 썸네일을 거대하고 혹은 궁금하게 만들기 시작했다. 수영장에 젤리를 가득 채운 썸네일이나, 초거대 슬라임(Slime)을 만드는 썸네일, 아이언맨 슈트를 입고 거리를 활보하는 썸네일 등 아이들이 좋아할 만한 것을 공략했다. '궁금하게' '거대하게' '어마어마하게' 보이도록 해야 한다. 그 결과 영상들은 수백만 조회수를 기록하여 빠르게 구독자를 확보했다. 많은 유튜브 사이에서 그냥 지나치는 썸네일이 아니라, 한 번쯤 눌러볼 만한 썸네일을 만드는 것이 핵심이었다. 최대한 과장되게 만들어서 기대감을 일으켜야 한다.

또 우리나라에서 제일 잘하는 유튜버가 〈보겸 TV〉다. 394만 명이다. 썸네일이 화려하지 않지만, 특이한 얼굴 표정으로 클릭하고 싶게 만드는 '감정 반응'으로 미묘한 심리적 궁금증을 유발한다. 타고난 능력이다. 김보겸 유튜버는 『유튜브 구독자 100만 만들기』라는 책을 출간했다. 김보겸은 제목은 물론 썸네일과 태그에도 디테일이 필요하다고 강조했다. 그리고 끈기, 강한 멘탈, 진정성 이 3가지를 강조했다. 매일 1~2개씩 꼭 영상을 업로드하는 끈기가 바탕이 되어야 한다. 유튜브 알고리즘이 1~2년 무식하게 꾸준히 영상 업로드를 하면 중간에 한 번씩 영상이 빵 터진다고 한다. 유튜브에서 여기저기 막 뿌려주는 것이다. 그리고 체류 시간도 매우 중요하므로 오래 머무를 수 있는 위주로 영상을 올리면 된다.

유튜브 채널을 키우고 구독자수를 늘리려면 사람들의 관심사를 집중 공략을 해야 한다. 기억해야 할 것이 바로 '내 관심사'가 아닌 '사람들의 관심사'다. 이 관심사를 알기 위해서 키워드 조회를 한다. 네이버 광고 시스템에 키워드 도구로 확인하거나 실시간 유튜브 인기 동영상으로 확인하거나 또 유튜브 전 세계 키워드를 확인한다. 작년 2019년 먹방 채널에서 이슈가 되고 있는 '지구젤리'를 검색해보면 그전에는 검색 결과가 전혀 없다가 2019년 1월을 기점으로 2월부터 폭발적으로 검색량이 증가했다. 작년 우리 큰딸도 초등학교 앞 문구점에서 지구젤리를 많이 사먹었다. 이때 지구젤리라는 키워드를 사용해서 영상을 찍으면 구독자수를 늘릴 수 있다.

아이 셋 키우며 부업으로 월 2000만 원 버는 법

지구젤리

주부들도 유튜브를 해야 한다. 유튜브를 할 때 썸네일을 평범하게 만들면 아무도 우리의 영상을 보지 않는다. 유튜브에서 썸네일은 대형 전시장에 진열된 상품과도 같다. 다양하게 진열된 상품 중 굳이 하나에 주목해야 한다면 거대하거나, 어마어마하거나, 특이하거나, 궁금하게 하는 상품을 선택한다. 썸네일을 만들 때 이왕이면 클릭을 할 수 있도록 신경을 쓰자. 그리고 관심사를 공략하는 방법은 매우 중요하다. 우리가 중고나라에 물건을 등록할 때 상품명을 키워드로 이용하여 등록하면 더 빨리 쉽게 판매할 수 있다.

7

온라인 쇼핑몰 입문하기
- 오픈마켓, 소셜커머스

온라인 판매에 필요한 '사업자등록증' 발급 받기

온라인 쇼핑몰 사업자로 돈을 벌기 위해서는 사업자등록증과 통신판매업신고증이 꼭 필요하다. 사업자등록증 발급 받는 방법은 2가지다. 관할 세무서를 방문하거나 국세청 홈페이지에서 신청 가능하다. 나는 성격이 급해 신분증 들고 금천세무서에 갔다. 사업자등록증은 5분이면 바로 발급받을 수 있다. 방문이 번거롭다면 국세청 홈페이지에 신청/제출 사업자등록신청(개인)을 누르고 주민번호와 이름를 기재하고 업종은 통신판매업 전자상거래 소매업으로 신청한다. 사업장 유형은 처음 시작하시는 분이라면 간이사업자로 선택한다. 간이과세자는 연 매출 4,800만 원 미

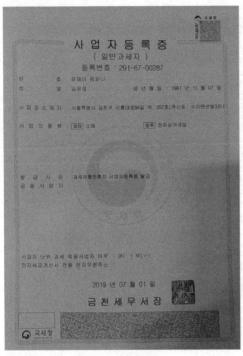

사업자등록증

만일 때 부가세가 면제되고 1년에 1번 1월에만 세금 신고를 한다.

그래서 부가세 환급이 없으며 세금계산서 발행이 안 된다. 간이사업자에서 매출이 4,800만 원 이상 되면 자동으로 일반 사업자로 전환된다. 이렇게 국세청 홈페이지에서 간단하게 신청하면 끝이다. 세무서마다 차이가 있지만, 빠르면 1시간 지나서 승인되거나 보통 2~3일 정도 소요된다. 문자나 전화로 승인 완료가 된다. 집에서 프린트 가능하고 프린터기가 없다면 무인민원발급기를 이용해 3부까지는 무료로 출력 가능하다. 사업자등록증에 대한 막연한 두려움이 있었는데 생각보다 쉽고 간편했다.

온라인 판매에 필요한 '통신판매업신고증' 발급 받기

통신판매업 신고를 위해서는 '구매안전서비스 이용 확인증'이 있어야 한다. '구매안전서비스 이용 확인증'이란 판매자 정보에 대해 한 번 더 인

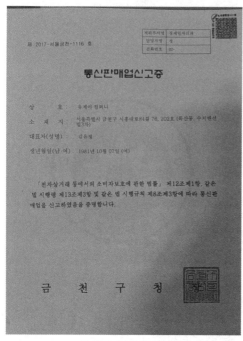

제 2017-서울금천-1116 호

통신판매업신고증

상   호 : 유제이컴퍼니
소 재 지 : 서울특별시 금천구 시흥대로84길 76, 202호 (독산동, 우지빌딩 빌3차)
대표자(성명) : 김유정
생년월일(남·여) : 1981년 10월 07일 (여)

「전자상거래 등에서의 소비자보호에 관한 법률」 제12조제1항, 같은 법 시행령 제13조제3항 및 같은 법 시행규칙 제8조제3항에 따라 통신판매업을 신고하였음을 증명합니다.

금   천   구   청

통신판매업신고증

증 확인해주면서 구매자가 판매자에 대해 의심하지 않고 결제할 수 있도록 확인해주는 증명서이다.

'구매안전서비스 이용 확인증' 서류 발급받는 방법은 2가지이다. 제일 쉬운 방법은 사업자등록증으로 내 스마트스토어를 우선 개설한다. 구비 서류는 2주 안에 첨부하면 된다. 개설 후 스마트스토어에 판매자정보로 들어간 후, 오른쪽 상단의 구매안전서비스 이용 확인증을 jpg 파일로 다운받는다.

은행을 통하여 구매안전서비스 이용 확인증을 발급받는 방법도 있다. 사업자등록증을 만들면 농협, 기업은행, 국민은행에 가서 사업자 통장을 개설, 기업용 공인인증서를 발급받는다. 은행 홈페이지 들어가서 에스크로 이체에서 판매자 인증마크를 등록한 후 구매안전서비스 이용 확인증을 발급받은 후 jpg 파일로 저장하면 된다. 이렇게 2가지 방법 중 하나로 발급받는다. 구청에 직접 방문할 때는 프린트를 해서 가져가고, 온라인

아이 셋 키우며 부업으로 월 2000만 원 버는 법

정부24로 신청할 때는 jpg 파일 다운받은 것을 첨부하면 된다.

통신판매업신고증 발급 방법은 2가지다. 직접 구청에 가서 직원을 통해 신청하는 방법과 온라인 정부24 홈페이지에서 하는 방법이 있다. 직접 구청 방문 시에는 '구매안전서비스 이용 확인증'과 신분증을 지참해야 한다. 온라인 방법으로 정부24 홈페이지에 공인인증서로 로그인한다. 인터넷으로 간편하게 신청한다. 1~3일 뒤에 완료되었다는 문자를 받으면 찾으러 방문하면 된다. 통신판매업신고증 수령 시 등록면허세 40,500원이 나온다. 바로 납부하면 된다. 예전에는 무조건 방문 수령만 가능했으나 2019년 11월 29일부터 간이사업자는 사전 선택 시 우편 수령도 가능하다. 통신판매업 등록 건수는 2014년 40만 5,000건에서 2018년 67만 5,000건으로 67%나 빠른 증가세를 보이고 있다. 또 2018년 한 해 동안 정부24를 통해 통신판매업 신고를 한 건수는 11만 8,000건으로 오프라인 포함한 전체 신고 건 수 32만 4,000건의 57%에 달한다. 앞으로는 사업자등록증처럼 통신판매업신고증도 온라인으로 직접 발급받을 수 있도록 개선한다고 한다.

온라인 판매를 위한 구비 서류는 준비를 다했다. 이제 본격적으로 온라인 판매 전체 시장을 간단하게 알아보자. 온라인 장사는 개인 쇼핑몰, 오픈마켓, 소셜커머스 이렇게 있다. 개인 쇼핑몰을 만들려면 솔루션 업체에 월 33,000원에서 55,000원 비용이 들어간다. '카페24'처럼 무료로 제공하는 곳도 있지만 도메인을 구매하는 연 22,000원의 비용이 들어가고, 처음 시작할 때 PG사와 계약하는 데 22만 원 정도 소요된다. 그 외에 스킨을 구매하는 비용이 들고 무엇인가를 고치는 비용이 든다. 그리고 쇼핑몰에 상품 1~2개는 너무 적다. 상품을 여러 개 놓아 구색을 갖추어야 한다. 구색을 갖추려면 규모가 있어야 하므로 신규 사업자가 하기에는 조금 어렵다. 또 내가 쇼핑몰을 만들었다고 하더라도 내 쇼핑몰을 사람들에게 알려야 한다. 홍보가 필수인데 홍보를 하려면 광고 비용이 많이 든다.

온라인 판매, 스마트스토어로 시작하자

처음 온라인 판매를 시작할때는 개인 쇼핑몰보다는 오픈마켓을 활용하자. 오픈마켓은 종류가 많다. 대표적으로 스마트스토어, G마켓, 옥션, 11번가, 인터파크가 대표적이다. 소셜커머스로는 쿠팡, 위메프, 티몬이 있다. 소셜커머스는 최초에는 공구 형식으로 가격 할인하여 판매하는 것이었지만 최근에는 오픈마켓과 소셜커머스 간의 차이가 별로 없다. 오픈마켓과 소셜커머스는 판매자의 규모에 상관없이 누구나 판매를 할 수 있는 플랫폼이며, 처음 상품 등록 시 비용이 들지 않는다. 판매 금액에서 수수료만 부과된다.

오픈마켓 중 스마트스토어가 가장 쉽다. 네이버 블로그 형식으로 상세 페이지를 작성한다. 수수료가 타 오픈마켓보다 저렴하고 스타트 제로 수수료 프로그램이 있다. 창업 초기 사업자에게 12개월간 결제수수료를 무료 지원, 비용 부담을 절감하여 사업 초기 안정화에 도움이 될 수 있도록 지원한다. 연 매출 5억 원 이하 영세, 중소 사업자도 대상이다. 매월 500

만 원까지의 순결제 금액(당일 취소분 반영)의 결제수수료 0%가 적용된다.

온라인 판매 구비 서류도 준비가 끝났고 스마트스토어를 해야 하는 이유를 알았다. 이제 내 상점 스마트스토어를 개설하자. 대부분 우리는 네이버에 회원가입이 되어 있지만 스마트스토어 판매자가 되기 위해서는 추가로 스마트스토어 센터에 회원가입을 해야 한다. 방법은 2가지이다. 네이버 아이디를 이용해서 가입하는 것과 별도의 이메일을 이용해서 가입하는 것이다. 네이버 아이디를 이용해서 가입하는 게 더 편리하다. 아이디로 가입 시 네이버 로그인이 되어 있으면 스마트스토어 접속 시 별도의 로그인 없이 바로 사용할 수 있다. 이메일로 가입 시에는 네이버에 로그인이 되어 있다고 하더라도 스마트스토어 센터에 접속할 때 다시 로그인해야 한다. 번거롭다.

내 스마트스토어 이름은 미리 생각해두자. 사업자등록증과 같은 이름이 아니어도 된다. 이왕이면 내가 판매하려는 상품과 연관성 있게 짓는 것이 좋다. 다만 내가 판매하려는 상품이 처음에는 한 종류이지만 나중에는 여러 종류로 변경되는 경우도 많으므로 잘 생각하고 결정하자. 그리고 내가 판매하려는 상품을 검색해서 다른 판매자들은 어떤 이름을 사용하는지 살펴보고, 소비자에게 기억하기 쉽고 신뢰감을 주는 센스 있는 이름을 정하면 된다.

내 사업자등록증 상호명은 '유제이컴퍼니'이다. 내 이름 '유정'을 딴 '유정컴퍼니'는 이름과 너무 똑같아서, 이름의 영문 철자를 하나씩 따서 발음대로 만든 것이 유제이컴퍼니이다. 사업자와 내 스마트스토어 이름이 같아야 하는 줄 알고 유제이컴퍼니로 등록했다. 막상 등록하고 보니 이름이 너무 긴 것 같아서 '유제이'로 바꿨다. 바꾸고 보니 가수 이름하고 똑같았다. 여러분은 나처럼 실수하지 말자. 사업자등록증과 스마트스토어 이름은 달라도 되며, 등록 후 1번만 바꿀 수 있으므로, 나중에 사업을 하다가 정말 꼭 바꿔야 할 때 바꾼다.

이제 가입해보자. 네이버에서 스마트스토어 센터를 검색한다. '판매자 가입하기'를 클릭한다. 판매자 유형 선택에서 사업자를 선택한다. 사용 가능 이름 조회하기를 눌러 확인한다. 스마트스토어 이름, 스마트스토어 URL을 확인한다. 스마트스토어 이름은 나중에 딱 1번만 변경되므로 신중히 결정한다. 소개글과 전화번호는 항시 수정 가능하다. 판매 상품 정보를 입력한다. 판매 상품을 정하지 못한 상태라면 임의로 설정하고 넘어간다. 출고지도 집 주소로 입력한다. 정산대금 입금계좌는 판매 후 수수료를 뺀 판매 금액을 받을 계좌번호 기재 후 인증받으면 된다. 서류 첨부는 14일(2주) 이내로 첨부하면 된다. 가지고 있는 첨부 서류를 빠짐없이 첨부한 후 신청 완료 하면 끝이다. 서류 첨부만 완벽히 하면 보통 1~3일 이내에는 승인된다.

네이버는 사업자등록증 없이 개인으로도 가입할 수 있다. 하지만 판매가 이루어진다면 세금 관련 불이익이 올 수 있으므로 사업자등록증과 통신판매업 신고로 사업자 판매로 전환해야 한다. 스마트스토어 외에 오픈마켓과 소셜커머스는 사업자등록은 무조건 있어야 가입이 가능하다. G

마켓 옥션은 이베이 플랫폼으로 통합되었다. 동시 등록이 가능하다. G마 켓 옥션은 우리나라 원조 오픈마켓이다. 이용자가 많아서 큰 수익을 얻 을 수 있는 마켓이다. 하지만 이미 많은 고수들이 자리 잡고 있어 초보자 에게는 쉽지 않다. 하지만 나는 비법을 알고 있다. 소셜커머스, 쿠팡, 위 메프, 티몬도 가입 방식은 비슷하다. 온라인으로 가입 신청하고 상품 등 록으로 시작이 가능하다. 상품 등록은 수수료를 받지 않는다. 다만 판매 가 되었을 때 수수료를 뺀 나머지 금액이 나에게 입금된다.

8

아이 셋 평범한 주부인
나도 가능할까?

황금 시간, 절호의 찬스를 잡아라

나는 지금 10살 딸, 7살 아들, 5살 딸 등 아이 셋을 키우고 있다. 아이를 키우면서 특히 첫째를 키울 때 시행착오를 많이 겪는다. 나는 어린아이를 어린이집에 보내면 큰일 나는 줄 알았다. 주변 친구들도 직장 다니는 엄마들만 어쩔 수 없이 어린이집에 보냈다. 하지만 나는 독박육아를 하기 때문에 점점 지쳐갔다. 그래서 첫째 4살 때 어린이집에 처음 보냈다. 동네에 있는 가정에서 하는 어린이집인 백합 어린이집에 보냈다. 원장 선생님이 정말 좋으셨다. 나는 많은 도움을 받았다. 내가 둘째 낳고 산후조리를 할 때, 매일 아침마다 첫째 딸을 데리러 우리 집 15층까지 올라오셔서 등원시켜주셨고, 하원할 때도 집에 딸을 데려다주셨다. 원장 선생님도 자녀가 3명이다. 내가 둘째, 셋째 임신했을 때 누구보다도 큰 축하를 해주셨다. 첫째 키우면서 친한 동네 친구 혜정이가 있다. 그녀는 예쁜 딸 2명이 있다. 내가 둘째 임신했을 때 매일 우리 집에 와서 나의 육아를 도와주며 같이 육아했다. 셋째 임신하고 키울 때도 나와 웃고 울면서 행복한 육아를 했다. 주말에는 나의 친정 부모님이 불광동에서 독산 동까지 음식을 바리바리 싸들고 대중교통으로 오셔서 육아를 도와주셨다. 정말 너무너무 감사하다. 나는 행운아다. 나는 정말 인복이 많다.

나는 온라인 판매에 대해 전혀 몰랐을 때, 빚을 갚고자 전전긍긍했다. 우연히 친구들과 빅마켓 1층 로비에서 국비로 경력 단절 여성에게 포토샵과 일러스트 HTML를 가르쳐주고 취업을 도와준다는 현수막을 봤다. 나는 포토샵도 궁금했지만 한 달에 15만 원 정도 돈을 준다는 말에 매우 솔깃했다. 어린아이 셋 키우는 나에게 돈을 벌 수 있는 기회는 별로 없다. 15만 원은 나에게는 큰돈이었다. 3개월 동안 아침 10시부터 4시까지 매일 출석해야 하고 결석을 하면 돈이 몇 푼 빠져 입금이 들어온다. 나는 악착같이 매일 가서 수업 듣고 포토샵 GTP 1급 자격증을 취득했다.

나는 원래 배우는 것을 좋아한다. 직장 다닐 때에도 교대역 근처에서 베이커리에서 빵 만드는 것을 한 달 수강료 40만 원 내고 배웠으며, 아이들 구몬 학습지를 시킬 때, 나도 구몬 영어, 구몬 일어를 배웠다. 나는 배우지 않으면 뒤처질까 봐 늘 불안했다. 온라인 판매를 시작할 때도 네이버 스마트스토어, 이베이(G마켓+옥션), 인터파크, 11번가에서 알려주는 오

가족사진

프라인 수업을 강남까지 가서 빠짐없이 듣고 또 들었다. 그러면서 나만의 판매 방식의 비법이 생겼다.

이렇게 할 수 있었던 이유는 아이들이 어린이집에 다녔기 때문이다. 초등학생 자녀는 오히려 일찍 하교하기 때문에 어렵다. 그래서 나는 아이들이 어린이집에 있는 시간이 자기계발을 할 수 있는 황금시간이며 절호의 찬스라고 생각한다.

초등 돌봄교실의 편견을 버리자

첫째 딸이 7살 되던 해, 12월에 초등학교 취학통지서가 왔다. 그때부터 오만가지 생각이 다 들었다. '언제 이렇게 컸을까? 책가방은 뭘 사야 하지? 공부 뭐 시켜야 하지? 선생님 말씀은 잘 들을까? 친구들하고 잘 지낼까?' 심장이 두근두근 내가 학교에 입학하는 것처럼 초조하고 불안했다. 그리고 나의 제일 큰 고민은 '초등학교 돌봄교실을 보내야 하나, 말아야 하나?'였다. '방과 후 수업으로 돌려야 하나, 학원으로 돌려야 하나?'

아이 셋 키우며 부업으로 월 2000만 원 버는 법

고민이 끝이 없었다. 생각해보니 동네 아는 언니의 아들이 독산초등학교를 졸업했다. 언니는 직장생활하면서 중학생 아들 2명을 키우고 있다. 오랜만에 동네 언니와 연락해서 만났다. 초등학교에 대한 정보를 이것저것 물어보다가 돌봄교실에 보내야 하나 고민했다.

"언니, 초등학교 돌봄교실 어때요?"

"좋아. 일부 엄마들은 저소득층 아이들이 다닌다는 잘못된 편견 때문에 걱정하는데 맞벌이 가정들이 많아서 오히려 학원으로 뺑뺑이 돌리는 것보다 돌봄 선생님 교육 안에서 다양한 프로그램도 배워서 좋은 것 같아. 나는 아주 만족했어."

사실 또래 친구 엄마들은 돌봄교실에 대해 부정적인 시선이 많다. '아이들 수준이 떨어질 거야. 부모가 신경을 안 써서 나쁜 친구들이 많을 거야.' 하지만 대부분 수준은 비슷하고 어디를 가나 특이한 친구들은 존재한다. 나는 아이들 개성이라고 생각했다. 말 잘 듣고 조용한 친구가 좋은 것은 아니라는 것을 잘 안다. 왜냐하면 내가 학교 다닐 때 걱정했던 날라리 친구들이 대학 안 가고 사업을 하면서 더 크게 성공하는 것을 많이 보았기 때문이다. 특히 요즘 시대는 나를 얼마나 세상에 알리느냐에 따라 성공 여부가 갈리기 때문에 나는 특이하고 목소리 큰 친구들을 좋아한다. 나도 처음 아이를 돌봄교실에 보내려고 하니 걱정이 많았는데 딸이 다니는 초등학교 돌봄교실에 보냈던 동네 언니에게 직접 물어보니 안심이 되었다. 물어보길 참 잘했다.

초등학교마다, 선생님마다 다르겠지만, 초등학교 저학년 때에는 학교 적응을 해내야 하는 시기이므로 아이들을 여러 학원을 보내며 전전긍긍하는 것보다 선생님을 믿고 초등학교 안에 돌봄에 맡기는 것도 괜찮다. 이제는 맞벌이 가정이 많아져 경쟁이 치열하다. 첫째 딸을 돌봄교실에 보냈다. 정말 선입견이라는 것을 알았다. 저소득층이니 맞벌이니 하는 건 어른들의 입장이고, 아이들은 아이들끼리 돌봄 선생님과 영어 공부, 수학 공부, 독서 공부를 하면서 재미있고 즐겁게 시간을 보내고 있다. 외부에서 선생님을 초대해서 퀄리티 높은 프로그램도 하고 특히 숙제를 봐주셔서 편하고 좋았다. 그리고 돌봄교실에서는 생일잔치도 열어준다. 어린이집에서는 생일잔치가 일상이지만 학교에서는 생일잔치가 없어 조금 허전하다고 느꼈던 차라, 아이들이 무척 좋아했다. 그리고 보드게임을 정말 좋아했다. 집에는 동생들만 있으므로 게임을 하고 싶어도 나이 차이가 있어 하기 어려웠다.

돌봄교실에서는 또래 친구들과 게임을 할 수 있어 좋아했다. 특히 부루마블 보드게임을 너무 좋아해서 돌봄에 매일 가고 싶다고 했다. 돌봄에서 생일잔치, 다양한 프로그램, 체육, 보드게임을 같이 하고 친구들끼리 서로 챙겨주고 협동하면서 더 재미있게 지낸다.

딸이 돌봄교실에서 숙제를 다 하고 집에 온다. 사실 숙제하는 데 시간은 얼마 안 걸리는데도 집에서 숙제하는 시간이 버거울 때가 많다. 보통 아이들은 엄마 말은 잘 안 듣는다. 그러면 아이와 나는 트러블이 생긴다. 처음 며칠은 어르고 달래며 설명해서 숙제를 겨우 하지만 매일 하다 보면 나도 지치고 아이와 사이도 안 좋아질 때가 많다. 그래서 내 자식 공

아이 셋 키우며 부업으로 월 2000만 원 버는 법

부는 엄마가 가르치는 게 아니라고 한다. 맞다. 그래서 엄마들이 학원의 도움을 받는다. 아이들이 엄마 말은 안 들어도 학원 선생님 말을 잘 듣기 때문이다.

물론 아이들마다 학원마다 다르다. 나는 딸과 숙제하느라 씨름했던 시간 대신 딸이 원하는 것을 하게 해준다. 놀이터에서 친구들과 놀게 하거나 나와 이런저런 이야기를 한다. 부루마블 보드게임 이야기, 돌봄 간식에서 아이스크림이 나와 정말 좋았다는 이야기. 친구들과 피구게임을 한 이야기를 하면서 편안한 시간을 보낸다. 나는 딸을 돌봄교실에 보내길 정말 잘한 것 같다. 숙제 걱정도 없다. 초등학교 1, 2학년만 돌봄교실을 운영하다가 올해부터 3학년까지 운영을 한단다. 정말 기쁘고 감사하다.

빌 게이츠와 나의 시간은 공평하게 하루 24시간이다

나는 첫째 딸을 돌봄에 보내고, 둘째, 셋째를 어린이집에 보내면서 내 시간을 확보했다. 나는 이 시간이 황금 시간이다. 무조건 의미 있고 알차게 보내야 한다. 누구에게나 똑같이 공평하게 24시간이 주어진다. 억만장자인 빌 게이츠에게도, 나에게도 공평한 하루 24시간이다. 나는 아이 셋이라는 핑계를 대고 싶지 않았다. 오히려 아이 셋이니깐 더 열심히 살아야겠다고 생각했다. 예전에는 내가 육아를 더 잘하기 위해 이 황금 시간에 좀 더 쉬어야 오후에 아이들 오면 내가 더 아이들에게 잘해줄 수 있다고 생각했다. 틀린 말은 아니지만, 나는 남편만 바라보며 살다가 빚이라는 시련을 겪었기 때문에 또다시 반복하고 싶지 않다. 이왕이면 황금 시간을 돈 버는 생산적인 시간으로 보내고 싶다. 시련을 기회로 바꾸는 시간이다. 처음에 내가 할 수 있는 생산적인 일은 중고나라, 번개장터, 헬로마켓, 당근마켓에 물건을 올려서 열심히 파는 것이 전부였다. 돈을 버는 기쁨은 대단하다. 우연히 포토샵과 일러스트 HTML를 배우면서 온라인 판매에 관심을 갖게 되었다. 온라인 판매를 하면서 마케팅을 공부했다. 마케팅을 배우면서 블로그와 유튜브를 알게 되었다. 어머나! 새로운 세상이 펼쳐져 있었다. 나는 육아한다고 집에만 있었더니 그동안 세상이 완전 달라졌다. 우물 안 개구리처럼 공부만이 살 길인 줄 알았다. 요즘 시대는 나를 알리는 만큼 돈을 번다. 블로그로는 글을 써서 나를 알리고, 유튜브로는 영상으로 나를 알린다. 집에서도 충분히 나를 알릴 수 있다.

이젠 황금 시간을 좀 더 생산적으로 보내자. 집안일, 육아를 하면서 충분히 가능하다. 유명한 주부 유튜버 중에 〈소사장 소피아〉 채널을 운영하는 박혜정 씨는 아이 둘을 둔 주부다. 그녀는 얼마 전 『엄마는 유튜브로 출근한다』라는 책을 출간했다. 육아와 집안일과 설거지를 하면서도 핸드폰으로 영상을 찍고 유튜브를 운영한다. 엄마들에게 나도 할 수 있다는 자신감과 용기를 주며 엄마들의 롤 모델이 되었다. 나는 아이 셋을 둔 평범한 주부지만 핸드폰 카메라를 켜고 내 이야기를 할 것이다. 내가 그동안 어떻게 빚을 갚았는지와 육아를 하면서 온라인 판매를 하는 방법, 앞으로 유튜브로 어떻게 성공하는지 담아내겠다.

아이 셋 키우며 부업으로 월 2000만 원 버는 법

9

열정만 있으면
누구나 할 수 있다

나를 믿자, 나는 약해도 엄마는 강하다

아침에 아이들을 깨우고 아이들을 어린이집에 등원시키면 약속이나 한 듯이 어린이집 앞 커피숍으로 간다. 부지런한 엄마들이 먼저 모여 수다의 장을 열었다. 나도 참여한다. 어린이집 정보, 선생님 정보, 학원 정보를 교환하며 하하호호 신나게 떠들고 배고파 근처 밥집으로 향한다. 또 하하호호 시간 가는 줄 모르고 떠들다가 '벌써 애들 데리러 갈 시간이네.' 하며 후다닥 어린이집에서 애들 데리고 집으로 온다. 갑자기 피곤하다. 징징거리는 아이들이 짜증난다. 밥 먹이고 씻기고 했더니 저녁이다. 아이를 재우려는데 곱게 잘 리가 없다. 큰소리를 내며 억지로 겨우 재운다. 휴~ 조용한 내 시간을 즐긴다며 밀린 드라마를 본다.

동네 엄마들과 친하게 지내면 좋은 점이 많다. 어린이집 정보, 학원 정보, 동네 돌아가는 이야기를 듣는다. 또 서로 물물교환을 많이 한다. 맛있는 음식 만들면 서로 주고받고 아이들 옷도 물려받고 아이들과 같이 놀러 다닌다. 비슷한 일상이 매일 반복된다.

시현이 단짝 친구 하윤이와 동네 키즈카페를 갔다. 시현이와 하윤이는 재미있게 놀고 있었다. 이제 아이들이 조금 컸다고 알아서 잘 논다. 오랜만에 만난 하윤 엄마와 나는 신나게 수다를 떨고 있었다. 시현이는 트램폴린 방방을 신나게 뛰고 있고, 하윤이는 아동 자동차를 타고 있었다. 그런데 몇 분 뒤 갑자기 하윤이가 크게 우는 것이다. 놀라서 하윤 엄마와 나는 하윤이한테 갔다. 하윤이는 울고 있고, 옆에서 남자아이가 씩씩거리고 있고, 그 남자아이 엄마가 하윤이에게 소리치고 있다. 하윤 엄마가 놀래 하윤이에게 물어보았다.

"하윤아, 왜 그래? 무슨 일이야? 왜 우리 아이한테 소리쳐요?"

"우리 아들이 자동차를 달라고 했는데, 여자아이가 먼저 때렸어요!!"

"그렇다고 아이한테 소리 지르시면 어떻게 해요? 하윤아, 너가 먼저 때렸어?"

"응, 근데 쟤도 나 때렸어! 아줌마도 나 때렸어!"

"뭐? 아줌마가 때렸다고? 어떻게 때렸어? 아줌마가 뭔데 남의 애를 때려요?"

아이 셋 키우며 부업으로 월 2000만 원 버는 법

나도 옆에서 한마디한다.

"애들끼리 싸우는데 아줌마가 남의 애를 때리면 어떡해요? 내가 당신 아들 때리면 좋겠어!"

소리가 점점 커지자 키즈카페 주인이 와서 말리기 시작했다. 하윤 엄마는 더 흥분하고 나도 너무 화가 났다. '그래도 남의 애를 때리면 안 되지.' 하윤 엄마가 결국 경찰을 불렀다. 일이 커졌다. 애들 싸움이 어른 싸움이 됐다. 막상 경찰이 오니 처음에는 큰소리로 이야기하다가 서로 눈치 보며 조용히 사과하고 잘 마무리했다. 이 사건 뒤로 하윤 엄마와 나는 점점 멀어졌다. 나와 싸운 것은 아니지만 서로 조심하며 조용조용 지냈다.

동네 아이들 엄마와 친하게 지내면 좋은 점이 많지만 그만큼 나의 시간과 에너지를 쏟아야 한다. 내가 받으면 나도 그만큼 주고 써야 한다. 피곤할 때가 많다. 아줌마들끼리 서로 뒷담화도 많이 하고, 아이들끼리 비교해서 큰 상처를 받는다. 내 삶을 내가 주도적으로 살아야 하는데 나도 모르게 주변 아줌마들 시선 때문에 이런저런 눈치를 보게 된다. 첫째 딸 키울 때는 조금 불안한 마음으로 정보 얻는 것에 집중했다. 동네 아줌마들과 어떻게든 친하게 지내려고 애썼다. 그런데 조금 키워보니 그렇게 애쓰지 않아도 아이 키우는 데 전혀 문제가 없었다. 나를 믿으면 된다. 나는 아이들 엄마다. 나는 약해도 엄마는 강하다.

뜻이 있는 곳에 길이 있다

나는 하체가 통통하다. 다리가 짧은 데다 휘기까지 했다. 엉덩이가 크다. 애들은 나를 엉덩이 탐정이라고 부르며 신난다. 나는 동네 친한 엄마 2명이 있다. 친한 엄마들과 안양지하상가에 옷을 사러 자주 간다. 바지나 치마를 살 때에 나는 예민해진다. 친한 엄마들은 나랑 몇 번 쇼핑해보고, 나의 콤플렉스를 잘 고려해 같이 옷을 고르고 서로 봐준다.

나는 하체 콤플렉스다. 그래서 딸에게 발레를 시킨다. 딸 다리는 모델처럼 일자로 붙어서 길었으면 한다. 처음 발레복을 고르는데 사이즈가 애매했다. 일반 옷하고 다르게 딱 맞게 입어야 한다. 딸은 아빠 체형을 닮아 배가 나왔다. 나는 딸의 발레복을 고르느라 컴퓨터 앞에서 끙끙거리고 있었다. 7호와 9호에서 고민하다가 발레복 파는 곳에 전화를 걸었다.

"여보세요. 발레복 파는 곳이죠? 애가 105cm 몸무게는 20kg 정도에요. 사이즈 문의하려고요."

"상체는 통통한 편인가요? 그럼 9호로 하셔야 해요."

"배는 나오긴 했는데, 그렇다고 골격이 큰 아이는 아니거든요. 혹시 방문해서 입어봐도 될까요? 위치가 어디에요?"

"네, 금천구에요. 오시면 10% 할인해드릴게요."

나는 신기했다. 발레복 파는 곳이 우리 집 근처였다. 거기다가 할인도 해준다. 어린이집 다녀온 딸이랑 발레복 파는 곳에 갔다. 나는 일반 작은

아이 셋 키우며 부업으로 월 2000만 원 버는 법

옷가게를 상상하며 방문했는데 깜짝 놀랐다. 엄청 큰 2층 사무실 전체에 물건이 바닥부터 천장까지 빼곡히 한가득 있고 한쪽에는 이사할 때 사용하는 파란 박스에 택배 포장된 물건이 수두룩 쌓여 있다. '온라인 판매하는 곳 사무실은 엄청 크구나.' 나는 사장님과 이런저런 이야기를 하면서 아이 옷을 입혀 보고 9호로 결정하고 발레타이즈와 발레슈즈를 구입하고 집으로 왔다. 이상하게 그곳을 다녀온 뒤로 내 머리에서 그 사무실이 떠나지 않았다. '나도 물건을 팔아보고 싶다. 나도 포토샵 할 줄 아는데. 다시 가서 물어봐야 하나?' 그렇게 시간을 보냈다.

마침 딸 발레타이즈가 피치색이었는데 화이트 색상이 필요했다. 그래서 다시 발레복 파는 곳에 방문했다. 타이즈 사면서 온라인 판매에 대해 물어보았다. 아무나 물건을 안 준다. 나는 나를 강하게 어필했다.

"제가 아이가 셋인데, 앞으로 3명 다 발레시킬 거예요. 첫째한테 입혀 보니깐 발레복 품질이 너무 좋고 예쁘더라고요. 주변 엄마도 다음에 구입하러 온다고 하더라고요. 저 포토샵 1급 자격증 있고요. HTML도 필기 합격했어요. 실기 준비 중이고요. 그리고 저 중고나라, 번개장터로 물건 잘 팔아요. 처음에는 반찬값 정도 팔았는데 지금은 100만 원 넘게 팔아요."

나는 포토샵, 일러스트, HTML를 배우면서 온라인 쇼핑몰에 대해 조금 배웠다. 이때에는 쇼핑몰을 만들어서 해야 하는 줄 알고 아주 어렵게 생각했다. 발레복 사장님은 발레복만 파는 것이 아니라 무용복, 댄스화, 운동화, 액세서리, 자전거용품 등 다양한 물건을 팔고 있었다. 사장님이 처음에는 액세서리 몇 종류만 주셨다. 알아서 팔아보라고 하셨다. 나는 중고나라, 번개장터, 헬로마켓, 당근마켓에 열심히 올렸다. 내가 꾸준히 열심히 잘 파는 모습을 보시고 사업자등록증 내고 정식으로 다른 물건도 팔아보라고 했다. 이렇게 온라인 판매를 시작했다.

아이 셋 주부, 지금이 절호의 기회다

나도 동네 아줌마들과 친하게 지내며 시간 보냈던 적이 있다. 커피 마시고 밥 먹으며 수다 떨고 아이들 문화센터, 학원 셔틀을 하며 바쁘고 열심히 살았다. 열심히는 살고 있는데 이상하게 재미없고 신이 안 났다. 내 인생에 대해 깊게 생각해본 적이 없다.

옛날 말에 "아이는 자기 먹을 것 갖고 태어난다."라는 말이 있다. 나는 출산 장려를 하는 말로만 생각했다. 하지만 정말 맞는 말이다. 옛날 어른들은 아이를 7~8명씩 낳아서 대통령, 판사, 의사로 만들었고 그들은 각자 인생을 잘 살아간다. 지금은 시대가 바뀌어서 키우는 데 돈이 많이 들지만 결국은 잘 크고 있다. 아이들은 내가 애쓰고 공들이지 않아도 생각보다 잘 크고 있다. 오히려 내가 염려하고 걱정하는 것들이 아이를 진정 위한 것인지 다시 한 번 생각해보자.

나도 남편이 돈 벌어다 주고 아이들을 키울 때는 '애들 다 크면 그때 내가 하고 싶은 거 하면 되겠지.' 하고 생각을 멈췄다. 그때는 늦다. 나는 다행히 일찍 돈과 내 인생에 대해 생각하게 되었다. 직장생활만 죽어라 하다가 막상 그만두었을 때 허탈함, 두려움, 무서움은 생각보다 크다. 남편과 아이들이 천 년 만 년 나랑 같이 살까? 남편이 평생 돈 벌어다 줄 것 같지만 절대 아니다.

나는 주부들도 나중을 위해서라도 지금부터 빨리 준비를 해야 한다고 생각한다. 다른 사람들이 아이 키우느라 지금 경쟁자가 줄었다. 지금 이때에 준비하면 어떤 것이든 추월할 수 있다. 내가 좋아하는 일을 취미처럼 즐기면서 돈을 번다면 얼마나 좋을까? 돈을 많이 벌면 더 재미있고 신난다. 할 수 있다. 고민하자. 행동하자. 아이 키우면서 할 수 있는 일, 재미있는 일을 찾자. 모르겠다면 책을 읽자. 내가 좋아하고 관심 있는 책 30권을 읽자. 나는 미치도록 부자가 되고 싶다. 그래서 부자 관련 책을 읽는다. 내가 할 수 있는 것은 따라 하자. 행동하자. 움직이자.

온라인 판매로 대박 나는 9가지 기술

1

매출을 2배로 올리는
상세페이지 제작법

스마트스토어의 상세페이지는 사진+글이다

상세페이지가 뭐예요? 고객과 상담하다가 보면 상세페이지를 정확히 모르는 분들이 있다. 상품 이미지를 보고 클릭해서 들어갔을 때 물건에 대한 자세한 정보가 나와 있는 페이지를 상세페이지라고 한다. 상세페이지는 사진과 글을 통해 상품의 종류, 기능, 특성 등을 설명해준다. 상세페이지를 어떻게 구성하는지가 상위 노출과 판매량에도 영향을 미치기 때문에 중요하다.

스마트스토어로 상세페이지 만드는 건 생각보다 쉽고 간단하다. 특히 블로그나 한글, MS 워드를 사용해본 분이라면 누구나 상세페이지를 만들 수 있다. 하지만 상세페이지에 사진 없이 설명만 되어 있거나, 반대로 사진만 달랑 올리면 소비자는 다른 곳으로 눈을 돌린다. 그래서 내가 작가다 생각하고 독자가 보기 편하게 정성스럽게 만들어야 한다. 기본적으로 상품에 대한 정보, 사진, 가격, 배송비, 배송 시간과 A/S 가 '상세페이지 오형제'다. 오형제 구성 순서를 어떻게 버무리느냐에 따라 소비자가 편하게 끝까지 보느냐 탈출하느냐를 결정한다.

상세페이지 기본 양식은 '사진+글'이다. 상품명을 이미 작성하였더라도 나는 상세페이지에 제목을 강조하여 한 번 더 굵게 기재한다. 그리고 중요 특징을 설명하고 사진을 넣는다. 그리고 이미지에 관련된 내용의 글을 또 적어준다. '사진+글'의 형식을 반복한다. 그리고 간단한 도해가 있으면 넣는다. 도해(글의 내용을 그림으로 풀이함)는 상품의 이해를 돕는다. 특별 할인가가 있다면 상단에 한 번 더 크게 강조한다. 배송비는 지역별로 배송비가 다르다거나 추가 배송비를 받는 경우 기재한다. 또 묶음 배송으로 배송비를 아낄 수 있다고 강조한다. 대략적인 소요시간, 간략한 A/S 정보를 기재하면 기본 상세페이지가 작성된다.

상세페이지 작성 시 페이지가 전체적으로 너무 길면 안된다. 가끔 내가 물건을 사려고 보면 상세페이지가 길어 몇 번 내려 보다가 나가버린다. 반대로 너무 짧아도 안 된다. 물건 정보에 대한 신뢰를 주지 못해 다른 상품을 보러 나가버린다. 내가 소비자라고 생각하고 보기 좋은 적당한 길이로 작성하자.

사람들은 바쁘고 귀찮아서 고가가 아닌 물건은 상세페이지를 끝까지 안 보는 경우가 많다. 나는 발레복을 판매한다. 사이즈 교환이나 반품이 많다. 사이즈 교환이나 반품 택배비는 고객이 부담한다. 고객은 택배비를 아까워한다. 나는 상세페이지 상단에 '사이즈 확인! 교환 반품 택배비 납부'를 강조한다. 사람들은 본인이 말랐으니깐 확인도 안 하고 S사이즈를 구매한다. S사이즈는 아동이나 주니어 사이즈일 때가 있다. 또 휴일 배송 공지사항도 상단에 올린다. 택배회사는 설 연휴, 여름휴가, 추석 연휴 며칠 전에 미리 택배 접수 마감을 한다. 내가 이용하는 택배회사에 전화해서 미리 픽업 가능 날짜를 확인하고 상품 상단에 공지를 해야 한다. 이런 택배 마감을 모르고 주문한 소비자는 나중에 배송 지연으로 불만이 생겨 컴플레인을 한다.

블로그 경험이 있는 사람은 상세페이지 작성을 잘하지만 대부분 처음에는 누구나 어설프다. 내가 처음 올린 스마트스토어 상세페이지를 보면 깜짝 놀란다. '내가 왜 이렇게 작성했지?' 창피하다. 아는 사람이 볼까 무섭다. 글씨체 크기가 일정하지 않고 그날 기분에 따라 마음대로다. 아이를 키우면서 처음 글을 써서 그런가? 글이 짧고 하트나 별이나 웃는 표시가 너무 많다. 유치하고 손발이 오글거린다. 그래도 괜찮다. 다음에 수정하면 된다. 그러므로 무조건 상품 등록을 해보고 팔아보자. 그러면 수정해야 할 곳이 계속 나온다. 명심하자! 처음에는 무조건 올려보자.

매출을 촉진시키는 방법

기본적인 상세페이지 작성 후, 매출을 촉진시키는 방법이 있다. 스마트스토어는 첫 구매고객, 재구매고객, 스토어 찜, 소식 알림, 타깃팅으로 쿠폰이나 포인트 적립을 통해 판매를 늘릴 수 있다. 중요 마케팅이므로 무조건 하자. 스마트스토어 센터→ 고객 혜택 관리→ 혜택 등록에서 설정할 수 있다. 스마트스토어는 설정만 하면 상세페이지 상단에 자동으로 예쁘게 노출시켜준다. 대부분 스마트스토어 판매자가 사용하는 기능이다. 소비자는 쿠폰을 다운받으면 더 싸게 구매할 수 있어서 좋고, 판매자는 스토어 찜, 소식 알림을 통해 구매와 재구매를 유도해 매출을 늘릴 수 있어 좋다.

스마트스토어를 오픈하고 빠르게 성장시키기 위해 카페나 SNS를 통해 서로 찜하기 일명 '스토어 찜 품앗이'를 하는 경우가 많다. 또 10만 원이나 30만 원 돈을 받고 스토어 찜을 해주는 마케팅 회사도 있다. 스토어 찜을 늘리면 상위 노출이 된다고 착각을 한다. 하지만 10%로는 맞고 90%는 틀린 이야기다. 10% 맞는 이야기는 찜하기 횟수가 많으면 신규고객이 들어왔을 때 신뢰도가 높아져 구매하는 경우가 있다. 그러면 매출은 올라가므로 도움이 된다. 하지만 90%는 틀린 이야기다. 찜하기 회원은 많은데 실제 구매로 이루어지지 않는다. 매출이 안 올라간다. 네이버의 노출은 기본적으로 판매가 이루어져야 올라간다.

또 하나의 매출 촉진 방법은 네이버페이 포인트를 지급하는 방법이다. 네이버페이 포인트는 포인트를 적립받거나 충전해 다양한 사용처에서

아이 셋 키우며 부업으로 월 2000만 원 버는 법

현금과 동일하게 사용할 수 있다. 많은 사람들이 현금으로 생각하기 때문에 효과가 좋다. 네이버에서 기본적으로 텍스트 리뷰는 50원, 포토/동영상 리뷰는 150원을 제공한다. 그 외에 추가로 지급하고자 하는 경우에 사용한다. 처음 스마트스토어 오픈했을 때에는 금액을 조금 지급하는 것보다 많이 지급하는 경우 판매가 잘 이루어진다. 나는 상품 리뷰 작성 시 더 금액을 높게 지정했다. 리뷰 작성을 유도하고자 500원으로 진행했다. 스마트스토어 센터→ 상품 관리→ 상품 등록→ 하단의 구매/혜택 조건에서 설정 가능하다.

구매를 부르는 상세페이지 만들기

이번에는 내 상품을 좀 더 사고 싶게 만드는 상세페이지 팁이다. 고객 문의를 활용하자. 쿠폰과 포인트 지급을 하면 판매가 점점 이루어진다. 이때 문의가 늘어난다. 문의를 자세히 보면, 공통된 질문이 있다. '발레복 사이즈 표에서 체중과 신장의 권장 사이즈가 다를 때 어떤 것으로 사이즈를 정하면 될까요?'라는 문의였다. 그러면 나는 상세페이지에 '이런 경우는 체중과 신장에서 큰 사이즈로 정해주세요. 사이즈가 애매하면 큰 사이즈로 정해주세요.'라는 문구를 기재한다. 궁금해서 이탈하는 고객이 생기지 않도록, 고객이 고민하지 않고 바로 살 수 있도록 상세페이지를 수정해야 한다.

또 좋은 리뷰 상품평을 이용한다. 나는 아이들 튜튜 치마에 '세탁을 했는데도 샤가 처지지 않고 풍성해요, 살아 있는 것 같아요.'라는 리뷰를 발견했다. 나는 상세페이지에 '국산 최고급 원단을 사용하여 세탁 후에도 샤가 쳐지지 않습니다. 샤가 살아있는 것처럼 항상 풍성합니다.'라는 식으로 내 상품의 장점을 더 잘 보이게 작성한다. 상세페이지 문구가 기억이 안 나거나 어렵다면 좋은 리뷰 상품평을 사용하자!

스마트스토어는 주문이 들어왔을 때 구매한 사람의 결제 위치가 나온다. MOBILE(모바일)인지 PC인지 바로 알 수 있다. 주문의 80%가 모바일이다. 상세페이지 작성 시 판매자는 대부분 PC 이용을 많이 한다. 그래서 모바일 버전에서 내 상품이 어떻게 보이는지 반드시 확인해야 한다. PC에서는 잘 보이는데 핸드폰으로는 너무 작게 보이거나 반대로 너무 크게 보일 때가 많다. 가독성(인쇄물이 얼마나 쉽게 읽히는가 하는 능률의 정도로 활자체, 글자 간격, 행간, 띄어쓰기 따위에 따라 달라진다.)이 떨어진다. 스마트스토어는 상세페이지 작성 시 미리보기 기능에서 PC, 모바일, 태블릿에서 상세페이지가 어떻게 보이는지 클릭만 하면 바로 확인 가능하다.

모바일 최적화를 하기 위해서 어떻게 해야 할까? 예전에는 상세페이지로 글과 그림이 통으로 붙어 있는 한 페이지를 많이 사용했다. PC 기준으로 상세페이지를 만들다 보니 모바일에서는 화면이 작아져 글이 잘 보이지 않는다. 반면 스마트스토어 스마트에디터로 사진에 글을 직접 타이핑하면 모바일에서도 쉽게 볼 수 있고, 검색에서 노출이 잘 된다. 그리고 사진 크기가 매우 중요하다. 사진 파일이 크면 핸드폰에서 로딩 시간이 길어진다. 사람들은 로딩을 기다리지 못한다. 그럼 페이지가 로딩되기 전에 이탈하는 사람들이 생긴다. 그러므로 사진은 1~2MB를 초과하지 않도록 주의하자.

2

매출을 2배로 올리는
사진 찍는 방법

너무 예쁜 사진이 정답은 아니다

"상세페이지 사진 찍을 때 카메라 DSLR과 핸드폰 카메라 중 무엇이 좋을까요?" 인터넷 판매를 한다고 하면 제일 먼저 받는 질문 중 하나이다. 예전에는 카메라로 해야 했다. 카메라가 화소와 화질이 월등히 좋았기 때문이다. 요즘은 핸드폰이 많이 좋아졌다. 내가 스마트스토어 한 곳에서만 상품 판매를 할 것이라면 최신 핸드폰으로도 충분히 가능하다. 하지만 앞으로 사업 규모가 커져서 모든 오픈마켓, 소셜커머스 쇼핑몰을 다 거치고자 한다면 최신형 카메라를 추천한다. 하지만 요즘같이 힘든 시국에는 굳이 비용 들이지 말고 최신형 핸드폰 카메라로 시작하자.

STEP3_온라인 판매로 대박 나는 9가지 기술

지금은 소셜커머스에서 쿠팡이 1위지만, 내가 예전 임부복 구입할 때는 위메프를 많이 이용했다. 위메프에 예쁘고 팔다리는 마르고 배만 나온 모델이 청색 꽃무늬 임부복 상의를 입었는데 너무 예뻤다. 나도 저렇게 젊고 예뻐지겠지! 원래 옷은 인터넷으로 구입을 잘 안 하는 편인데, 임부복은 오프라인에서 쉽게 구입할 수가 없어 온라인으로 구매했다. 실망했다. 화면에서 보았던 선명하고 진한 청색이 아니라 얇고 누더기 같은 옷이 온 것이다. 어쩐지 가격이 저렴했다. 웬만하면 반품도 귀찮아서 그냥 옷장에 넣어두는데 임부복은 나중에 입을 수가 없기에 택배비를 납부하고 반품 요청을 했다. 반품 요청하면서 사진과 실제 옷이 너무 다르다고 컴플레인했다. 위메프에서 포인트로 환불해줬다. 나는 온라인으로 옷을 구입하면서 이런 경험이 몇 번 있다. 온라인상 가격이 너무 저렴해도 의심이 가고 옷을 입어보거나 대볼 수가 없으니 아쉽다. 마른 사람은 사실 어떤 옷을 걸쳐도 예쁘다. 나는 하체 콤플렉스가 있어 치마와 바지는 입어보고 사야 한다. 내가 안양지하상가를 찾는 이유다.

　사람들이 인터넷 판매를 시작할 때 가장 신경을 많이 쓰는 부분은 사진이다. 사진이 잘 나와야 예쁜 쇼핑몰이 되기 때문이다. 하지만 사진이 잘 나온다고 매출이 잘 나오는 건 아니다. 나는 물건을 구매할 때 상세페이지도 보고, 마지막 구매 결정을 할 때는 구매평 리뷰에 글과 사진을 훑어본다. 판매자가 올린 사진은 실물보다 더 잘 나온 사진이라 생각하기 때문이다. 그래서 나는 내가 판매하는 상세페이지에는 '보정 없이 핸드폰으로 촬영했습니다.'라는 문구를 기재해 신뢰감을 높이고 있다.

사진에서 중요한 것은 '어떤 콘셉트를 잡느냐'이다

사실 사진에는 답이 없다. 너무 예쁜 사진이 정답은 아니다. 우리는 매출이 잘 나오는 사진을 찍어야 한다. 사진에서 중요한 건 콘셉트(concept)이다. 콘셉트를 어떻게 할 것인지 생각하고 사진 촬영을 해야 한다. 예쁜 전문 모델을 이용해서 예쁜 장소에서 사진을 찍을까? 일반인의 느낌을 살려서 예쁜 동네에서 사진을 찍을까? 누끼컷(사진에서 필요한 부분은 제외하고 나머지는 지우는 작업을 말한다.)으로 사진을 찍을까? 단순히 예쁜 사진보다는 어떤 콘셉트로 판매할지 생각해서 사진을 찍는 것이 판매에 도움이 된다.

나는 발레복을 판다. 1번, 예쁘고 팔다리 길고 눈 큰 외국인 아동 모델이 발레복을 입고 찍은 사진, 2번, 평범한 내 딸이 발레복 입고 찍은 사진, 3번, 마네킹에 발레복 입히고 찍은 사진이 있다. 이렇게 1번, 2번, 3번 중 어떤 사진이 판매가 잘될까? 사진만 본다면 당연히 1번이다. 하지만 나는 2번, 3번으로 사진으로 찍는다. 2번, 3번도 충분히 매출이 잘 나온다.

1번) 외국인 유아 모델은 가격이 비싸다. 시간당 몇십만 원 한다. 발레복은 입었다 벗었다를 반복한다. 아이들도 힘들고 쉽지 않다. 칭얼대는 것을 달래야 한다. 간식과 풍선 비눗방울 소품을 챙겨야 한다. 사진 찍는 시간이 오래 걸린다. 발레복은 신상이 자주 나오고, 사진을 정기적으로 계속 찍기 때문에 비용이 많이 나오면 부담스럽다.

막내딸 수지 발레복 모델

2번) 평범한 딸을 모델로 사진 찍어도 매출은 잘 나온다. 발레복 구입은 보통 엄마들이 한다. 엄마들은 평범한 모델에 오히려 공감을 많이 한다.

3번) 마네킹에 발레복을 입히고 찍는다. 간혹, 유아 발레복인지 성인 발레복인지 구분이 어렵다는 사람도 있지만, 발레복 전체를 한눈에 제대로 볼 수 있어서 좋아한다. 이때는 제목에 유아 아동 발레복을 강조한다. 그리고 현실성 높은 글을 쓴다. 구매평과 사진 리뷰를 상세페이지에 넣는다. 엄마들은 근사한 모델 사진이 없어도 신뢰하며 구입한다.

네이버에서 '아보카도'를 검색해보면 다양한 아보카도 사진의 상품들이 나타난다. 어떤 사진의 상품이 잘 팔릴까? 아보카도 겉 초록색 껍질이 색깔이 선명해서 싱싱함을 강조하는 사진도 있고, 아보카도를 반으로 잘라서 씨앗을 보여주는 사진도 있고, 초록 껍질 사진과 반으로 자른 아보카도를 함께 바구니 담은 사진도 있고, 외국을 배경으로 한 아보카도도 있고, 누끼컷으로 흰색 바탕에 아보카도만 나와 있는 사진도 있다. 사진은 다양하다. 선명하고 싱싱한 사진이라고 해도 구매자는 '정말 저 상

아이 셋 키우며 부업으로 월 2000만 원 버는 법

품이 올까? 맛은 있을까?'라는 생각을 한다. 이때에는 상세페이지와 구매평 리뷰를 보고 결정을 하게 된다. 이때에는 사진을 잘 찍기 위해 엄청나게 노력하는 것은 큰 의미가 없다. 상세페이지와 구매평 리뷰를 어떻게 꾸며 소비자를 설득할지를 생각하고 그것을 기반으로 콘셉트를 잡아 사진을 찍어야 한다.

우리가 어떤 콘셉트로 사진을 찍을지 결정하였다면 이제 사진을 잘 찍어보자. 결국 열 마디 말보다 한 장의 사진이 더 강력할 수 있다. 딱 보면 감이 오는 사진이 있다. 모델을 이용한다면 모델 스펙을 적어야 한다. 키와 몸무게를 기재하고 사이즈는 어떤 것으로 착용했는지 알려야 한다. 물건의 크기를 보여줄 때에는 다른 물건을 옆에 두고 비교 촬영한다. 예를 들어 나는 성인 발레복에서 브라 내장 캡만 별도로 판매를 한다. 이때에는 동전을 옆에 두고 비교 촬영을 한다. 그럼 동전 크기는 구매자가 쉽게 알 수 있으므로 브라 내장캡 사이즈가 대략 어느 정도인지 사진만으로도 소비자는 감을 잡는다. 일반적으로 작은 상품은 옆에 동전을 두고 비교 촬영을 많이 한다. 그리고 조명에 따른 발색 차이를 사진으로 찍어 자세히 설명하고 원단은 디테일 컷을 촬영한다.

스마트스토어의 썸네일은 규정이 있다
네이버 스마트스토어의 썸네일은 규정이 있다. 물론 다른 오픈마켓도 있다. 네이버 스마트스토어는 기존 오픈마켓과 다르게 광고로만 상위 노출되는 것이 아니라 광고를 하지 않아도 네이버가 원하는 조건에 충족한다면 상위 노출을 할 수 있다. 또 네이버는 광고를 하더라도 조건에 충족하지 않으면 광고 승인이 안 된다. 광고는 내 비용이 발생한다. 그래서 네이버가 시키는 대로 하는 것이 좋다.

스마트스토어의 표준 상품 이미지 규정은 메인 이미지 1개+추가 이미지 2개 이상을 권장하며, 사진의 바탕은 흰색/단색 배경(누끼컷)을 권장한다. 피팅 모델은 여러 개 상품을 착용하는 것보다 하나의 상품으로 촬영한다. 하나의 이미지는 하나의 상품 정보만 제공한다. 이미지 내에 과도한 텍스트/워터마크/도형 노출을 금지한다. 과도하게 보정된 이미지 사용을 금지한다.

네이버에서 흰색/단색(누끼컷) 배경에 하나의 상품만 정면 촬영한 것을 좋아한다. 일반 사진에서 누끼를 따는 방법은 2가지 있다. 포토샵에서 이미지를 연다. 돋보기로 최소 400% 확대한다. 이미지 가장자리가 계단처럼 보일 때까지 확대한다. Polygonal Lasso 다각형 올가미 툴을 선택하고 라인에 따라 조금씩 이미지를 딴다. 시작과 끝점이 연결되면 완료! 누끼 이미지는 펜툴로 따는 것이 일반적이다. 하지만 더 쉬운 방법이 있다. 고수만 아는 특급 비밀이다. https://www.remove.bg/ 여기에 이미지만 올려놓으면 자동으로 누끼 이미지가 나온다. 여기에 배경까지 설정할 수 있다. 또 요즘은 누끼 따는 어플도 많이 생겨났다.

이미지 보정을 해야 한다. 이미지 보정 방법도 2가지이다. 포토샵에서 이미지를 연다. Ctrl +L을 눌러 Level 창을 연다. 어두운 영역, 중간

remove

영역, 밝은 영역 3가지 영역에 대한 화살표를 움직여 이미지를 보정한다. 이미지가 밝아진다. 이렇게 수동으로 하는 방법이 있고 자동으로 하는 방법이 있다. '보정 오토 3형제'인 Auto Tone, Auto Contrast, Auto Color 3형제를 누르기만 하면 된다. 그러면 포토샵이 자동으로 해당 사진의 톤/밝기/색상을 조정해준다.

　지금부터 스마트폰을 꺼내 사진 촬영을 하자. 포토샵으로 이미지 보정을 하자. 사진 촬영에 너무 겁먹어 온라인 판매에 두려움을 갖지 말자. 지금부터 주변 상품을 스마트폰으로 가볍게 사진 찍고 열심히 글 쓰면 누구나 판매할 수 있다.

3

상위 노출로
판매 매출을 올리자

작가는 베스트셀러를 꿈꾼다. 열심히 쓴 내 책이 잘 팔리는 책이 되길 바란다. 내 책이 교보문고 같은 대형 서점에서 눈길이 제일 잘 가는 곳 베스트셀러 위치에 있으면 뿌듯하고 행복하다. 베스트셀러가 되려면 어떻게 해야 할까? 정답은 판매가 높으면 된다. 대형 서점은 새로 나온 신간 중 어느 정도 판매가 될 만한 책을 꽤 좋은 자리에 배치하고 그중 잘 팔리는 책과 안 팔리는 책을 구분해서 다시 재배치한다.

온라인 판매도 똑같다. 상위 노출이 되려면 어떻게 해야 할까? 정답은 대형 서점과 똑같다. 판매가 높으면 된다. 하지만 신규 스마트스토어 판매자는 처음부터 판매가 높을 수가 없다. 실망하지 말자. 스마트스토어

아이 셋 키우며 부업으로 월 2000만 원 버는 법

도 대형 서점과 마찬가지 시작하는 사람, 새롭게 등록한 상품에 상위 노출 가점을 준다. 단, 새로 등록된 모든 상품이 아니라 적합도에 맞춰 상품 등록을 한 경우에만 상위 노출을 시켜준다. 좋은 위치에 상위 노출된 신상품이 얼마나 인기가 있는지 보고 더 좋은 자리로 보내줄지 나쁜 자리로 보낼지를 결정한다. 여기서 말하는 인기는 클릭 수, 찜 수, 판매 실적, 리뷰 수, 최신성으로 판단된다.

스마트스토어의 당일 발송 '오늘 출발'을 이용하자

나는 신규 스마트스토어 판매자로서 매출을 올리는 방법으로 당일 발송을 꼽는다. 매우 중요하다. 대부분 고객이 주문하려는 순간 '배송 날짜가 언제지? 언제 나한테 도착하지?'라는 생각을 한다. 소비자는 궁금해한다. 또 바로 필요한 물건이면 더 급해진다.

나는 중고나라와 번개장터를 할 때 당일 발송의 힘을 알고 있다. 중고 거래는 구매자가 주문할 때부터 불안하다. '사기면 어쩌지? 언제 도착하지?' 걱정하다가 내가 송장번호를 알려주면 그때 마음이 편안해지고 고맙다는 연락이 온다. 또 물건이 안 오면 불안해한다. 그래서 송장번호를 알려주면서 대략의 소요시간을 여유롭게 미리 알려준다. 그러면 구매자는 기다려줄 수 있다. 스마트스토어 오픈마켓 구매자도 택배회사, 배송비, 배송 기간, 당일 발송 마감 시간을 궁금해한다. 상세페이지에 기재한다. 사진 그림을 첨부해서 표현하면 더 좋다.

발레복은 문화센터 개강일, 발레 학원 개강일이 성수기이다. 개강일

스마트스토어 판매자 메인 화면

일주일 정도는 배송 문의로 전화가 불난다. 문의 게시판에도 사이즈 문의와 배송 문의 글로 도배된다. 고객은 개강일 전에 물건을 받아야 한다. 모든 사람이 미리 준비하면 좋을 텐데 다들 바쁘게 사니 급하게 개강일 바로 직전에 주문을 많이 한다. 나는 당일 발송이 가능한 판매자이고, 다른 판매자는 당일 발송 표시가 없거나 다음 날 발송 예정이라면 주문은 바로 나에게 들어온다. 나에게 판매가 일어난다. 그럼 선순환이 일어난다. 판매가 일어나면 상위 노출이 되고 고객은 계속 주문을 한다.

지인은 아쿠아 슈즈를 판다. 여름 휴가 때 대박 상품이다. 지인은 물놀이 용품을 팔면서 본인 여름휴가를 포기한다. 휴가 때 당일 발송의 효과를 제대로 본다. 고객이 미리 주문하면 좋을 텐데 여행 날짜, 비행기 날짜와 시간에 맞춰서 주문을 한다. 배송 문의로 전화가 불나며 문의 게시

아이 셋 키우며 부업으로 월 2000만 원 버는 법

글로 도배된다. 당일 발송이 가능하다고 하면 고객의 선택의 여지가 별로 없다. 바로 주문한다. 지인은 아침부터 저녁까지 택배 포장하느라 바쁘다. 여름휴가를 매출로 보상받고 남들이 일하는 가을과 겨울에는 휴가를 멀리 떠난다.

스마트스토어는 '배송 속성'에서 '오늘 출발'을 선택하면 '오늘 출발 기준 시간'을 설정할 수 있다. 신규 판매자는 포장 시간이 오래 안 걸리므로 타이트하게 설정한다. 오늘 출발은 스마트스토어→ 상품 관리→ 상품 등록에서 설정할 수 있다. 기존 판매자들은 오늘 출발 설정을 잘 안 한다. 기존 판매자는 판매 상품이 300~1,000개 이상 된다. 상품마다 당일 발송을 할 수 있는 상품도 있지만 대량으로 빠져나가면 갑자기 품절되는 경우도 있고, 미처 재고를 채우지 못해 다른 업체에서 받아야 하는 경우도 있고, 거래처가 휴가인 경우도 있고, 수입하다가 문제가 생겨 물건이 도착 안 할 때도 있다. 이런 예외 상황에 당일 발송 날짜를 넘기면 오히려 패널티가 부여된다. 그래서 기존 판매자는 신경 써야 할 일이 많아 오늘 출발 설정을 잘 안 한다. 신규 판매자에게 기회다. 신규 판매자는 오늘 출발을 활용하자.

나는 당일 발송 설정을 했다. 온라인 판매를 시작한 지 얼마 안 되었을 때 추석연휴가 다가왔다. 추석 연휴에 택배회사는 원래 연휴 기간보다 며칠 더 일찍 마감을 한다. 택배회사 물량이 늘어나서 받을 수가 없다. 나는 스마트스토어 공지사항에 등록을 잘했다. 주문이 들어왔다. 발송 지연 안내하기로 날짜를 지정하다가 추석 연휴 끝나는 날짜로 해야 하는데 실수로 내일 날짜를 입력했다. 지연 안내는 1회만 가능하다. 택배회사는 내일부터 휴가다. 큰일 났다. 나는 택배 픽업 기사님께 급히 전화했다. 물류센터에 계신다고 한다. 물류센터가 다행히 가까운 가산동이다. 택배기사님께 사정을 이야기했더니 지금 물류센터로 오라고 한다. 급하게 접수했다. 휴~ 패널티 안 받아서 다행이었다.

스마트스토어의 패널티를 신경 쓰자

스마트스토어의 패널티에 대해 미리 알고 신경 쓰자. 발송 처리 지연, 품절 취소, 반품 교환 처리 지연으로 판매 활동이 원활하게 이루어지지 않을 경우 패널티가 부과된다. 나는 품절 취소로 몇 번 패널티를 받았다. 처음 받을 때는 손이 덜덜 떨린다. 하지만 몇 번 받다 보면 점점 요령이 생긴다. 한 달 동안 총 벌점이 10점만 넘기지 않게 잘 신경 쓰면 된다.

발송 처리 지연은 발송 처리 기한까지 미발송 1점, 발송 처리 기한으로부터 4영업일 경과 후에도 계속 미발송 3점, 발송 지연 안내 처리 후 1영업일 이내 미발송 2점이다. 고객이 취소할 때 사유가 품절 취소면 2점 부과된다. 반품 처리 지연은 수거 완료일부터 3영업일 이상 경과 2점, 교환 수거완료일로부터 3영업일 이상 경과 1점 부과된다.

상황에 따라 패널티를 벗어날 수 있는 꿀팁이 있다. 잘 활용하자! 우선 여러 상황으로 발송 기한을 못 맞출 때가 있다. 이때는 발송 지연 안내를 설정해 최대한 미뤄놓자. 또 품절된 상품 주문 건은 미리 다른 비슷한 제품이나 다른 옵션으로 유도할 수 있는지 확인하고 고객에게 전화한다. 최대한 죄송한 마음을 담는다. 고객이 판매 취소를 하더라도 소비자가 직접 취소할 수 있도록 하자. 교환 반품 건은 고객이 택배비 입금이 안 된 경우 지연이 된다. 고객에게 한 번 더 전화나 문자로 연락하고 보류 설정을 한다.

나는 라틴 댄스화 신발을 판매한다. 수입과 국산이 있다. 국산은 품절이 되면 제조업체에 주문을 해서 택배로 받아 고객에게 발송하면 된다. 그러나 수입은 시간이 좀 걸린다. 고객에게 전화한다.

"안녕하세요? 고객님. 라틴 댄스화 판매하는 유제이컴퍼니입니다."
"네네, 무슨 일이시죠?"
"고객님, 죄송합니다. 주문하신 댄스화 240사이즈가 품절입니다. 다른 비슷한 제품 240이 있습니다. 디자인 사진 문자로 보내드릴까요?"
"네, 문자 보내주세요."
"사진 보고 마음에 드시면 주문해주세요. 이 제품은 당일 발송이 가능합니다. 제가 빠른 배송 메모 크게 기재하고 한 번 더 신경 써서 포장해서 발송하도록 하겠습니다."
"네, 알겠습니다."

고객에게 같은 사이즈에 가격이 비슷한 다른 디자인으로 유도 전화를 한다. 대부분 디자인이 비슷하기 때문에 오케이한다.

혹시 패널티를 받으면 스마트스토어 판매자 센터 화면에서 점수를 클릭하면 패널티 이유를 자세히 확인할 수 있다. 다행스럽게도 패널티는 최근 30일 기준으로 나타나기 때문에 제재 기간 동안 조심하자. 최근 30일간 패널티가 10점 이상이고 판매 관리 패널티 비율이 40% 이상인 경우 즉시 제재되며, 적발 횟수에 따라 '주의'→ '경고'→ '이용제한'의 단계를 거쳐 판매 활동이 제한된다. 주의는 최초 발생된 상태이니 주의하면 된다. 경고는 7일간 신규 상품 등록이 금지된다. 이용제한은 스마트스토어 이용정지 판매 활동 및 정산 제한이 된다. 오픈마켓마다 패널티 기준이 다르다. 스마트스토어는 점수로 차감을 먼저 하지만 티몬은 패널티를 받으면 정산금액에서 패널티 금액이 차감된다. 특히 신경 써야 한다.

당일 발송은 신규 판매자에게 찬스이며 기회다. 최대한 활용해서 상위 노출에 힘쓰자. 내 경우를 보면 신규 상품 등록 후 대략 6개월 정도는 상위 노출에 가산점을 주는 것 같다. 6개월 이후에는 광고의 힘이 필요하다. 광고는 비용이 든다. 신규 상품이고 오늘 발송, 당일 발송을 지정해서 높은 점수로 노출하고 판매로 계속 이루어져 선순환이 될 수 있게 만들자. 그러면 판매량과 매출이 늘어난다.

아이 셋 키우며 부업으로 월 2000만 원 버는 법

4

블로그, 인스타그램,
온라인 마게팅을 활용하자

네이버 블로그 마케팅은 필수다

나는 우물 안 개구리처럼 육아만 하느라 세상 돌아가는 것을 알지 못했다. 나는 네이버에서 육아 관련 용품이나 아이들과 놀러갈 장소를 확인할 때 네이버 조회를 많이 했다. 네이버 블로그의 중요함을 몰랐다. 남편이 피자 가게를 하면서 블로그 마케팅에 대해 알게 되었다. 주변 사람들이 맛집은 블로그 마케팅을 해야 한다며 조언했다. 남편은 바쁘니깐 다음에 하자며 넘겼다. 나도 육아하느라 블로그에 신경을 쓰지 않았다. 그러다가 피자 가게 상황이 안 좋아져 '어떻게 해야 할까?' 고민하다가 블로그 마케팅을 하기로 했다.

남편이 바쁘니깐 내가 움직이기로 결심했다. 먼저 구로구 맛집 블로그를 조회했다. 상단에 뜨는 블로거에게 쪽지를 보냈다. '마구스피자 블로그 마케팅 담당자 모집'이란 제목으로 100명에게 쪽지를 보냈다. 나는 '생각보다 어렵지 않고 재미있네.'라고 생각했다. 많은 블로거에게 연락이 왔다. 그렇게 블로그 마케팅을 시작했다. 그러나 문제가 생겼다. 바로 '먹튀'다. 피자만 먹고 블로그는 안 쓴다. 써 달라고 독촉하면 쓰겠다 하곤 연락이 두절된다. 사람들은 참 대단한 것 같다. 사실 블로거들에게 주는 피자는 평소보다 더 신경을 쓴다. 치즈가 쫙쫙 늘어나는 사진이 나와야 하기 때문에 치즈도 더 넣는다. 바쁜 시간 쪼개서 블로그 해보겠다고 공짜로 맛있는 피자 먹었더니 연락두절된다. 이때 '놀러와 체험단' 블로그 담당자가 연락이 왔다.

"마구스피자 마케팅 담당자세요?"

"네, 누구세요?"

"안녕하세요, 놀러와 체험단입니다."

"네, 블로그 마케팅하는 데인가요?"

"네, 맞습니다."

"그런 거 이제 안 해요. 사람들이 계속 먹튀해서 안 하고 싶네요."

"어느 업체 사용하셨어요? 저희는 먹튀 블로그는 거의 없고요. 100% 보상해드리거든요."

"보상이요? 저는 제가 쪽지를 보내서 블로그 체험단 모집했어요."

"아, 그러셨군요. 저희는 파워블로그 위주로 선정하고요. 회원제로 운

아이 셋 키우며 부업으로 월 2000만 원 버는 법

영되기 때문에 먹튀가 거의 없습니다. 혹시나 먹튀가 있어도 100% 보상해드립니다. 걱정하지 마세요."

이렇게 놀러와 체험단과 상담을 시작했다. 비용은 1년치 140만 원 정도 받는다. 한 달에 10만 원 조금 넘는다. 먹튀 값이랑 비슷하겠다는 생각이 들어 놀러와 체험단 마케팅을 시작했다. 확실히 먹튀는 없으며 피자를 먹고 블로그 올리는 속도가 빨랐다. 대부분 바로바로 블로그 글을 남겼다. 글을 늦게 올리면 체험단에서 알아서 관리한다.

블로그 마케팅이 판매 실적에 얼마나 영향이 있는지는 정확한 수치로 확인할 수는 없지만 요즘 시대 필수인 블로그 체험단 마케팅을 하고 있다는 자신감이 생겼다. 하지만 너무 늦게 시작했다. 남편 피자 가게는 대출 이자로 감당하기 어려워서 어쩔 수 없이 접어야 했다. 블로그 마케팅 놀러와 체험단 계약 기간이 4개월 정도 남았다. 아까웠다.

나는 내 블로그를 잠깐 운영했었다. 거래처에서 처음 물건을 받을 때, 액세서리 새 상품을 받아 팔 때 다른 여러 가지 물품을 같이 팔았다. 그중에 자전거 수리용품 중 공구 세트가 있다. 의욕이 마구 넘칠 때였다. 중고나라, 번개장터, 헬로마켓, 당근마켓에 물건 올리고 내 블로그에도 상품을 올렸다. 나는 파워블로그가 아니기에 반신반의하면서 물건을 올렸다. 다른 제품은 문의가 별로 없었는데 자전거 수리용품은 문의와 주문이 들어왔다. 네이버에 '자전거 수리용품'으로 조회를 했다. 내 글이 블로그의 첫 페이지 중간쯤 보였다. 네이버쇼핑은 하단에 있어 블로그의 글이 먼저 눈에 들어왔다. '아! 이래서 나한테 주문이 들어오는구나.' 블로그는 정말 대단하다.

내가 사업자를 내고 발레복 판매하면서 본격적으로 블로그 활동을 하고 싶었지만 할 일이 너무 많았다. 맞다! 4개월 남은 놀러와 블로그 체험단이 떠올랐다. 물어보자. 사정을 이야기했다.

"남편이 했던 체험단 제가 이용해도 될까요?"
"네, 가능합니다."

나는 제대로 하고 싶었다. 경험이 나를 성장시킨다. 나는 발레복은 제공하지만 택배비는 3,000원 받았다. 원래는 택배비까지 제공해야 하지만 나의 발레복은 국산 최고급 원단을 사용한다. 내 발레복에 자신감이 있다. 택배비를 3,000원 받아도 체험단 신청자가 많았다. 나는 내가 원하는 키워드와 내용으로 작성을 요청했다. 그리고 사진 개수와 동영상도 1개씩 꼭 넣어달라고 했다. 그리고 인스타그램도 같이 포함했다. 나름 요구사항이 까다로운 편이었다.

내가 블로그 마케팅을 이용해보니 체험단에 그냥 신청하지 말고 판매자가 원하는 요구사항을 제대로 기재해 요청하는 것이 필요한 것 같다. 이왕이면 내가 원하는 글과 해시태그, 어떤 콘셉트의 사진과 동영상인지 알려준다. 중요한 팁! 블로그 내용 중간중간 나의 스마트스토어 주소를

아이 셋 키우며 부업으로 월 2000만 원 버는 법

꼭 첨부해달라고 이야기해야 한다. 클릭 수가 올라간다. 고객이 블로그 리뷰를 보다가 마음에 들면 바로 구입할 수 있게 해야 한다. 블로그와 인스타그램을 같이 신청해도 된다. 또 시기는 성수기 직전에 하면 효과가 2배 난다. 평소 때보다 조회수가 올라가서 블로그 리뷰가 신뢰도를 만들어 유제이컴퍼니 브랜딩에 도움이 된다.

판매 대상이 주부라면 인스타그램을 적극 활용하자

스마트스토어 상품을 판매하는 판매자는 마케팅을 꼭 해야 한다. 마케팅에는 네이버 블로그, 카카오스토리, 밴드, 페이스북, 인스타그램, 유튜브 이렇게 있다. 예전에는 주부들이 카카오스토리를 많이 했지만 지금은 인스타그램으로 바뀌었다. 그래서 요즘 꼭 해야 하는 마케팅은 네이버 블로그, 인스타그램, 유튜브 3종이다. 물건이든 나를 알리든 세상에 얼마나 많이 알리느냐에 따라 돈을 버는 정도가 달라진다.

'인스타그램 기본 5형제' 알아두자.

① 팔로워(follower) : 나를 친구로 추가한 사람.

② 팔로잉(following) : 내가 친구로 추가한 사람. 팔로잉을 하면 해당 사람의 인스타그램 활동 소식을 실시간으로 알 수 있다.

③ 언팔(unfollow) : 팔로잉을 끊는 것을 줄여서 언팔이라고 부른다. 서로 팔로잉을 해주는 것을 '맞팔'이라고 한다.

④ 소환태그(@) : 댓글 작성 시 @뒤에 사용자 이름(닉네임)을 입력하면 해당 사용자는 알림을 받는다.

⑤ 해시태그(#) : # 뒤에 특정 키워드를 넣을 수 있고, #를 이용해 게시물을 올리면, 같은 해시태그를 작성한 게시글을 모아서 볼 수 있다.

인스타그램과 페이스북은 형제다. 인스타그램은 사진 위주의 마케팅이다. 사진 올리고 해시태그 열심히 달면 끝으로 쉽고 간단하다. 페이스북은 영상 위주의 마케팅이다. 주부들은 어려워한다. 내가 팔고자 하는 물건의 타깃층이 여성이고 주부 대상이면 인스타그램은 필수다. 나는 수지옷장 @sooji_closet 인스타그램과 스마트스토어로 유아 동복, 실내복, 장난감을 판매하고 있다.

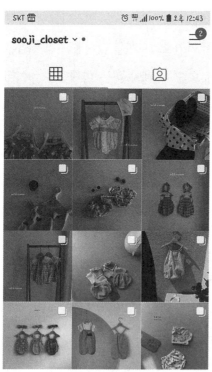
수지옷장 인스타그램 @sooji_closet

인스타그램이 쉬운 것 같지만 '손품'을 팔아야 한다. 처음 사진을 올리면 아무 일도 일어나지 않는다.

실망하지 말자! 인스타그램 팁이 있다. 바로 '손품'을 이용하여 다른 게시글에 '좋아요'를 누르고 댓글을 작성하는 것이다. '좋아요'는 중요하다. 똑똑! 초인종을 누르는 것과 같다. '내가 왔어요. 나를 한

아이 셋 키우며 부업으로 월 2000만 원 버는 법

번 봐주세요.'라는 뜻이다. 그러면 상대방은 '이 사람은 누구지?' 한 번 보
게 된다. 관심을 갖는다. 이렇게 나를 점점 알리는 것이다. 쉬운 일은 아
니지만 크게 어려운 일도 아니고 비용도 전혀 안 드니 겁내지 말자.

온라인 마케팅 전문가 임헌수 대표는 "인스타그램은 욕망 비즈니스
다."라고 말했다. 인스타그램 사진 동영상을 보면서 '내가 저 물건을 꼭
사고 싶다. 저 옷을 반드시 입고 싶다. 지금 먹고 싶다.'라는 생각이 들게
어필해야 한다. 욕망을 자극해야 한다. 사진을 잘 찍어야 한다. 그리고
관심 분야를 일관성 있게 올리자. 내가 관심 있는 한 분야로 꾸준히 해야
한다. 내가 맛집에 관심 있으면 맛집만 올리고 여행에 관심이 있으면 여
행만 올린다. 나를 브랜딩한다면 나의 모든 것을 올리면 된다.

나는 처음에 온라인 '판매' 위주로만 생각했다. 하지만 일정시간이 지
나면 매출이 멈춰 있다. 이때 고민하면서 온라인 마케팅을 알게 되었다.
일찍 알면 좋았을 텐데 아쉽지만 지금이라도 시작하자. 미리 알고 온라
인 마케팅을 같이 시작하면 시너지 효과가 난다. 마케팅은 온라인으로
영업하는 것이다. 오프라인은 직접 발품으로 뛰어다니며 사람을 만나
야 하는 어려움과 두려움이 있지만 온라인은 아주 편하고 괜찮다. 얼굴
을 직접 대면할 필요도 없고 누군가를 만나야 하는 공포도 없다. 나를 포
장할 수 있다. 내 성격이 소심해도 괜찮다. 소심하지만 성실하면 최고다.
성실만 하면 매출은 자동으로 올라간다. 인스타그램은 '좋아요'와 '댓글'
로 소통하면 된다. 진짜 좋다. 무조건 해야 한다.

5

잘 팔리는
썸네일을 만들자

스마트스토어의 썸네일 규정을 따르자

네이버 스마트스토어는 어떤 썸네일을 원할까? 대표 썸네일 기본 이미지 1개, 추가 이미지 2개 이상이고 9개까지 넣을 수 있다. 상품의 색상, 포즈, 각도별 추가 이미지를 등록하면 소비자들이 상품을 정확하게 파악할 수 있다. 추가 이미지는 많으면 많을수록 좋다. 이미지 크기는 카테고리별로 다르다. 패션의류/패션잡화는 1000×1000px이다. 사이즈는 규격에 맞춰서 올리는 것이 좋다. 이미지가 깨지기 때문이다. 하나의 이미지는 하나의 상품 정보만 제공해야 하며, 흰색/단색 배경을 권장한다. 의류는 피팅 모델이 착용한 사진은 허용한다. 피팅 모델은 상품 한 가지만 착용해야 한다. 예전에는 모델이 판매하는 옷도 입고, 판매하는 가방, 판매하는 액세서리까지 한 번에 사진을 찍었다. 이것저것 최대한 많이 착용했다. 하지만 지금은 이미지 내에 과도한 텍스트/워터마크/도형 노출을 금지한다.

나는 이미지에 텍스트 도형 노출로 몇 번 경고 받은 경험이 있다. 어느 시장이든 이미 자리 잡고 있는 고수 판매자들이 존재한다. 발레복 시장도 마찬가지다. 나는 어떻게 하면 내 상품이 클릭 받을 수 있을지 고민했다. 사람들은 썸네일 대표 이미지를 보고 클릭하기 때문에 이미지에 빨간색 굵은 글씨로 작성했다. 'BIG SALE' 눈에 아주 확 들어왔다. 마음은 불편했다. 네이버에서 연락 오면 어쩌지? 두근두근 며칠이 지났다. 고요하다. 2주 지났다. 고요하다. 한 달이 지났다. '어, 괜찮네.' 나는 용기가 생겼다. 다른 상품에도 눈에 확 들어오는 '발레복 3종 세트' 동그라미 도형에다가 구성품 사진도 넣었다. '사은품 증정' 소비자가 좋아할 만한 문구를 기재했다. 판매가 점점 많아졌다. 어느날 네이버에서 알림이 왔다. '올 것이 왔구나.' 경고 메일이다. 무서워서 바로 수정했다.

스마트스토어 가이드대로 만들면 고객들이 잘 클릭하고 좋아할까? 가이드대로 한다고 눈에 띄게 상품 지수가 올라가는 것은 아니다. 내가 판매하는 아이템 상위 판매자가 어떤 썸네일을 쓰고 있는지 먼저 확인해보자. 나는 네이버 오프라인 교육을 많이 배우러 다녔다. 네이버 강사들은 가이드를 반드시 지켜야 한다고 이야기한다. 네이버 AI가 확인한다고 한다. 정답은 네이버만 안다. 상황에 따라 다르므로 각자 고민을 해보자.

　나는 이렇게 결론을 내렸다. 스마트스토어 네이버가 시키는 대로 우선 하자. 매출이 낮다면 바꿔보자. 바꾸는 방법이 있다. 우선 일주일 정도 상품 광고를 시작한다. 그리고 CTR(Click Through Ratio, 클릭률)이다. 인터넷상에서 배너 하나가 노출될 때 클릭되는 횟수를 뜻한다. 100번 노출됐을 때 3번 클릭된다면 CTR는 3%가 되는데, 일반적으로 1~1.5%가 광고를 할 만한 수치라고 한다. 다음 썸네일을 바꿔보자. 그리고 CTR을 측정한다. 주 단위 혹은 월 단위로 비교하면서 썸네일을 개선해야 한다. CTR이 제일 잘 나오는 썸네일로 기본 이미지를 선정한다.

　네이버 스마트스토어 규정을 무시하란 뜻은 절대 아니다. 하지만 주구장창 가이드만 보다가는 교과서만 보고 서울대 갔다는 이야기를 하게 된다. 우리는 고객한테 클릭을 받아야 매출이 나온다. 그러려면 네이버에서 내 아이템 상위 판매자들의 썸네일을 벤치마킹하자. 상세페이지도 마찬가지다. 어떤 구성으로 만들었는지 보자. 그러면 답이 나온다. 대부분 벤치마킹해서 비슷한 썸네일과 상세페이지로 진행한다.

　다른 오픈마켓도 썸네일 가이드가 있다. 하지만 규제가 덜하다. 나는 스마트스토어에서는 여러 번 수정 요청이 들어와서 바로 시정했다. 이베이(G마켓+옥션)는 판매가 많이 잘된다 싶으면 가끔 수정 요청이 들어왔다. 하나의 아이템을 여러 판매자가 판다. 내가 판매하는 상품 중 탭 댄스화 신발이 있다. 많은 판매자가 있다. 네이버와 다르게 이베이는 고수 판매자 위치가 잘 안 바뀐다. 나는 썸네일 작업을 했다. 하단에 크게 '인기 탭 댄스화' 텍스트를 기재했다. 클릭을 많이 받았다. 판매가 점점 잘된다. 고수판매자 위치에 내 상품이 올라갔다. 많이 팔고 있던 어느 날, 이베이에서 썸네일 수정 요청을 했다. 할 수 없이 텍스트를 지운 이미지로 바꿨다. 확실히 클릭률이 떨어진다. 사진이 밋밋해진다. 판매율이 떨어진다. 다른 댄스화 상품도 판매가 잘된다 싶으면 이베이에서 연락이 왔다. 개인적으로 '경쟁업체가 신고했나?'라는 생각을 했지만 바로 '내가 좀 파나 보네.'라며 혼자 우쭐해하며 기분 좋게 이미지를 수정했다.

물건을 판매하다 보면 종종 경쟁업체에게 신고를 당하기도 한다. 항상 판매가 잘 이루어지는 상품이다. 오픈마켓에서 연락이 오는 경우는 대부분 알림 메일이나 긴급 메시지로 온다. 살짝 놀라서 확인한다. 그런데 금천구청 보건소에서 전화가 왔다. 깜짝 놀랐다.

"금천구청 보건소입니다. 유제이컴퍼니 대표님 계시나요?"
"네, 전데요. 보건소에서 무슨 일이시죠?"
"인터파크에 목 교정기 상품이요. 의료기기 위반 문구로 상품을 삭제해주셔야 됩니다."
"네? 무슨 의료기기 위반이요?"
"신고가 들어온 거라서요. 삭제 안 하시면 벌금 나옵니다."
"네? 벌금이요? 아니 저 소상공인입니다. 하루 벌어 하루 먹고사는 사람한테 무슨 말씀이세요? 온라인 판매가 장난입니까? 판매 개수며 상품 리뷰 삭제하면 안 됩니다! 저의 분신입니다. 신고한 사람 누구예요? 신고 한 사람이 무슨 근거로 왜 신고했는지 알아야겠어요!"

"대표님, 진정하세요. 신고한 사람은 법적으로 알려드릴 수 없습니다. 제가 메일로 어떤 부분이 의료기기법 위반에 해당하는 문구인지 보내겠습니다. 상품 삭제하시고 연락바랍니다."

"아니요. 누구인지 알려주시면 그때 삭제하겠습니다."

"알려드릴 수 없습니다. 삭제하시면 알려주세요. 저도 보고를 해야 합니다."

나는 발레 자세 교정을 위하여 목 교정 밴드를 팔고 있다. 목 교정 밴드는 거북목 바른 자세를 도와주는 핫한 아이템이다. 그래서 목 디스크 일자목 예방 관련 내용을 기재했다. 하지만 의료기기 위반 문구였다. 내가 부족했다. 상품을 삭제하면서 눈물이 났다. 너무 속상했다. 하지만 생각을 바꿨다. '그래. 내가 물건을 잘 팔아서 그래. 원래 우리나라 사람들은 남 잘되는 꼴 못 보잖아.' 하면서 내가 성장하는 과정이라고 생각했다. 공부하고 알아보자. 확인해보니 의료 관련 제품은 보건소에 미리 전화로 위반 문구를 확인하고 상세페이지를 제작해야 한다.

블로그와 유튜브의 썸네일도 매우 중요하다

블로그에도 썸네일이 있다. 글 내용을 한눈에 알아볼 수 있게 줄여 화면에 띄운 것이다. 글의 전체적인 내용을 함축해서 사람들이 읽고 싶게 만드는 역할을 한다. 그래서 썸네일을 제대로 만들 필요가 있다. 유튜

목 디스크 목교정 일자목 거북목 목 보호밴드

#의료기기가 아닙니다. 목 고정을 위한 패드 입니다.#

3단 고급 통풍 목 밴드입니다.
장시간 스마트폰 사용 시, 바른자세를 위한 목 고정 패드 입니다.

고급 에어메쉬는 목과 닿아 닿는 부분이
통풍 소재로 거부감없이 땀이 차지 않아서
쾌적하고 편안하게 착용할 수 있습니다.

아래 사이즈표로 사이즈 확인후 주문해주세요.
사이즈 교환 택배비 5천원은 고객님 부담입니다.

목 고정 밴드 상세페이지

브 썸네일은 영상 내용을 한눈에 알아볼 수 있게 화면에 띄운 것이다. 유명 유튜버 신사임당은 영상 촬영하는 시간보다 제목과 썸네일을 고민하는 시간이 더 길다고 이야기했다. 그만큼 썸네일은 매우 중요하다.

내가 판매하는 상품의 썸네일은 자극적이면 좋은 것일까? 그렇다. 클릭을 유도하므로 좋은 것이다. 하지만 소비자는 바보가 아니다. 자극적인 썸네일만큼이나 제품이 소비자의 기대를 충족시켜야 한다. 썸네일을 만들 때 단순히 제품을 보여주는 것도 중요하지만 이 제품을 왜 사야 하는지 설득할 수 있으면 최고다.

내가 판매하는 상품 중 다리 교정 밴드가 있다. 발레를 하는 목적은 예쁜 몸매와 바른 자세를 유지하기 위해서다. 다리 교정 밴드를 사용하면 오다리, 휜다리, X다리에 도움을 주고 예방이 가능하다. 이때 썸네일은 어떤 사진으로 해야 할까?

1번, 스마트스토어의 가이드에 맞춰 흰 배경에 제품 사진만 달랑 있는

목 고정 상품 후기

사진, 2번, O다리 사진과 다리 교정 밴드를 착용했을 때 각선미가 예쁜 일자다리 사진이 같이 있는 사진이 있다.

고객이 많이 클릭하는 썸네일은 1번과 2번 중 어떤 것일까? 아마도 2번일 것이다.

다리가 일자로 곧게 뻗은 사람도 있지만 대부분 조금씩 휘었다.

우리는 모델처럼 내 다리가 예뻤으면 한다. 내 아이가 걸그룹처럼 연예인 다리였으면 한다.

아이 셋 키우며 부업으로 월 2000만 원 버는 법

다리 교정 상품 후기

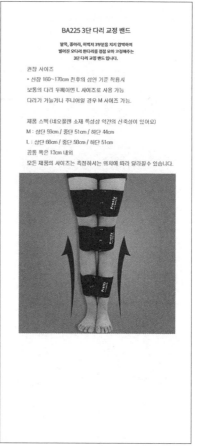

다리 교정 상세페이지

6

썸네일, 상세페이지,
구매평이 답이다

소비자를 설득시키는 상세페이지를 만들자

옛말에 "보기 좋은 떡이 먹기도 좋다."라는 말이 있다. 나는 처음 썸네일을 대수롭지 않게 생각하고 적당히 만들었다. 내 상품이 클릭수가 낮은 것을 확인하고 썸네일은 진짜 중요하다는 것을 깨달았다. 우선 손님이 내 상품을 클릭하고 들어와야 판매가 이루어지기 때문이다. 상세페이지 수정은 어렵지만 썸네일 바꾸는 건 대단히 어려운 작업은 아니다.

나는 스마트스토어에 목 교정 밴드 제품의 썸네일은 흰색 바탕에 목 교정 밴드 제품만 달랑 놓았다. 이베이(G마켓+옥션)의 썸네일은 목 교정 밴

168
아이 셋 키우며 부업으로 월 2000만 원 버는 법

드를 착용한 모델이 목과 허리가 바른 자세로 앉아 책상에서 일을 한다. 나름 잘 표현했다고 생각했다. 보통 책상에서 작업을 할 때 장시간 앉아 있으면 허리가 휘고 목을 앞으로 빼면서 나도 모르게 거북목 자세로 앉게 된다. 이때 목 교정 밴드를 착용하면 목의 위치가 고정되기 때문에 목과 허리 자세를 고정할 수 있다.

스마트스토어는 매뉴얼에 따라 흰색 바탕에 상품 하나로 잘 올렸으나 한 달에 5개 이상 판매가 되지 않아 상위 노출도 안 되고 나중에는 내 상품을 찾을 수도 없었다. 반면에 이베이(G마켓+옥션)은 정말 꾸준히 잘 판매되었다. 나는 내 상품이 잘 노출되어 있나 정기적으로 확인한다. 나는 첫 페이지 상단에 잘 판매되고 있었다. 어느 날 조회를 해보니 내 상품이 하단으로 내려갔다. 상단에 다른 판매자의 목 교정 밴드가 올라와 있다. 썸네일이 예술이다. 잘생긴 남자가 목 교정 밴드를 착용한 채 핸드폰을 바른 자세로 보고 있다. 클릭해보니 상세페이지도 나쁜 자세가 키도 작아 보이게 한다며 사진과 함께 잘 꾸며놓았다. 요즘 핸드폰 없는 사람이 없으며 무엇보다 잘생긴 모델이 한몫했다. 나도 핸드폰 하는 예쁜 모델로 콘셉트를 바꿔야겠다고 생각했다. 벤치마킹하자.

상세페이지는 고민을 해야 한다. 상세페이지도 판매 상품에 따라 조금씩 다르다. 먼저 문제 제기를 한다. 평소 뒷목이 늘 뻐근하고 불편하다, 어깨가 자주 뭉친다, 장시간 공부나 컴퓨터를 한다, 스마트폰을 자주 사용한다, 자세가 구부정하다 등 지금 소비자 상태가 문제임을 강조한 후

목교정 밴드 착용을 하면 좋다는 해결책을 제시하는 것이다. 공부나 컴퓨터, 스마트폰을 사용할 때 간편하게 착용하면 바른 자세를 취할 수 있다는 장점을 나열한 후 마지막으로 의료기기가 아니라는 것을 알려준다. 전체적으로 '문제 제기→ 해결책 제시→ 문제 해결'의 방향으로 상세페이지 작성하면 소비자를 설득시킬 수 있다. 게시판에 자주 올라오는 문의는 상세페이지에 먼저 기재한다. 이런 콘셉트로 사진을 찍고 글을 작성한다. 전체적으로 맞춤법 검사를 하고 키워드를 찾아서 태그를 잘 넣어주면 상세페이지 완성이다!

부족하더라도 상세페이지를 만들어 올리자

'콜럼버스의 달걀' 이야기를 들어보자. 이탈리아 탐험가인 콜럼버스가 신대륙을 발견하고 돌아왔을 때, 많은 사람들이 환영식에 찾아왔다.

"바다로 계속 가면 낭떠러지가 있어 떨어지는 줄 알았는데…."

"콜럼버스는 바다를 건너 신대륙을 발견했어. 대단해!"

콜럼버스의 인기가 하루가 다르게 치솟자, 시샘하는 사람들이 생겼다.

"무조건 서쪽으로만 가면 신대륙이 나오는데, 그걸 누가 못 해?"

"별것도 아닌 일로 영웅 대접을 받는구면."

콜럼버스는 잠자코 자리에서 일어나 주머니에서 달걀 하나를 꺼냈다.

"자, 여기 달걀이 하나 있습니다. 여러분 가운데 이 달걀을 책상 위에 세울 수 있는 분 계십니까?"

모두 달걀을 세워보려고 노력했다. 하지만 끝이 둥그스름한 달걀이 바로 선다는 건 있을 수 없는 일이다. 그때 콜럼버스가 달걀 끝을 가볍게

쳐서 깨뜨렸다. 끝이 평평해진 달걀은 책상 위에 쉽게 바로 섰다.

"아니, 그걸 누가 못합니까?"

콜럼버스는 비웃는 사람들을 향해 말했다.

"누군가 한 번 달걀을 세우면 많은 사람들이 쉽게 따라 할 수 있습니다. 새로운 땅을 찾아나서는 모험도 마찬가지이지요. 아무리 쉬워 보이는 일도, 맨 처음에 할 때에는 어려운 일인 것입니다."

우리 집은 첫째 딸, 둘째 아들, 셋째 딸이다. 화장실에 소변을 볼 때 딸들은 변기를 사용해 문제가 없다. 둘째 아들은 소변을 화장실 벽 여기저기 눈다. 화장실 청소를 자주 해도 지린내가 진동한다. 알려줘도 마음대로다. 나는 고민했다. 한곳에만 소변을 보도록 아들 변기 한가운데 아들이 좋아하는 또봇 로봇 그림을 테이프로 붙였다. 하하하! 신기한 일이 일어났다. 아들이 또봇 쪽으로 소변을 본다. 대박이다. 나는 동네 친구들에게 알려줬다. 친구들도 따라 했다. 나는 생각했다. '이거야말로 콜럼버스의 달걀이군!'

상세페이지 만드는 일은 처음에는 어렵다. 하지만 콜럼버스의 달걀처럼 누군가에게는 쉬워 보이지만, 시작은 굉장히 어려운 일이다. 그러나 누구나 할 수 있다. 부족하더라도 상세페이지를 작성라고 시도해보자.

좋은 리뷰 숫자를 무조건 늘리자

내가 상품을 구매할 때, 구매평(리뷰)을 최종적으로 검토하고 확인한다. 여러 판매자 중에서 선택할 때도 최종적으로 리뷰를 본다. 네이버 상품 검색 결과에는 '리뷰 많은 순' 같은 정렬 옵션까지 제공하고 있기 때문에 판매를 늘리기 위해서는 리뷰 수를 늘려야 한다.

내가 처음 스마트스토어를 오픈할 때, 구매평을 쌓기 위해 한 전략이 있다. 스마트스토어에서 기본적으로 텍스트 리뷰 50원, 포토/동영상 리뷰 150원을 제공한다. 나는 리뷰를 늘리기 위해 텍스트 리뷰 400원, 포토/동영상 리뷰 500원으로 늘렸다. 또 톡톡친구/스토어 찜 고객에게 100원을 추가 지급했다. 네이버 포인트는 현금처럼 사용할 수 있고, 리뷰 작성 시 바로 지급된다. 네이버 스마트스토어의 장점으로 네이버가 고객에게 구매확정 요청을 하기 때문에 구매자들이 자발적으로 리뷰를 작성한다. 리뷰 숫자는 1,000건만 넘으면 게임 끝이다. 우선 리뷰가 많으면 사람들이 사지 말라고 해도 사고, 매출이 계속 늘어나면 상단 노출은 자동이다.

스마트스토어의 큰 장점이 또 있다. 바로 '스토어 PICK' 기능이다. 리뷰의 숫자도 중요하고 잘 쓴 리뷰 또한 중요하다. 구매자들이 남긴 리뷰 중 긍정적 내용이 길고, 사진을 잘 올려준 고객을 판매자가 골라 상단에 고정시킨다. 그것이 바로 구매를 결정하지 못한 고객에게 구매를 촉진시켜 판매량을 증대시킬 수 있는 방법이다.

스토어픽 리뷰는 스마트스토어 센터 '문의/리뷰 관리→ 리뷰 관리' 페이지에서 설정한다. 리뷰 관리 페이지에 구매한 회원들이 쓴 리뷰를 전부 볼 수 있다. 그중에 판매에 도움이 될 만한 리뷰를 골라 체크하고 '베스트리뷰 선정 · 혜택 지급' 버튼을 누르면 스토어픽 리뷰로 지정된다. 베

스토어 PICK

스트리뷰 선정 고객에게 판매자가 쿠폰이나 포인트 적립으로 혜택을 줄
수 있다. 이것을 이용하여 내가 리뷰 이벤트를 할 수 있다. 혜택은 지급
하지 않는 것도 가능하다.

　이미 구매를 완료한 고객도 관리를 해야 한다. 재구매로 이어질 수 있
으므로 고객의 구매 후기에 댓글을 달자. 판매자의 관심과 고마움을 표
시하자. 긍정적인 상품평에는 감사의 답변을, 부정적인 상품평에는 개선
사항을 언급하는 답변을 작성하자. 형식적인 인사가 아닌 구매자의 마음
을 풀어주는 내용으로 답글을 남기자. 판매자의 성의 있는 답글은 스토
어에 대한 이미지와 상품 만족도에 영향을 준다.

상품 문의 Q&A는 최대한 빨리 정성스럽게 남기자. 문의를 할 정도면 구매의사가 높은 사람이다. 이때 바로 답변을 하면 판매로 이어진다. 전화 문의 시 상세페이지에 있는 내용이라도 친절하고 자세하게 응대하며 교환 반품 문의도 한결같이 친절해야 한다. 특히 택배비로 고객과 싸우지 말자. 많은 판매자의 실수 중 하나이다. 택배비는 융통성 있게 협상한다. 결국 싸워서 손해 보는 것은 판매자다. 부정적 댓글이 달리면 판매에 바로 영향을 미친다. 댓글은 판매자가 마음대로 삭제할 수 없다.

아이 셋 키우며 부업으로 월 2000만 원 버는 법

7

광고는
선택이 아닌 필수다

스마트스토어의 '공짜 3총사' 광고를 진행하자

스마트스토어에 상품을 등록했다면 내 상품을 알려야 한다. 스마트스토어에는 소상공인을 위해 비용 안 들이고 광고하는 방법이 있다. 무료지만 광고 효과는 좋다. 일명 '공짜 3총사'로 불리는 방법인데, ① 럭키 투데이 ② 기획전 ③ 타임 특가가 바로 그것이다. 안 할 이유가 없으니 반드시 '공짜 3총사'를 기억하라.

첫 번째, 럭키 투데이란 판매 중인 상품 중에서 경쟁력 있는 상품을 판매자가 직접 선정하여 노출시킬 수 있는 프로모션이다. 가장 큰 장점은 쇼핑 MD가 아니라 판매자가 직접 선정하여 신청한다. 방법도 간단하다. '스마트스토어 센터→ 노출 관리→ 럭키 투데이 제안 관리'에서 '제안 등록하기'를 클릭한다. 상단 '윈도 상품찾기, 스마트스토어 상품 찾기'를 클릭한다. 등록한 상품을 확인하고 럭키 투데이 진행할 상품에 체크한 후 '상품 등록'을 클릭한다. 진행 제안 내용을 차례로 설정한 후에 저장한다. 내가 할 일은 끝났지만 네이버에서 대략 1~2일 정도 검수 기간이 주어지고, 검수가 끝나면 검수 대기에서 검수 완료라고 검수 상태가 변경되면 럭키 투데이 노출이 된다. 반려가 되기도 한다. 걱정할 것 없다. 관리자 코멘트에 반려 사유가 자세히 나온다. 수정해서 다시 신청하면 되지만, 다시 검수가 들어가므로 그만큼 1~2일이 또 지연된다. 처음 신청할 때 신경 쓰자.

나는 반려를 여러 번 받았다. 신청은 쉽지만 검수는 은근 까다롭다. 대부분 2가지 이유다. 이미지와 상품명이다. PC 사이즈 244×244픽셀, 모바일 사이즈 640×350픽셀 안에 내 상품이 쏙 들어가야 한다. 나는 상품이 크게 나오길 바라며 꽉 차게 작업을 했더니. 튜튜 치마 양쪽이 살짝 잘림이 있어 반려를 받았다. 그리고 텍스트가 들어가면 절대 안 된다. 사진은 PC와 모바일은 달라도 된다.

또 한 가지 이유는 상품명이다. 스마트스토어의 경우는 상품명을 50자 내외로 권고하지만, 럭키 투데이의 상품명은 20자다. 상품명이 중간에 잘리지 않고 시선을 끌 수 있는 문구로 잘 표현하자. 이미지와 상품명 2가지를 중점으로 잘 지키면 대부분 문제없다.

럭키 투데이 팁이 있다. 상품 등록 완료 저장하기 전에 반드시 PC 미리보기, 모바일 미리보기를 확인한다. 상품명, 구매 건수, 할인율 가격, 태그가 노출된다. 나는 상품 선택 시 구매 건수가 많은 것을 선택하고 할인율은 높게 나오게 만든다. 럭키 투데이 상품은 할인된 가격으로 판매하고 있는 상품만 가능하다. 가격 설정 시 실제 가격보다 조금 높게 설정한 뒤 할인가를 책정하면 된다. 대부분 판매자들이 다 하고 있다. 진행 기간은 14일까지 가능하다. 14일로 하면 럭키 투데이 상품 중에서도 점점 뒤로 밀려난다. 보통 4~7일 이내를 많이 한다. 사실 럭키 투데이 상단 메인에 뜨지 않는 이상 매출이 폭발적으로 늘어나는 건 아니지만, 네이버에서 밀어주는 무료 광고이므로 꾸준히 진행하자. 운은 노력하는 사람에게 찾아온다.

두 번째, 네이버 쇼핑 '기획전'이란 즉시 할인, 소식 알림 동의 쿠폰, 스토어 찜 쿠폰, 포인트 적립 4가지 혜택을 고객에게 제공하는 기획전이다. 혹시 이벤트 달력에 대해 들어봤는가? 매달 있는 다양한 이벤트들을 한눈에 파악할 수 있는 달력이다. 1월 신정, 설 연휴, 2월 졸업, 발렌타인데이, 3월 입학, 화이트데이, 4월 식목일, 5월 어린이날, 어버이날, 스승의 날, 7~8월 여름휴가, 9월 추석, 12월 크리스마스 등 이벤트 달력에 맞춰 백화점, 마트에서 여러 가지 기획전을 진행한다. 이벤트는 점점 늘어난다. 삼겹살데이, 아이스크림데이, 목걸이데이, 새우깡데이, 와인데이, 인형데이, 빼빼로데이, 안개꽃데이, 머니데이, 고백데이 등 듣기만 해도 설레는 Day의 종류가 너무 많아 외우기도 힘들다. 이렇게 오프라인에서 진행하듯이 온라인에서도 기획전을 진행한다. 오프라인은 백화점과 마트가 주도적으로 기획전을 진행하지만, 스마트스토어의 기획전은 판매자가 직접 제안하는 방식이다. 장점이다.

 '스마트스토어 센터→ 노출 관리→ 기획전 관리'에서 오른쪽 하단의 '신규 기획전 등록'을 클릭한다. '기획전 타입' 항목에 즉시 할인, 소식 알림 동의 쿠폰, 스토어 찜 쿠폰, 포인트 적립 4종류 타입에서 선택한다. 카테고리에서 상품군을 선택한다. 기획전 제목은 짧지만 명확한 주제로 넣는다. 태그는 총 10개까지 등록한다. 상단 배너 모바일 PC, 핫딜 특가 소식 각 배너에 맞는 사이즈로 대표 이미지를 등록한다. 하단에 '섹션 설정 및 노출 상품 등록'을 설정한다. 섹션명은 최대 13자까지며 전시 유형 태그 등록, 상품 관리에서 상품 등록, 섹션 추가를 작성한다. 마지막 '저장하기'를 누르고 '기획전 노출 심사 요청'을 클릭한다. 네이버에서 심사완료가 되면 네이버쇼핑 기획전 페이지에 노출이 된다.
 나는 럭키투데이는 여러 번 반려를 받아서 재심사를 했다. 기획전도 여러 번 제출했지만 한 번도 문제없이 심사 완료가 되었다. 상품을 많이 등록해서 까다로울까 봐 걱정했지만 문제없었다.

 기획전 등록 상품은 최소 50개 이상 되어야 한다. 50개 이상 500개 미만으로 등록 가능하며, 섹션당 최소 11개 이상 100개 이하를 권장한다. 50개 미만 판매자도 다른 방법으로 기획전 등록이 가능하다. 스마트스토어 공식 블로그(blog.naver.com/naver_seller)를 통해 신청할 수 있다. 오히려 내가 스마트스토어에 신청하는 것보다 훨씬 좋은 자리에 훨씬 많은 노출이 이루어진다. 당연히 판매량도 더 높다. 스마트스토어 공식 블로그에 신청하자.

스마트스토어 공식 블로그에 접속한다. 해당 영역 기획전 게시판을 클릭한다. 글 내용에 신청 방법, 진행 방법 숙지 후 기획전 제안 양식을 작성해 신청한다. 기획전 제안하고 수락이 되면 별도의 광고비를 지불하지 않아도 네이버의 아주 많은 영역에 노출되어 광고 효과는 엄청나다. 스마트스토어 판매자는 꾸준히 진행해야 하는 기획전 마케팅이다.

세 번째, 타임 특가는 특정 시간 동안 가격을 할인하는 기획전이다. 오전 6시에서 오후 6시, 오후 6시에서 오전 6시까지 1일 2회, 12시간 동안 몇 개의 상품을 집중적으로 소비자에게 노출시켜준다. 스마트스토어에서 가장 핫한 매출을 올릴 수 있다. 네이버에서 노출을 엄청 시켜주기 때문에 선정만 되면 대박난다. 신청 방법은 간단하다. 스마트스토어 공식 블로그에 접속한다. 해당 영역 타임 특가 게시판을 클릭한다. 타임 특가 신청 규칙을 숙지하고, 네이버가 제공하는 제안서 양식 엑셀 파일은 다운받아 작성한다. 네이버 폼에 제안 양식에 작성하고 파일 첨부해서 제출한다.

타임 특가는 선정이 어렵다. 여러 가지 방법을 찾아야 한다. 영역에 따라 타임 특가의 협조사항에 여러 가지 요구 조건이 있다. 오늘 출발, 무료 배송 설정이 있어야 하며, 대표 이미지와 상세이미지의 품질이 좋아야 한다. 상품평 최소 100건 이상, 만족도 최소 95% 이상, 최저가를 꼭 맞춰야 한다. 안 되면 1,000원씩 계속 내려 제안해보자. 뜻이 있는 곳에 길이 있다.

유료 광고를 배워서 직접 진행하자

내 스마트스토어 매출을 늘리기 위해, 내 상품이 상위 노출되어야 한다. 상위 노출을 위해 광고를 한다. 스마트스토어에는 '공짜 3총사' 광고가 있고, 유료 광고도 있다. 유료 광고는 내가 직접 진행하는 방법과 광고 대행사로 진행하는 방법이 있다. 내가 진행하는 방법은 광고 방법을 배워 지속적으로 신경을 써야 한다. 광고 대행사를 이용하면 내가 대행사에게 직접 비용을 지불하는 금액은 없지만 광고비가 많이 나온다. 광고 대행사는 광고주가 사용하는 광고비에 따라 네이버에서 수수료를 받는 방식이다. 착한 광고 대행사도 있지만 내가 호구가 되지 않으려면 직접 배워서 해봐야 한다.

네이버가 신규 판매자에게 처음에는 상위 노출을 시켜주지만 판매가 일어나지 않으면 점점 뒤로 밀려나고 나중에는 내 상품을 찾을 수도 없다. '공짜 3총사'로도 매출이 일어나지만 한계가 있다. 이때에는 유료 광고를 해야 한다. 네이버도 광고로 먹고 사는 회사다. 유료 광고를 하느냐 안 하느냐에 따라 매출이 완전 달라진다.

'광고' 양념과 'SNS 마케팅'으로 조미료를 뿌리자

내 매출이 심심하다면 광고 양념을 뿌리자. 양념에 따라 매출이 달라진다. 반드시 하자. 여기다가 조미료도 뿌리자. 조미료는 바로 SNS 마케팅이다. 스마트스토어에 내 SNS 연결이 가능하다. 나는 깜짝 놀랐다. 네이버는 정말 대단하다. 연결 방법은 간단하다. '스마트스토어 센터→ 노출관리→ 노출 서비스 관리' SNS 설정에 네이버 블로그, 페이스북, 인스타그램을 연결한다.

　스마트스토어 판매자라면 네이버 블로그, 페이스북, 인스타그램 같은 개인 SNS를 해야 한다. 더 나아가 유튜브까지 하면 최고다. 개인 SNS를 이용하여 내 스마트스토어로 유입시킨다. 유튜브는 영상을 통해, 블로그는 글을 통해, 페이스북, 인스타그램은 사진 해시태그를 이용하여 방문자를 만들어낸다. 방문자가 늘면 판매가 늘어난다. 상위 노출이 되고 매출이 늘어난다. 선순환이다. 개인 SNS는 돈 없이도 충분히 쉽게 할 수 있다. 하지만 꾸준히 지속적인 업로드가 필요하다. 광고 양념과 SNS 조미료를 더하면 밋밋했던 매출은 날개를 달고 훨훨 높이 올라갈 것이다.

8

카테고리, 상품명, 키워드에 신경을 쓰자

올바른 카테고리 선택 매우 중요하다

스마트스토어에 처음 가입하고 판매할 상품을 등록할 때 입력해야 할 항목이 생각보다 많다. 빠짐없이 아주 꼼꼼히 입력하자. 처음에는 시간이 걸리더라도 올바른 길이다. 상품 등록을 열심히 하는 것이 내 판매량을 결정한다. 네이버가 시키는 대로 하자. 이유는? 검색엔진최적화(SEO) 때문이다. SEO란? Search Engine Optimization으로 웹페이지를 인터넷상에서 검색이 잘 되도록 노출 위치를 선정하게 해주는 작업이다. 한마디로 상위 노출이다. 대단한 것이 아니라 각 필드 값을 하나하나 정확하게 넣어주는 것을 말한다.

스마트스토어 센터에 접속해서 로그인한다. '상품 관리→ 상품 등록'을 클릭한다. 상품 등록 페이지가 나온다. 여기서 카테고리, 상품명, 재고 수량, 옵션, 상품 이미지, 상품 설명, 배송 정보를 정확히 입력하자. 판매하려는 상품의 카테고리를 입력하자. '카테고리명 검색'에서 바로 검색해서 선택한다. 다른 방법으로 '카테고리명 선택'에서 판매하려고하는 상품의 카테고리를 한 단계씩 확인하면서 선택하는 방법이 있다. '대분류→ 중분류→ 소분류→ 세분류' 순으로 선택한다. 2가지 방법으로 카테고리를 선택할 수 있다.

카테고리를 잘못 선택하면 고기가 없는 바다에서 낚시하는 것과 같다. 내가 딱 그 짝이었다. 내가 판매하는 상품은 300개 이상이다. 처음에는 발레복 카테고리를 알맞게 잘 등록했다. '출산/육아〉유아동의류〉발레복/댄스복' 다음에 올린 상품도 같은 발레복 종류이므로 처음 올렸던 상품에서 복사가 가능하다. '상품 관리→ 상품 조회/수정'에서 복사해서 제목과 상세페이지만 수정해서 등록했다. 같은 카테고리면 복사해도 괜찮다. 나는 빨리 상품 등록을 해서 팔아야 한다는 강박관념에 300개 모든 상품을 복사해서 올렸다. 성인 발레복, 한국무용복, 댄스화 등 다른 카테고리로 가야 할 물건들이 다 유아 발레복에 있는 것이다. 오 마이 갓!
하지만 나는 '어차피 고객은 키워드로 입력해서 조회하니깐 괜찮을 거야.'라고 생각했기에 크게 신경을 안 썼다. 교육받을 때 강사님들이 카테고리가 중요하다고 수차례 말했는데도 말이다. 지금 생각해도 너무 후회된다. 초반에는 '처음이라서 판매가 저조한가 보다.'라고 생각했다. 그런데 시간이 지나니 주문이 거의 안 들어온다. 내 상품은 네이버 어디에도 보이지 않는다. '공짜 3총사' 광고를 해도 반응이 없고, 유료 광고를 했더니 카테고리가 잘못되어 광고 승인이 거부된다. 키워드 광고를 하면 메인 1~2페이지에 상위 노출 되어야 하는데 안 된다. 상품 수정을 하면 되는 것 아닌가 싶지만 안타깝게도 상품을 삭제하고 다시 등록해야 한다. 카테고리 '대분류'만이라도 맞게 등록하면 그나마 수정이 된다. 나는 대분류가 완전히 다르기 때문에 다시 새로 등록해야 한다. 그전에 등록했던 상품을 하나하나 확인하면서 다시 새로 등록했다. 일을 빨리 하려고 하다가 오히려 일을 이중으로 하는 것이다. 울며 겨자 먹기로 지금도 시간 날 때마다 카테고리를 확인하고 삭제해 새로 상품 등록을 하고 있다.

'상품 등록' 카테고리명 입력란 밑에 초록색 글씨로 이렇게 적혀 있다. '상품과 맞지 않는 카테고리에 등록할 경우 강제 이동되거나 판매 중지, 판매 금지될 수 있습니다.' 나는 나와 비슷한 처지의 수강생을 많이 보았다. 이미 판매량이 높은 판매자와 경쟁하면 불리할까 봐 일부터 다른 카테고리로 등록하는 판매자도 있다. 나한테 "카테고리 어떻게 변경하나요? 다른 수정 방법은 없나요?" 묻는 이들이 있다. 아직까지는 다른 방법이 없다. 나도 있었으면 좋겠다. 카테고리를 정확히 입력하지 않으면 노출이 되지 않으니 조금 귀찮더라도 하나하나 꼼꼼히 등록하자.

또한 "내 판매 상품이 어느 카테고리인지 모르겠어요." 하는 분들이 있다. 나도 아리송할 때가 있다. 걱정하지 말고 벤치마킹하자. 내가 팔려는 상품을 먼저 잘 팔고 있는 판매자의 카테고리를 그대로 따라 하면 된다.

아이 셋 키우며 부업으로 월 2000만 원 버는 법

그 카테고리가 정답이다. 나는 중요한 사실을 알았다.

네이버 검색엔진최적화(SEO) 가이드에 네이버 지식 쇼핑 검색은 검색어와 관련성이 높은 카테고리의 상품을 우선 보여주기 때문에 적절한 카테고리를 선택하면 검색 결과 및 카테고리 브라우징에서 상품이 노출될 기회가 많아진다고 나온다.

카테고리를 정확히 입력했다면 상품명을 입력해야 한다. 상품명은 판매량에 큰 영향을 미친다. 카테고리만큼이나 중요하다. 고객이 상품을 잘 찾고 구매를 결정할 수 있도록 상품명에 명확한 정보를 넣어야 한다. 상품명에는 해당 상품의 브랜드, 모델명을 포함시킬 수 있다. 네이버 스마트스토어의 상품명은 100자까지 입력 가능하지만 중복된 단어나 수식어는 제외하고 간결하게 입력하자. 유명 상품, 유사 문구를 무단으로 사용하여 (예시 : ~스타일, ~풍, ~st 등) 기재하는 경우 별도 고지 없이 제재될 수 있다.

상품명을 작성 후 '상품명 검색 품질 체크'를 통해 문제가 있는지를 꼭 확인하자. 문제가 없다면 '검색 품질 체크 항목에 맞게 잘 입력되었습니다.'라는 메시지가 뜬다. 그러면 확인 버튼을 클릭한다.

키워드와 해시태그를 잘 활용하자

키워드(key word)란 데이터를 검색할 때 특정한 내용이 들어 있는 정보를 찾기 위하여 사용하는 단어나 기호를 말한다. 내가 생각하는 키워드란 '핵심 단어'이다. 상품명을 작성할 때 키워드를 사용한다. 사람들이 물건을 구입할 때 어떤 '핵심 단어', '키워드'로 찾는지 확인해야 한다. 그리고 내가 판매할 상품을 검색했을 때 연관 검색어로 어떤 키워드가 뜨는지 보거나 네이버쇼핑에서 키워드 추천에 단어를 확인한다. 판매량을 증가 시키려면 키워드를 잘 활용하면 좋다. 키워드 도구는 여러 가지가 있다. 네이버 키워드 도구, 네이버 데이터 랩, 구글 트렌드, 빅데이터전략센터 (https://goo.gl/jHPA6X), 소셜다임, 썸트렌드, 스타태그, 블랙키위, 셀러 마스 터(http://whereispost.com/seller/) 등 엄청 많다. 각 키워드 도구에 들어가서 확 인하자. 내 입맛에 맞는 곳 몇 군데를 중점적으로 활용하면 된다.

조회수가 높으면 무조건 좋은 키워드일까? 조회수가 높다고 해서 무조 건 좋은 키워드는 아니다. 우리는 판매자이므로 잘 팔리는 키워드를 찾 아야 한다. 검색한 니즈(욕구)가 있는 키워드일수록 좋은 키워드다. 넓은 의미를 가진 키워드(대표 키워드)는 조회수는 높지만, 구매 전환율은 높지 않다. 예를 들어 '운동화', '원피스', '가방' 같은 넓은 키워드는 조회수가 많지만 상품 개수도 훨씬 많다. 그럼 내 물건을 구매할 확률도 줄어든다. 비효율적이다.

반대로 조회수가 낮더라도 확고한 니즈가 있는 키워드일수록 효과가 좋다. 이를 세부 키워드라고 한다. 예를 들어 '빅사이즈 운동화', '뱃살커 버 원피스', '안 번지는 펜슬 아이라이너', '어깨 넓은 여자 오프숄더'처럼 확고한 니즈가 있는 키워드다. 세부 키워드로 상품 조회 시 상품 개수가 상대적으로 적기 때문에 구매로 전환될 확률이 높다.

내가 판매하는 상품의 키워드를 100개 정도 엑셀로 정리해놓는다. 경쟁률이 낮은 키워드로 제품명 앞자리에 위치하게 상품명을 만든다. 남은 키워드는 상세페이지를 작성할 때 또는 상품 등록 #해시태그로 활용한다.

'상품 등록'의 하단에 검색 설정 태그에 태그를 직접 입력해 등록하는 경우 '태그 직접 입력'을 선택하고 #해시태그를 최대 10개 입력한다. 입력 후 '검색에 적용되는 태그 확인'을 클릭하면 '태그사전에 등록되어 있습니다. ○' 또는 '태그사전에 등록되어 있지 않습니다. ×'라고 나온다. 태그사전에 등록된 태그가 아니면 반영되지 않으므로 사용하지 않는다. 그리고 태그를 직접 입력하지 않고 네이버에서 가이드로 주는 '요즘 뜨는 HOT 태그, 감성 태그, 이벤트형 태그, 타깃형 태그' 중에서 선택해서 설정할 수도 있다. 가이드 태그는 설정을 해도 상관은 없지만 네이버가 태그를 통해 트래픽을 높이는 전략이다. 네이버가 이렇게 인기 태그를 만든 것은 추후 전략을 고려하겠다는 의미이지만 언제 적용할지는 알 수 없다.

나는 상품명에 '유아 발레복', '여아 발레복'이라고 작성했다. 해시태그에는 #키즈발레복을 사용했다. 네이버에 키즈 발레복을 입력하면 상위 노출된 상품들의 상품명은 '키즈', '발레복' 키워드가 보인다. 반면 '키즈발레복' 키워드가 보이지 않는 상품도 있다. 내 상품명에 없어도 상위 노출된 이유는 태그에 '키즈 발레복'이 설정되어 있기 때문이다. 이처럼 상품명에 해당 키워드가 없어도 태그를 이용해 적합도를 높일 수 있다. 간혹 노출을 늘리기 위해 상품과 상관없는 태그를 사용한다. 그러면 잠시 동안 노출이 늘어날 수는 있지만 결과적으로 배제될 수 있다.

요즘은 예전에 비해 태그가 상위 노출에 많이 반영되는 건 아니지만 네이버 쇼핑 검색의 기본적인 방향은 사용자가 검색하는 검색어와 상품명 카테고리의 매칭 이후 제조사/브랜드, 속성/태그까지 전부 반영하는 것이다. 그래서 상품명과 카테고리를 정확하게 입력하고, 해당 필드 값도 빠짐없이 입력한다.

아이 셋 키우며 부업으로 월 2000만 원 버는 법

9

온라인 판매
교육을 듣고 공부하자

처음에는 직접 방문하여 교육받자

네이버 스마트스토어뿐만 아니라 모든 오픈마켓은 판매자를 위한 교육을 진행한다. 각 오픈마켓 특성과 상품 등록 사진 찍는 방법, 광고 방법 등 많은 것을 알려준다. 오프라인 교육은 주제별로 강의를 성의껏 잘해준다. 처음 온라인 판매를 시작할 때 많이 답답했다. 내가 가는 길이 맞는지 틀린지 궁금했다. 내가 잘하고 있는 건지 두렵고 불안했다. 나는 온라인 판매를 잘하고 싶었지만 물어볼 곳이 없었다. 그래서 더 열심히 교육에 매달렸던 것 같다. 다행히 비용이 들지 않고 내가 노력하는 만큼 배울 수 있었다.

아침에 아이들을 어린이집에 보내자마자 독산동에서 버스와 지하철을 타고 강남에 가서 교육을 받았다. 멀었지만 무료로 교육 받을 수 있다는 것에 감사했다. 오전 오후 2가지 강의를 듣고, 집에 오면 어린이집 하원 시간이다. 아이들을 데리고 집으로 갔다. 집에 와서 아이들 저녁밥 먹이고 씻기고 재우면 완전 녹초가 되었다. 네이버 교육은 모집공고가 나면 대부분 강의가 몇 초 안에 바로 마감이 된다. 나는 새벽에 당일 교육을 취소하는 사람이 있나 없나 기웃거리면서 수시로 체크했다. 다행히 꼭 1~2명은 있다. 그러면 나는 수강신청을 했다. 그리고 아침에 일어나 아이들을 어린이집에 보내고 교육을 들으러 갔다.

나는 교육도 정말 열심히 들었다. 강사 선생님 말씀 하나 안 놓치려고 집중해서 듣고 필기하고 질문도 많이 했다. 인터파크 교육 들을 때 강사가 갑자기 퀴즈를 냈다.

"판매량을 늘리고 싶을 때 제일 먼저 바꿔야 하는 것은 어떤 것이 있을까요?"

나는 듣자마자 손들고 "썸네일, 상품명이요!" 했다. 나는 맨 앞자리에 앉아 강사 입만 보고 있었기 때문에 퀴즈를 바로 맞출 수 있었다. 강사는 당황해하며 인터파크 영화예매권 2매를 주었다. 이 영화예매권으로 아이들과 그때 개봉했던 영화 〈또봇〉을 보았다.

스마트스토어, 이베이(G마켓+옥션), 11번가는 자리 잡은 오픈마켓으로 전문 강사들로 체계적인 교육이 준비되어 있다. 교육을 받으러 가면 출석

아이 셋 키우며 부업으로 월 2000만 원 버는 법

사인을 하고 관련 자료 책자로 받고 수업을 들으면 된다. 집에 모아놓은 책자만 해도 수십 개가 있다.

어떤 오픈마켓은 매월 10명씩 소그룹으로 한 달 동안 매일 집중 교육을 한다. 나도 신청해서 교육 들으러 갔다. 생각보다 교육 수준이 높아 따라가기 버거웠다. 나는 나만 못 알아듣나 했더니. 다른 판매자들도 무슨 말인지 모르겠단다. 숙제도 어려워서 못 해갔더니 강사가 기분 나빠하면서 수업 듣는 우리 판매자들에게 노력을 안 한다고 엄청 꾸짖었다. 교육을 이수한 사람만 모이는 카페가 있었는데 강사가 우리 기수만 카페 가입을 강제로 탈퇴시켰다. 나는 여러 교육도 많이 받고 잘 따라가고 있다고 생각했는데 강사한테 혼나고 나니 자신감이 확 떨어졌다. '내가 가야 할 길이 아직 멀었구나. 더 열심히 해야겠다.'라고 생각했다. 그 뒤로 한동안 이베이 교육은 안 들었다.

불안하면 전문가와 상담해서 해결하자

교육을 아무리 많이 들어도 나의 불안감은 해소가 되지 않았다. 갑자기 '잔디'라는 친구가 떠올랐다. 내가 대학교 다니면서 나와 매일 동고동락했던 친구들이 있다. 바로 '투투' 친구들이다. 22살에 만났다고 해서 '투투'라고 이름 지었다. 대학교 때 우리는 개성이 강해 유명했다. 나, 잔디, 희선, 다롱, 영호, 민근이 6명이다. 영호 빼고 다들 결혼해서 잘살고 있다. 맞다, 맞아! 잔디가 남편이랑 온라인으로 가구를 판다고 들었다. 전화했다. 내가 사정을 얘기했더니 잔디가 집으로 오라고 했다. 나는 오랜만에 잔디를 보자마자 온라인 판매에 대해 하소연했다. 잔디와 푸근

한 매력의 남편이 내 이야기를 듣고 온라인 판매의 전반적인 흐름과 내가 앞으로 어떻게 나아가면 되는지 자세히 알려주었다. 심봤다! 너무 고마웠다. 갈팡질팡했던 불안한 마음이 스르르 없어지면서 앞으로 더 잘할 수 있다는 자신감을 얻었다.

만사 제쳐두고 전문가를 만나자

첫째 딸 시현이가 학교를 다니면서 학교 앞 문방구에 참새가 방앗간 가듯이 매일 왔다 갔다 했다. 용돈을 요구하기 시작했다. 엄마를 도와주면 100원씩 주기로 했다. 동생들도 같이 나섰다. 물티슈로 청소를 하고, 쓰레기를 버리고, 신발 정리, 어깨 주물러주기, 숟가락 놓기 등 용돈을 벌기 위해 애썼다. 막내 5살 수지도 덩달아 바삐 움직인다.

"엄마, 피아노 닦았어요. 100원 주세요."

"어머, 깨끗하게 잘 닦았네!"

나는 100원을 주었다. 수지는 습관적으로 손을 잘 빤다. 수지가 100원 동전을 계속 손에 쥐고 다니며 동전을 계속 입에 댔다.

"수지야. 지갑 줄게. 동전 넣어놔."

"싫어요. 동전 안 빨게요."

나한테 100원을 뺏길까 봐 불안한지 손에 계속 쥐고 다녔다. 밤에 자야 할 시간이 되었는데 베개에 누워서도 계속 100원을 쥐고 있었다. 나는 걱정이 되었다.

아이 셋 키우며 부업으로 월 2000만 원 버는 법

"수지야. 100원 쥐고 있다가 입으로 들어가. 먹으면 큰일 나!"

"안 빨게요."

"수지야. 100원 계속 들고 있으면 호랑이가 가져가니깐 베개 밑에다가 넣어두자."

"네!"

수지 베개 밑에다가 100원 동전을 넣고 아이들을 재웠다. 나는 일어나 오전에 배운 것을 복습하려고 컴퓨터를 켰다. 피곤했지만 조금이라도 복습을 해야 내일 또 교육받으러 갈 수 있었다. 새벽 2시쯤 갑자기 수지의 큰 울음소리가 들려 방으로 뛰어갔다.

"아악! 으앙! 엉엉! 엄마 나 동전 먹었어!!!! 나 어떻게 해. 으앙, 의사 선생님이 나 아프게 하면 어떻게 하지? 으앙!"

나는 손발이 후들후들 떨렸다. 수지 베개를 들어보니 100원이 없다! 아까 수지 잘 때 치울 걸. 컴퓨터 할 생각만 하느라 미처 생각 못 했다! 수지가 목을 컥컥거린다.

"컥컥컥, 엄마 물 줘. 컥컥."

"수지야, 물 먹으면 안 될 거 같아. 병원 가자!"

"물 줘! 나 병원 안 가!"

"수지야, 병원 갔다 오면 편의점 가서 맛있는 거 많이 사줄게 가자. 울지 말고!"

수지는 계속 울었다. 나는 하늘이 노랬다. 머리가 빙빙 돌고 손발이 계속 떨렸다. 신랑은 급한 마음에 엑셀을 밝으며 과속했다. 옆에 경찰이 따라왔다. 우리는 신경 쓰지 않고 대학병원 응급실로 향했다. 수지를 안고 뛰어 들어갔다.

"아이가 100원짜리 동전을 먹었어요!"

X-ray 촬영을 했다. 목, 가슴 여러 번 촬영을 했다. 계속 기도했다. '하나님 제발….'

의사 선생님이 부르셨다.

"X-ray 촬영한 사진 먼저 보실까요?"

"네."

"X-ray 사진을 여러 번 봤는데 동전은 없습니다."

"정말요? 다시 한 번 봐주세요. 정말 괜찮은 거예요? 목이 아프다고 했어요. 배도 아프대요. 정말이에요? 아이고, 정말 다행이네요."

의사 선생님과 나는 수지를 쳐다보았다. 수지는 머리를 긁적이며 "어, 이상하네. 꿈이었나 보네." 말했다. 의사 선생님과 주변 간호사들은 일제히 빵 터졌다. "하하하하!"

나는 놀란 가슴을 쓸어 담으며 가벼운 발걸음으로 병원을 나왔다. 수지는 편의점에 가자고 했다. 수지한테 고맙다고 했다. 얼마나 다행인지 수지가 좋아하는 햄버거젤리를 기분 좋게 사서 집으로 왔다. 집에 오자마자 100원 동전을 찾아보았다. 아무리 찾아도 없다. 아직도 찾지 못했다. 나는 '하나님, 감사합니다.' 하며 잠을 잤다. 아침에 피곤했지만 마음이 행복했다. 아침 햇살이 나를 위해 비추는 것 같이 따뜻했다. 나는 놀란 가슴을 누르며 열심히 교육을 받으러 갔다.

　　교육 프로그램은 온라인, 오프라인 교육이 있다. 온라인 교육은 몰입도가 떨어진다. 처음 온라인 판매를 시작할 때는 오프라인 교육으로 강사님을 직접 만나고 질문하자. 많은 경험과 노하우와 자신 만의 팁을 알려준다. 그 팁들이 나를 전문가로 성장시켰다. 오프라인 교육을 듣고 집에 가서 복습 차원으로 온라인 교육을 또 들으면 금상첨화다. 반드시 내 것으로 만들자. 정리하고 실천하자.

온라인 판매로 월 매출 2,000만 원 만들다

1

주부, 온라인 판매에
목숨을 걸다!

온라인 판매는 고소득을 올릴 수 있다

네이버 경제신문에서 돈 많이 버는 직업 BEST 순위를 뽑았다. 1위 성형외과 의사, 변호사 등의 전문직, 2위 유튜버, 3위 온라인 판매다. 나는 기사를 보는 순간 동공지진이 왔다. 내가 돈 많이 버는 직업을 가지고 있다니. 할렐루야! 나는 운명처럼 기회가 와서 온라인 판매를 한다. 이 직업은 고소득을 올릴 수 있고, 나에게 가능성이 있으므로 목숨을 걸고 온라인 판매를 배운다.

29조의 자산, 손정의 회장은 누구인가? 일본 소프트뱅크를 이끄는

CEO 손정의는 한국계 일본인 사업가로 재일교포 3세다. 소프트뱅크는 1981년 9월 3일 일본 도쿄에서 설립된 고속 인터넷, 전자상거래, 파이낸스, 기술 관련 분야를 아우르는 일본의 IT기업이다. 현재 펀드를 조성해 미국의 차량 공유업체 우버, 국내 유통업체 쿠팡에 투자하고 있다.

그의 할아버지 손종경은 대구 사람이다. 1914년 일본으로 건너갔다. 아버지 손삼헌은 생선 행상 등을 통해 어렵게 생계를 이어갔다. 손정의는 1957년 규슈의 사가현 도스에서 태어나 조선인이라는 차별 속에서 자랐다. 하지만 그의 부모는 항상 "너는 천재이고, 뛰어난 사람이다."라고 말해주었다. 그는 반드시 1등을 해야 한다는 각오, 일본인보다 뛰어나다는 것을 능력으로 증명해야 한다는 생각을 굳혔다. 고등학교 시절 무작정 도쿄에 가서 일본 맥도날드 설립자인 후지타 덴 회장을 만났다. 수차례 문전박대 끝에 회장을 만난 그는 세계적인 CEO가 되려면 무엇을 해야 하느냐고 물었다. 그의 질문에 후지타 덴 회장은 "컴퓨터 관련업을 하라."고 이야기했다.

앞으로 온라인 판매의 시장은 훨씬 더 커지고 활성화된다. 이번 코로나 사태에 온라인 배송 물량 급증으로 배송 직원 쿠팡맨이 숨지는 사고가 발생했다. 앞으로 바이러스로 인하여 온라인 시장은 필수이며 점점 떼려야 뗄 수 없는 관계이다. 지금 온라인 쇼핑몰이 과부하여서 늦었다고 생각하시는 분도 있다. 그러나 앞으로는 더 커지게 된다. 그럼 지금이 오히려 기회다. 지금 온라인 시장을 모르면 앞으로는 더욱 성공하기 힘들어 진다. 더 늦기 전에 시작하자.

온라인 시장은 무궁무진한 시장이다

나는 강남의 네이버 교육 '파트너스퀘어'에서 제일 처음으로 '온라인 쇼핑몰 운영 노하우' 교육을 정종실 강사님께 받았다. 직접 월 매출 억 단위로 하는 강사님은 온라인 시장에 대해 이렇게 말씀하셨다.

"온라인 시장은 정말이지 무궁무진한 시장입니다. 월 매출 억 단위 하는 분은 널렸습니다. 하지만 온라인 창업을 한다고 해서 '상품 올리면 판매될 거야. 제품 좋고 싸면 팔리겠지. 하나 팔면 얼마 남네. 좋다.'라는 생각으로 하면 안 됩니다. 결론부터 말씀드리면 아무리 싸고 좋은 제품도 그냥 팔리는 경우는 드뭅니다."

나도 처음에는 '상품 올리면 다 팔리는 거 아니야?'라고 생각했다. 나는 상품 등록을 열심히 하는데 반응이 없다. 처음에는 미끼상품으로 가격을 낮춰본다. 반응이 조금씩 온다. 다음에는 리뷰도 쌓아보고 광고도 해본다. 반응이 더 많이 온다. 여러 방법으로 내가 노력하면 반드시 효과가 있다. 온라인 시장은 키보드를 얼마나 두드리고 마우스 클릭을 얼마나 열심히 손품을 파느냐에 따라 결과가 조금씩 달라진다. 노력만 하면 매출이 나오는 매우 공평한 시장이다.

온라인 판매는 로또다

매주 토요일 오후 8시 45분 MBC에서 추첨 방송을 하는 인생 역전 '로또'를 사는가? 나는 매주 평균 5천 원~2만 원 정도 구매한다. 우리나라에 로또를 구매하는 사람은 얼마나 될까? 몇 명인지 정확한 수치는 알 수가 없지만 경기가 어려울수록 로또 당첨 금액은 올라간다고 한다.

매주 로또를 구매하는 성인 6,876명 대상으로 설문조사를 했다. 조사결과, 2만 원 미만 구입이 2,386명(34%)로 가장 많았다. 그중 1,000~5,000원 구입은 381명(5%)로 가장 적었다. 6,000~1만 원 구입은 1,516명(22%)으로 나타났다. 1인당 최대 로또 구매 가능 금액은 10만 원이나 대다수 사람은 매주 2만 원 미만의 소액으로 로또를 구매한다.

유튜브에서 로또 1등 당첨자의 인터뷰를 보았다.

"로또 1등은 당첨 비결이 뭡니까? 조상님이 번호를 주셨나요? 돼지꿈을 꾸셨나요?"

매우 궁금했다. 나도 매주 구입하기 때문에 꼭 알고 싶었다.

"비결이라…. 로또는 될 때까지 하면 됩니다."

헉, 허무하다. 기대했던 대답은 아니지만 생각해보니 이 말씀이 모든 인생사의 정답이다! 이 할아버지는 로또 구입을 10년 넘게 꾸준히 하셨다고 한다. 바로 인내와 끈기가 성공으로 만든 것이다. 온라인 판매도 마찬가지다. 목숨을 걸고 인내와 끈기로 노력한다면 반드시 억대 매출로 성공할 것이다.

1,000원짜리 로또 한 장을 구입하면 약 420원이 복권 기금으로 조성되

아이 셋 키우며 부업으로 월 2000만 원 버는 법

고, 이렇게 모이는 복권 기금은 한 해 약 1조 7,000억 원이다. 이 금액은 사회로 환원돼 필요한 사람에게 도움을 준다. 정부가 2021년까지 온라인 로또 판매점을 2,371개 늘린단다. 심지어 로또도 온라인으로 구매 가능하다. 온라인 세상은 점점 더 넓어진다.

온라인 판매는 교환 반품이 가끔 속을 썩인다. 얼마 전 G마켓으로 고객이 성인 발레 티셔츠 3개를 구매했다. 2만 원짜리 3개, 총 6만 원으로 무료 배송이다. 상품 검품 후 문제없이 택배 발송했다. 그런데 며칠 뒤, 반품요청이 들어왔다. 물건 하자였다. 고객이 보낸 택배 상자를 열어보았더니 내가 보낸 발레 티셔츠가 아닌 고객이 집에서 입던 뜯어진 옷이었다. 어이가 없었다. 고객에게 전화를 걸었다. 신호가 간다. 내가 "여보세요?" 몇 번 다시 걸어보았지만 전화를 계속 끊는다. 황당하다. 알고 보았더니 상습범이다. 거래처에서도 나와 똑같은 일이 있었다며 어떤 기사를 나에게 보내주었다.

"30대 주부가 쇼핑몰에서 물품을 주문해 받아놓고 반품신청을 하면서 빈 상자만 반환하는 수법으로 443차례에 걸쳐 2,900만 원 상당의 제품을 편취한 혐의로 기소됐다. 반품을 할 경우 택배 직원에게 해당 물품을 건넴과 동시에 결제금액이 환불된다는 것을 알고 9개월이 넘게 오랫동안 범행을 저질렀다. 수원지법 형사1단독 이원석 판사는 사기 혐의로 기소된 A씨(38)에게 징역 6개월에 집행유예 2년을 선고하고, 160시간의 사회봉사를 명령했다."

이런 경우 반품 승인을 거절하면 고객에게 환불은 안 된다. 하지만 G마켓은 '자동 환불' 기능이 있다. G마켓에서는 고객에게 자동으로 환불을 해준다. 고객이 이 점을 알고 악용하는 것이다. G마켓은 판매자에게 수수료만 차감하고 환불해준다. 나는 상습범 고객의 아이디를 판매 거부로 등록시킨다.

사업 초반에는 교환 반품 문제로 택배비를 못 받거나 고객이랑 곱게 통화를 못 끝냈을 때에 내 감정에 화가 나서 어쩔 줄 모르고 가까운 사람한테 짜증내거나 화를 냈다. 지금도 사실 화는 나지만 꾹 참고 우선 업무 처리를 한다. 그리고 새벽에 강남으로 드라이브를 간다. 내가 평소 살고 싶은 고가 아파트, 연예인이 산다는 '이촌동 래미안 첼리투스'에 간다. 근처에 차를 대고 아파트 근처를 걸어간다. 어둡고 고요하지만 웅장하고 멋진 이 아파트에 사는 상상을 하며 바라본다. 시각화를 제대로 한다. 기분 전환에 최고다. 목표가 생기고 욕심이 생긴다.
'시작은 미약했으나 끝은 창대하리라.'

내가 처음 일을 했던 이유는 빚을 갚기 위해서였다. 작은 부업으로 시작했지만 하면 할수록 온라인 판매가 재미있다. 노력한 만큼 성과도 나온다. 계속 욕심이 생긴다. 이젠 더 많은 것이 내 눈에 들어온다. 더 이상 우물 안 개구리가 아닌 넓은 온라인 세상을 위해 목숨 걸고 앞으로 나아갈 것이다.

아이 셋 키우며 부업으로 월 2000만 원 버는 법

2

광고 마케팅을
공부하자

바이러스처럼 확산되는 바이럴 마케팅을 하자

"나를 찾아줘."

"나를 알아봐줘."

마케팅은 세상이 내 상품을 발견할 수 있도록 나를 드러내는 방법이다. 내 상품의 장점과 특징을 세상이 잘 알아볼 수 있도록 보여주는 것이며, 세상과 사람들에게 말을 거는 대화의 기술이다. 더 나아가 브랜드 이미지와 매출을 높이는 일이다.

바이럴 마케팅(viral marketing)이란 네티즌들이 이메일이나 다른 전파 가능한 매체를 통해 자발적으로 어떤 기업이나 기업의 제품을 홍보할 수 있도록 제작하여 널리 퍼지는 마케팅 기법으로, 컴퓨터 바이러스처럼 확산된다고 해서 이러한 이름이 붙었다.

기업은 유행이나 풍조 등 현실의 흐름을 따라가면서 네티즌들의 입맛에 맞는 엽기적인 내용이나 재미있고 신선한 내용의 웹 애니메이션을 제작, 인터넷 사이트에 무료로 게재하면서 그 사이에 기업의 이름이나 제품을 슬쩍 끼워넣는 방식으로 간접광고를 하게 된다. 네티즌은 애니메이션 내용이 재미있으면 다른 네티즌에게 전달하게 되고, 이러한 과정이 반복되다 보면 어느새 네티즌 사이에 화제가 되면서 자연스럽게 마케팅이 되는 것이다.

바이럴 마케팅으로 최근 크게 성공한 노래가 있다. 가수 지코의 '아무 노래'다. 이 노래는 우리가 아는 것보다 훨씬 많이 핫하다. 국내 차트뿐만 아니라 빌보드 차트까지 갔다. 콘셉트는 '아무 노래 챌린지'이다. '아무 노래' 음반에 맞춰 간단한 안무를 하는 영상을 SNS로 게시한다. 그래서 음원 공개 이후 지코의 인스타그램 유튜브에 화사, 청하, 송민호 등 다양한 연예인과 함께 찍은 아무 노래 챌린지 영상을 게시했다.

이 영상들은 귀엽고 어렵지 않은 동작으로 사람들에게 급속도로 퍼져나갔다. 연예인뿐만 아니라 일반인들도 친구, 연인 등과 함께 영상을 올리며 짧은 시간에 많은 사람들이 '아무 노래'를 접하게 됐다. 특히 10~20

아이 셋 키우며 부업으로 월 2000만 원 버는 법

대가 주로 이용하는 글로벌 동영상 공유 앱 '틱톡(TikTok)'의 아무 노래 챌린지 영상 조회수는 무려 4억 뷰를 돌파하며, 국내에서 해외까지 '아무 노래'가 전 세계에 울려퍼지기 시작했다. 마케팅의 효과는 정말 너무 대단하다.

내가 사업을 시작할 때, 온라인 판매를 배우는 것조차 정신없이 바빴다. 한 번도 해본 적도 없고, 컴퓨터와 친하지도 않았다. 심지어 블로그, 인스타그램, 유튜브에 관심도 없었다. 네이버 검색만 했지, 나와 다른 세상이려니 했다. 그런 나에게 마케팅은 돈 많은 큰 회사에서만 하는 것으로 생각했다. 하지만 세상이 달라졌다. 예전에는 TV 광고만 생각했다면 요즘은 누구나 미디어 활용이 가능하고 비용이 들지 않는 방법도 많다. 오히려 광고 플랫폼이 너무 많아 어떤 것을 선택해야 할지 고민이다.

단군 이래 가장 돈 벌기 좋은 시대

이 말을 처음 들었을 때, 나는 심하게 충격을 받았다. '뭐? 정말? 나는 모르겠는데.' 이렇게 생각하면 나와 비슷한 처지이다. 컴퓨터 온라인 세상과 가까운 사람이면 이 말을 100번 이해했을 것이다. 성공하는 방법은 너무나 다양하지만, 일반 평범한 사람, 금수저 아닌 사람이 성공하려면, 지금 온라인 세상을 이해하고 뛰어들어야 한다. 진입 장벽이 낮아 누구나 할 수 있으며 창의력과 기획력, 성실한 실행력으로 비용 없이도 돈을 벌 수 있다. 하고자 하는 의지와 용기만 있으면 금방 배울 수 있다. 지금 고민하는 시간에 누군가는 실행하고 돈을 벌고 있다.

유튜브는 인생강의 '인강'이다

나는 유튜브를 보기만 했는데도 인생이 달라졌다. 어떤 유튜브를 보느냐에 따라 틀리겠지만. 나는 유튜브로 제2의 인생을 살아간다. 유튜브에는 좋은 영상이 너무 많다. 네이버도 정보의 바다지만 유튜브에도 없는 게 없다. 오히려 정보가 너무 많아 받아들이기 바쁘다. 요즘 고등학생들은 인터넷강의, 즉 '인강'을 보면서 공부한다. 나에게 유튜브는 '인생강의', '인강'이다.

2개월 만에 구독자 10만 명을 모은 유튜버 '신사임당'을 아는가? 매일 똑같은 배경에서 10여 분 남짓 돈 버는 방법을 이야기하는 것으로 단박에 수십만의 팬을 모은 유튜버이다. 전직 케이블 경제TV PD였으며, 퇴사 후 온라인 쇼핑몰을 운영하며 노하우를 쌓아오던 중 게임회사를 퇴사하고 막막해하는 친구에게 쇼핑몰 시작 방법을 알려주는 '창업 다마고치' 영상을 유튜브에 올렸다. 사업 아이템 정하기, 상위 노출과 쇼핑몰 시장 조사 방법, 도매처 찾기와 비즈니스 인맥 만들기 등 실전에 바로 쓸 수 있는 생생한 정보를 친구끼리 수다 떠는 것처럼 날것으로 내보냈다. 0원으로 시작해서 1개월 만에 500만 원을 버는 과정을 '유튜브판 리얼리티 쇼'처럼 보여주며 폭발적인 반응을 만들었다. 구독자수도 1개월 만에 4만, 2개월 후 10만을 넘어섰다. 유튜버 신사임당은 이렇게 말했다.

"내가 전직 PD라서 영상 촬영 기법이나 기획에 유리해 성공했다고 생각할 수 있지만 그렇지 않다. 영상적으로 아무런 기법을 쓰지 않고 핸드

아이 셋 키우며 부업으로 월 2000만 원 버는 법

폰으로 찍어 올렸다. 사람들을 움직이고 설득하는 것은 '감정'이다. 내가 답답하고 도움을 받고 싶었던 마음을 담아 선의로 영상을 만들었는데 이것이 큰 반향을 불러 일으켰다."

나도 신사임당과 다마고치 채널을 자주 보았다. 사람들은 네이버 스마트스토어에 대한 관심이 대단했다. 내 주변에서도 나에게 온라인 판매 문의가 계속 들어왔다. 내 직업에 자신감이 생겼다. 나도 다른 사람들에게 알려주고 싶었다. 입이 근질근질했다. 나는 고민했다. 내가 아이를 키우면서 다른 사람들에게 다가갈 수 있는 좋은 방법이 있을까? 생각해보니 유튜버 다마고치는 유튜브뿐만 아니라 책으로도 사람들에게 정보를 알려주었다. '그래, 나도 작가 될 수 있어!' 유튜브의 영향력은 생각보다 크다. 내가 이렇게 유명한 베스트셀러 작가가 될 거라고 생각도 못 했다. 나는 유튜브 플랫폼이 너무 좋다. 내가 그랬던 것처럼 이젠 나도 온라인 판매 작가로서 유튜브도 하고 사람들에게 용기도 주고 도움을 주는 사람이 되겠다.

요즘 출근길 지하철이나 버스에서 보면 남녀노소 어린이부터 어르신까지 다 핸드폰을 본다. 예전에는 핸드폰을 보고 있으면 어른들이 한마디했다. "맨날 저렇게 핸드폰만 보면 어떡하냐? 공부를 해야지!" 그러나 지금은 어르신들도 이어폰을 꽂고 핸드폰을 보고 있다. 이제는 누구나 핸드폰을 사용한다. 이젠 핸드폰으로 무엇을 하느냐가 더 중요하다. 한 설문조사에서 한국인이 오래 사용하는 앱과 사용시간을 조사했다. 1

위 유튜브 460억, 2위 카카오톡 220억, 3위 네이버 170억, 4위 페이스북 45억이다. 카카오톡과 네이버, 페이스북을 다 합쳐도 유튜브를 따라가지 못한다. 소문에 조만간 TV가 사라진다는 이야기가 나올 정도이다. 이만큼 미디어 환경이 유튜브 중심으로 변하고 있다.

"나도 유튜브 해볼까?" 이제는 사람들도 유튜브의 중요성을 많이 안다. 하지만 내 얼굴을 드러낸다는 사실이 많이 어렵다. 생각보다 쉽지 않다. 나도 유튜브를 하고 싶었지만 쑥스러웠다. 남편한테 먼저 유튜브를 권유했다. 남편은 손에 꼽히는 피자 달인이다. 흔쾌히 하겠다고 한다. 삼각대와 작은 조명 한 개를 마트에서 구입하더니 방에서 핸드폰 동영상을 켜고 중얼중얼한다. 그러더니 잠자기 전 누워서 핸드폰으로 휘리릭 편집하더니 올린다. 우와! 어렵고 복잡한 줄 알았는데 대단했다. 남편이 멋져 보였다.

사람들이 유튜브의 광고 수익만 생각한다. 하지만 광고 수익은 생각보다 작다. 그것보다 내 영상을 보고 다른 기회들이 찾아온다. 기회는 사람마다 다르다. 예를 들어 남편이 피자 오븐기 청소와 피자 반죽 영상을 올렸다. 피자 가게를 운영하는 사장님들이 오븐기 청소를 직접 못 해 고민이 많다. 남편은 도와주고 싶어서 오븐기를 분해하고 청소하는 방법을 자세히 올렸다. 그랬더니 오븐기 청소 문의가 많이 왔다. 또 피자 가게 사장님들은 피자 반죽을 본사에서 비싸게 구입해 피자를 만든다. 실제로 반죽을 만들 줄 아는 사람은 거의 없다. 피자 반죽 영상을 올렸더니 컨설

아이 셋 키우며 부업으로 월 2000만 원 버는 법

팅 요청이 계속 들어온다. 이처럼 유튜브는 우리가 생각하지도 못하는 기회를 만들어준다. 유튜브는 구글에 광고비를 내는 것이 아니라 오히려 광고 수익을 받으면서 개인이나 상품을 마케팅할 수 있는 대박 플랫폼이다.

광고의 모든 마케팅은 마라톤과 같다. 내가 당장 블로그, 인스타그램, 유튜브를 한다고 바로 효과가 나오는 것이 아니다. 어느 정도 꾸준히 올리고 시간이 지나야 그 결과가 조금씩 나온다. 가랑비에 옷이 젖어들 듯 은근 시간이 필요한 작업이다. 일희일비하기보다 긴 호흡으로 마케팅하자. 너무 어렵게 하지 말고 쉽게 즐기면서 꾸준히 진행하자. 나도 할 수 있다!

3

추가 수입은 곧바로
재투자하자

온라인 판매의 광고는 기본이다

매출이 높은 스마트스토어의 판매자는 좋은 아이템과 차별화된 기획력을 기반으로 마케팅까지 골고루 잘 갖추었다. 이런 곳은 판매가 잘되고 매출이 높다. 내가 스마트스토어에 판매를 시작할 때는 한 달에 100만 원만 팔아도 좋겠다고 생각했다. 하지만 점점 매출이 오르면서 자신감도 점점 올라갔다. 6개월쯤 시간이 지나면서 매출이 슬슬 내려갔다. 어떻게 하면 좋을지 고민하던 중 네이버 〈파트너스퀘어〉 교육받을 때 '성공 쇼핑몰의 필수! 네이버 광고 바로 알기'라는 수업을 들었다. 그때는 초창기라서 광고까지 생각을 못 했는데 이제는 때가 되었다는 생각이 들었다. 그래! 나도 광고를 해보자.

　온라인 판매를 하면서 광고 안 하는 판매자도 많다. 광고비가 아까워 서다. 나도 처음에는 매출이 높고 여윳돈이 있을 때 해야겠다고 생각했 다. 예전 교육을 떠올려보니. 판매를 시작하면서 매출의 일부분은 광고 비로 빼놓아야 한다고 들었다. 막상 광고를 시작하고 나서 처음에는 반 응이 없는 거 같아서 괜히 했나 싶었다. 하지만 한 달 가까이 되면서 주 문이 확실히 늘어났다. 이제는 광고했을 때와 안 했을 때의 매출 차이가 많이 난다. 광고를 안 하면 큰일 난다. 지금은 어떻게 광고를 해야 효율 적인지를 생각한다. 광고를 안 하면 매출이 제자리걸음이거나 줄어든다. 하지만 광고를 하면 한 단계 더 올라갈 수 있다.

　나는 광고 효과를 제대로 보았다. 하지만 매출이 잘 나오면 광고비가 엄청 나왔다. 매출이 잘 나온다고 안심하면 안 된다. 매출이 잘 나오고 순수익이 적은 곳도 많다. 광고비를 너무 많이 지출해 방문자수는 늘렸 지만 구매율이 저조해 앞으로는 벌고 뒤로 밑지는 경우다. 나는 어떻게 해야 할까? 비용은 최대한 줄이고 매출은 최대한 늘려야 한다. 스마트스 토어에서는 내 매출을 분석할 수 있다. 매출 분석하고 단점을 파악하여 하나하나 보완을 해야 한다.

　스마트스토어 센터 왼쪽 하단에 '통계' 영역이 있다. 요약, 판매 분석, 마케팅 분석, 쇼핑 행동 분석, 시장 벤치마크 영역으로 나누어져 있다. 내 매출이 잘 나오고 있는지 알아보기 위해서는 통계 영역을 꼭 확인하고 평균 매출과 추가 수입이 얼마인지 확인해야 한다.

보통 온라인 판매에서 CPC 광고를 많이 한다. 'Cost Per Click'으로 클릭 당 단가(비용)다. CPC 광고를 하면 판매자의 상품을 상위 노출하게 해주고, 소비자가 상품을 보려고 클릭하는 순간 비용이 발생한다. 단가 비용은 천차만별이다. 90원도 있고 1,000원, 2,000원 넘는 것도 있다. 단가비용이 높으면 높을수록 최상단에 올라갈 수 있는 확률이 올라간다. 판매자는 클릭 당 단가가 높으면 부담스럽다. 클릭한다고 고객이 100% 구입하는 것이 아니기 때문이다. 고객은 이런저런 물건을 훑어보고 비교하고 클릭해서 보고 나간다. 클릭 당 단가는 카테고리별로 차이가 나고, 내가 수용할 수 있는 범위 내에서 진행한다. 나는 하루 10,000원, 20,000원 이렇게 사이트별로 한도를 정해놓는다. 광고비가 그 이상은 빠져나가지 못하게 묶어두는 것이다.

내가 광고를 안 했을 경우, 내 상품의 노출은 몇 페이지 뒤에 있다. 내가 아무리 상세페이지를 완벽하게 만들어놨어도 매출이 일어나기가 힘들어진다. 이때 광고를 해서 1~2페이지로 올린다. 매출이 향상된다. 노출을 했는데도 클릭이 이루어지지 않는다면, 썸네일을 바꿔 클릭을 유도해야 한다. 반면, 클릭은 이루어지는데 매출이 저조하면 상세페이지를 수정한다. 구매를 유도하는 상세페이지를 만들어 매출이 이루어지게 한다. 이 과정을 여러 번 반복하면 반드시 매출이 향상된다. 한 달, 두 달, 계속 반복하면 나의 평균 매출, 순수익을 확인할 수 있다.

아이 셋 키우며 부업으로 월 2000만 원 버는 법

상품에 따라 다르지만, 발레복은 3월이 극성수기이며 여름 학기, 가을 학기, 겨울 학기 시작할 때 성수기이다. 성수기에는 매출이 오른다. 순수익도 올라간다. 그럼 오른 순수익을 다른 광고로 재투자한다. 광고비를 지출해도 처음에는 지출한 만큼에 해당하는 수익이 바로 눈앞에 보이지 않을 수 있다. 그러나 꾸준히 광고에 돈을 투자하면 점점 매출은 향상이 되며, 향상된 매출을 계속 유지할 수 있다.

다양한 이벤트로 고객과 소통하자

나는 CPC 광고를 기본적으로 항상 진행한다. 그리고 추가 수익에 대해 다른 마케팅으로 재투자한다. 나는 스마트스토어에 이벤트를 진행한다. 이벤트를 크게 한 번만 하는 것보다 작게 정기적으로 자주 한다. 고객에게 계속 이벤트를 올리면서 재구매를 유도하자. 발레슈즈 구매 시 사진과 동영상 리뷰를 잘 작성한 사람에게 슈즈 주머니를 선물하거나 발레복 5만 원 이상 구매 시 사진과 동영상 리뷰를 잘 작성한 사람에게 발레타이즈를 선물한다.

이벤트 할 때 경품은 자사 제품으로 진행하자. 경품을 응모자가 좋아할 만한 것으로 하기 위해 커피나 도넛 쿠폰, 작은 전자제품이나 영화 시사권으로 진행하면 내 제품에는 관심 없고 상품만 집중한다. 마땅한 제품이 없으면 한정판으로 자사제품을 이용한다. 그리고 참여하기 쉽게 만들자. 고객은 물건 구입을 할 때도 마찬가지이다. 복잡하거나 어렵게 옵션을 선택해서 구매해야 할 때는 다른 곳으로 이탈한다. 이벤트도 어려우면 안 된다. 조금이라도 번거롭거나 어려우면 참여율이 현저히 떨어진다. 제품 성격에 맞는 재미 요소를 넣어 이벤트 기획을 잡으면 식상하지 않고 참여율도 높아진다. 이벤트 후 사후 분석과 관리는 필수다. 고객이 상품에 어떤 점에 만족하고 불만족하는지 정리해서 만족 부분은 상세페이지에 더 강조하고 불만족은 해결할 수 있도록 방법을 찾는다.

고객의 상품 사진/동영상 리뷰 작성한 것을 상세페이지에 활용을 한다. 이벤트 참여 시 동의를 구한다. 법적으로도 문제없다. 많은 사진과 동영상에서 나만의 선택 방법이 있다. 우선 상세페이지에 기본적으로 상품 사진이 있다. 그러므로 상품만 달랑 찍은 것보다 발레복을 입고 찍은 사진, 배경이 문화센터 발레학원이거나 발레복에서 제일 예쁜 포인트가 나온 사진. 밝은 표정으로 찍은 사진을 선택한다. 그리고 정적으로 딱딱하게 서 있는 것보다는 자연스럽게 동적인 사진이 좋다. 다리를 올려 발레를 하는 모습이나 양손을 높이 올리고 발레를 하는 사진이면 좋다. 잘 나온 사진은 내가 다른 플랫폼에 홍보할 때 이용한다.

성수기에는 적극적으로 마케팅하자

나는 평소 블로그 체험단을 꾸준히 이용한다. 하지만 성수기 직전에는 평소 때보다 더 늘리기도 한다. 한 달에 평소 5건 체험단을 신청한다면, 성수기 때는 10개 정도를 진행한다. 평소 때보다 사람들 조회수가 늘어나기 때문에 나도 성수기에 맞추어 블로그 체험단 개수를 늘린다. 그리고 가끔 본인이 먼저 상위 파워블로거라고 하면서 제품 신청을 하는 경우가 있다. 확인해본 결과 정말 파워블로거였다. 나는 처음에는 반신반

의해서 거절했다. 그 뒤로 2~3번 계속 본인이 어떻게 진행할 것인지 자세히 알려주며 간절히 부탁했다. 나는 노력이 가상해서 OK했다. 상위 파워블로거의 글쓰기는 남달랐다. 협찬 냄새가 안 나면서 내 발레복의 장점을 잘 소개하며 자연스럽게 글을 잘 표현했다. 또 구입까지 연결될 수 있도록 꽤 신경 쓴 것이 느껴졌다. 사진 또한 기가 막혔다. 내가 찍은 것보다 다양한 각도로 훨씬 예쁘게 잘 찍었다. 역시 파워블로거의 실력은 생각보다 더 대단했다.

요즘 사람들은 SNS에 넘쳐나는 콘텐츠 중 핵심 내용만 보고 싶어 한다. 나도 텍스트가 너무 많으면 이탈한다. 전체를 정독해서 제대로 읽지 않는다. 그런데 사진이나 이미지가 포함된 콘텐츠는 더 눈에 잘 들어온다. 즉, 눈에 확 들어오는 이미지를 활용하면 콘텐츠를 효과적으로 전달할 수 있다. 요즘 대표적으로 카드뉴스가 있다. 블로그 썸네일 정도로 생각하면 된다. 카드뉴스의 이미지는 시각적으로 풍부하고 강력한 포스팅을 할 수 있다. 처음 초보자들에게 포토스케이프(PhotoScape)를 추천한다. 이미지를 쉽게 향상, 보정, 편집하는 프로그램으로 초보자도 쉽고 빠르게 작업할 수 있다. 또 다른 방법으로는 디자인 제작 플랫폼인 '망고보드' (www.mangoboard.net) 프로그램을 활용하는 방법이 있다. 카드뉴스뿐만 아니라 상세페이지와 유튜브 썸네일도 쉽게 만들도록 도와준다.

SNS 콘텐츠는 무엇을 제작했는지도 중요하지만 '어떻게 노출할지'도 전략을 짜야 한다. 효율을 올리기 위해 반짝 소나기처럼 한 번에 쏟아내

기보다는 지속적으로 꾸준히 해야 한다. 블로그도 3개월 정도 꾸준히 올리면 상위 노출이 되고, 유튜브도 개인차가 있지만 1~2년 꾸준히 올리면 구글 알고리즘에 의해서 구글 AI가 엄청나게 여러 사람에게 뿌려주어 효과가 대단하다. 이처럼 추가 수입이 나왔다고 다 내 주머니로 들어가는 것이 아니라 재투자를 할 줄 알아야 한다. 기본적인 광고 외에 마케팅에 신경을 써야 한다. 농부가 씨를 뿌리듯 재투자를 골고루 잘 뿌려놓으면 처음부터 열매가 나오는 것이 아니라 천천히 계단식으로 매출이 올라 열매가 나오며 더 나중에는 황금 열매로 바뀌어 있을 것이다. 우리는 그 과정에 있는 것이다.

아이 셋 키우며 부업으로 월 2000만 원 버는 법

주부 마인드에서
사업가 마인드로 바꾸자

나도 책임감 있는 대표이다

오픈마켓 상품 등록 시 판매자정보 전화번호를 기재해야 한다. 고객이 온라인 구매하다가 문의 시 게시판에 글을 남기기도 하지만, 급한 문의는 직접 전화가 온다. 나는 위탁판매를 위주로 진행하기 때문에 사무실 전화가 없다. 보통 핸드폰 번호를 기재한다. 나는 전문성이 떨어지는 것 같아 괜히 신경이 쓰였다.

네이버에서 '사례로 보는 온라인 창업 이것만은 알고 하자!' 김태영 강사님의 〈파트너스퀘어〉 교육을 들으러 갔다. 사업 초기 단계에서 염두에

두어야 할 사항이 무엇인지 자세히 알려주셨다. 수업 중간에 나에게 딱 필요한 중요한 팁이 나왔다.

"이제 온라인 판매 시작하신 거죠? 사무실 번호 기재하는 곳에 핸드폰 번호 기재하셨죠? 다 알아요. 제가 아주 좋은 앱 알려드릴게요.

앱 '포인트통통' 깔아주세요. 050 전화번호와 050 팩스번호 생성됩니다. 이제 핸드폰 번호 기재하지 말고요. 050 전화번호를 사무실 번호로 사용하세요."

나는 그때 받았던 번호를 지금도 사용한다. 050-7884-7703번. 고객은 사무실 인터넷 전화로 생각한다. 팩스도 유용하게 사용한다. 누군가 나에게 팩스를 보내면 나의 메일 주소로 팩스가 도착한다. 너무 편리하다. 핸드폰으로 모든 것이 가능한 세상이다.

보통 고객전화는 고객 핸드폰번호로 많이 들어온다. 가끔 유선번호로 전화가 걸려온다.

"유제이컴퍼니죠? ○○광고 회사입니다. 대표님과 통화 가능할까요?

"네. 접니다."

광고 대행회사에서 전화가 자주 들어온다. 처음에는 '대표님'이라는 호칭이 어색해서 손발이 오글거린다. 예전에는 시현 엄마라고 아이들 엄마로만 불리다가 이제는 유제이컴퍼니 대표님이다. 사장님도 아니고 대표님이라니, 기분이 좋고 어깨가 으쓱거린다. 책임감을 가지고 유제이컴퍼

아이 셋 키우며 부업으로 월 2000만 원 버는 법

니를 잘 이끌자. 나는 대표님이다. 이제 당신 차례다. "○○○ 대표님!"

사업자통장, 홈텍스를 이용하자

아이들 엄마로만 지낼 때는 통장에 큰돈 들어오는 날이 정해져 있다. 매달 5일 남편 월급날. 하지만 온라인 판매를 시작하면서 오픈마켓마다 정산 방법은 다르지만 정산한 돈이 매일 사업자통장에 입금된다. 어떤 날은 월급보다 많은 돈이 내 통장으로 들어온다. 물론 다시 물건 값으로 나가지만 통장에 돈이 쌓이면 기분 최고다. 금방 부자가 될 것 같다. 거래처로 물건 값을 몇백만 원씩 이체한다. 예전에는 고작 몇만 원, 몇십만 원 이체했지만. 지금은 몇백만 원씩 이체한다. 예전 방송이나 현금 수송 업체에서 일하는 직원에게 이렇게 어마어마한 돈을 옮기면 무슨 느낌이 드는지 묻는 방송 인터뷰를 보았다. 그때 직원이 "아무 느낌 없다. 그냥 물건으로 보인다."라고 말했는데 나도 비슷하다. 돈이 그냥 숫자로만 보일 때가 있다.

어쨌든 통장에 돈이 쌓이면 내 자존감이 같이 올라간다. 통장 잔액은 나에게 제대로 동기부여가 된다. 더 열심히 벌자. 더 많이 판매하자. 돈에는 큰 에너지가 있다. 나는 돈을 사랑한다. 한번 경험해보자!

사업을 하면 모든 입금 출금 거래내역은 사업자통장으로만 진행해야 한다. 예전에는 개인 통장을 이용하여 카드대금 입출금을 했다면 결제통장을 사업자통장으로 바꾸어 모든 거래를 투명하게 바꾸어야 한다. 그리고 편법 혹은 불법에 가까운 일은 애초에 생각하지도 말아야 한다. 제대로 신고하고 세금 내자. 거래처 이야기를 들어보면, 어느 업체는 신고 누락으로 몇 년 뒤에 문제가 되었다고 한다. 그러면 하루하루 가산세가 붙어서 금액이 어마어마하다. 미리 겁먹을 필요는 없다. 항상 열린 마음으로 세금 관련해서 세무사와 이야기를 해서 리스크가 생기지 않도록 미리 알고 방지하자. 이 리스크를 해결하는 능력이 나를 사업가로 더욱 단단하게 만들어준다.

남편의 월급이 들어오면 그 돈은 고스란히 내 돈이다. '순수익'이다. 그리고 매달 고정적으로 들어온다. 하지만 사업은 순수익 예측을 미리 정확히 알기가 어렵다. 매일매일 돈이 들어왔다 나갔다가 계속 반복한다. 그리고 수익이 매달 다르다. 매출이 높아도 비용을 많이 사용하면 순수익은 줄어든다. 그래서 아이를 키우는 주부로만 살 때에는 월급 들어오는 돈이 한정되어 있으므로 돈을 무조건 아끼고 가성비를 많이 따진다. 물론 사업자가 되어도 가성비는 중요하지만 '어떻게 돈을 잘 굴릴까? 어떻게 하면 더 많은 매출을 올릴까?' 고민하는 날이 늘어난다. 예전에는 '어떻게 하면 우리 아이들을 잘 키울까? 공부를 잘하게 만들까?' 같은 고민을 했다면. 지금은 육아뿐만 아니라 사업 매출에 대해 생각을 더 많이 한다.

온라인 판매 사업을 시작하면서 홈택스 홈페이지와 친해져야 한다. 세무사에서 대부분 알아서 해주지만 나도 알고 있어야 한다. 먼저 사업을

아이 셋 키우며 부업으로 월 2000만 원 버는 법

운영하면서 사용하는 신용카드를 비용 처리하기 위해 홈택스에 등록하자. 그럼 그 카드가 사업자카드가 된다. 그러면 카드 사용 내역 조회가 가능해지고, 세무사에서 카드 내역을 쉽게 확인해서 비용 처리할 수 있다. 또 통신요금은 부가가치세가 포함되어 청구된다. 본인 핸드폰 요금도 사업자로 등록해두면 매입으로 세액 공제 대상으로 처리할 수 있다. 방법은 간단하다. 통신사에 전화해서 사업자등록번호를 알려주고 사업자번호로 등록해달라고 요청하면 된다. 그러면 부가가치세를 돌려받을 수 있다.

그리고 노란우산공제도 알아보자. 사업자의 생활 안정 및 사업 재기를 지원하기 위해 도입된 제도로, 사회안전망 역할을 수행 중이다. 근로 소득자와는 다르게 퇴직금이 없는 사업자가 폐업 후에도 생활고에 시달리지 않고 사업 재기 기회까지 제공받을 수 있도록 사업자를 돕는다. 내가 가입한 이유는 소득세 신고할 때 공제가 가능하기 때문이다. 2월말 현재 총 125만 명이 가입하여 12조 원의 부금이 조성되어 있다.

돈을 더 벌 수 있는 시스템을 구축하자

『왜 나는 사업을 하는가』의 이상수 저자는 어떤 일을 시작할 때는 항상 자기가 하는 일에 대해 '선언'을 하는 것이 중요하다고 말한다. 선언은 당신이 지금 하고자 하는 일, 그 일에 대한 정의를 내리는 것이다. 그 일을 어떻게 보느냐에 따라 당신의 정체성과 마음가짐, 행동이 완전히 달라질 수 있다. 다음 두 대화를 살펴보자.

A

"뭐 하시는 분이세요?"

"쇼핑몰에서 물건 팔아요."

"어느 쇼핑몰이요?"

"이베이요."

B

"뭐 하시는 분이세요?"

"무역업을 하고 있습니다."

"어떤 일을 하는데요?"

"온라인으로 전 세계에 수출하고 있습니다."

A와 B는 같은 일에 대해 완전히 다른 대화를 나누고 있다. A는 자신을 '판매자'로 B는 '무역업자'로 선언하였기 때문이다. 판매와 무역은 엄연히 다른 개념이다. 이것은 '장사'와 '사업'이 다른 것과 마찬가지이다. 장사꾼은 '물건'을 보지만, 사업가는 그 '물건의 흐름'을 본다. 이 둘은 출발지도 목적지도 다르다. 왜냐하면 장사꾼은 이윤을 남기기에 급급하지만, 사업가는 전체 흐름과 다음 단계까지 생각하면서 움직이기 때문이다. 둘 다 똑같이 이윤을 남기지만, 그 접근 방법과 결과는 다를 수밖에 없다.

'나는 사업을 왜 할까?'라는 고민을 했다. 나는 당연히 '돈을 벌기 위해'라고 생각했다. 당장 '이거 물건 하나 팔면 얼마 남지?' 이것부터 계산한

아이 셋 키우며 부업으로 월 2000만 원 버는 법

다. 그래서 이윤을 남기기에 급급하고 매출 증가가 유일한 사업 목표였다. 하지만 사업은 보는 관점을 다르게 바꿔야 한다. 무작정 열심히 일만 하는 것이 아니라 부가 가치가 낮고 나보다 남이 더 잘하는 일은 빠르게 아웃소싱으로 바꾼다. 예를 들어 세무 관련일은 세무사한테 맡기고 상품 정리 택배 포장은 다른 사람에게 맡긴다. 나는 상품을 소싱하거나 온라인 마케팅에 더 집중한다. 내가 당장 비용을 줄인다고 모든 업무를 내가 하게 되면 내 매출은 발전 없이 비슷한 수준으로 유지될 것이다.

나는 큰 깨달음을 얻었다. 돈으로 다른 사람의 시간과 노동력을 사야한다. 그리고 내 시간을 확보해야 한다. 나는 이 시간에 돈을 더 벌 수 있는 시스템을 구축해야 한다. 시스템만 만들어 놓으면 사람들을 고용해 업무를 분담하면 된다. 결국 시스템이 해답이다. 사업 초창기에는 바로 실행할 수 없지만 항상 고민하고 생각하자. 이왕 시작한 것 제대로 돈을 버는 시스템을 만들자.

5

힘든 일은
전문가에게 맡기자

온라인 판매, 처음은 간이사업자를 권장한다

처음 사업자등록증 발행을 할 때 간이사업자, 일반사업자 두 가지 중 하나를 선택해야 하는 순간이 온다. 어느 사업자를 선택하느냐에 따라 세금이 전혀 달라질 수 있기 때문에 간이사업자와 일반사업자에 대해 비교해보고 자신에게 맞는 것을 선택해야 한다. 간이사업자는 연 매출이 4,800만 원 이하에 해당되는 사업자다. 하지만 변호사, 의사, 세무사 등과 같은 전문직의 경우 연 매출액이 4,800만 원 이하여도 일반사업자로 사업자등록을 해야 한다. 전문 직종의 경우 소득에 대한 투명성을 강조하기 위해서다. 간이사업자의 특징은 부가가치세를 1년에 한 번 신고하

아이 셋 키우며 부업으로 월 2000만 원 버는 법

고 세금계산서 발급 불가하며 현금영수증은 발급 가능하다.

일반사업자는 연 매출 4,800만 원 이상에 해당되는 사업자다. 10%의 세율이 적용되는 반면, 부가가치세액을 공제받을 수 있고 세금계산서 발행이 가능하다. 일반사업자의 경우 1년에 2번 부가세 신고를 해야 한다. 간이사업자에게 그만큼의 편의성을 제공하는 것이다.

일반사업자의 경우 연 매출 4,800만 원 미만이 될 경우 간이사업자로 과세 유형을 통지하면 전환이 가능하다. 일반과세자로 받았던 세액에 대해 전부 돌려줘야 한다. 반대로 간이과세자가 매출이 급증해 세금 혜택을 받고자 일반과세자로 전환해도 된다. 간이사업자가 연 매출액 4,800만 원 이상이 되는 경우 자동 전환된다.

나도 온라인 판매를 시작할 때 간이사업자로 발행했다. 내가 과연 연 매출 4,800만 원 이상 될 수 있을까? 사업을 시작할 때, 세금은 나에게 먼 나라 이야기였다. '어차피 상품을 팔아야 세금이 나오는 거니 물건이나 팔고 생각해보자.'라고 생각했다. 스마트스토어에 상품을 올리면서 조금씩 물건이 팔리기 시작했다. 스마트스토어 판매자센터에 1월 부가세 신고 관련 내용의 팝업창이 계속 떴다. 나는 신경 쓰였다. '몇 개 안 팔았는데 나도 해야 하나?' 혹시나 해서 고객센터로 문의했더니 해야 한단다. 네이버에 '간이사업자 부가세 신고 방법'을 쳐보니 매우 자세히 나와 있었다. 하나하나 따라 했더니 '최종 납부할 세액은 0원입니다.'라고 떴다. 휴, 다행이다. '세금이 안 나왔네!' 하면서 기분이 좋았다가 좀 쓸쓸해졌다. 분발하자! '나도 판매 많이 해서 세금 납부했으면 좋겠다.'라는 생각을 했다.

세무사 미리 알아보자

처음에는 스마트스토어로 시작해 이베이(G마켓+옥션), 인터파크, 11번가, 위메프, 티몬, 쿠팡 점점 판매 채널이 늘어가자. 매출은 자동으로 늘어났다. 다음 해 5월 종합소득세 신고 기간이 되었다. 세금이 걱정되었다. 들리는 소문에 간이사업자가 세금계산서 증빙서류가 부족하여 '세금폭탄'으로 사업을 접었다는 이야기가 들렸다. 큰일이네! 인터넷으로 알아보았으나 명확한 자료가 안 나온다. 내가 해결해보려고 책을 사서 읽어보고 유튜브도 보았다. 오히려 더 복잡해지고 어려웠다. 세무사를 알아보기로 했다. 워낙 세무사는 많아 내가 고르기만 하면 될 줄 알았다.

전화했다.

"안녕하세요, 종합소득세 신고 여쭤보려고요."

"매출이 어느 정도 되나요?"

"정확히 모르겠어요. 간이사업자예요."

"죄송하지만, 저희가 지금 바빠서요. 간이사업자는 다음에 연락주시겠어요?"

나는 속으로 '뭐 이런 데가 다 있어! 나 무시하는 거야? 나도 바쁜데… 다른 곳에 연락하지 뭐.' 하며 다른 세무사에 전화했다. 비슷한 답변이었다. 나는 마음이 급해지기 시작했다. 막상 내가 소득세 신고하려니 까마득했다. 돈을 좀 더 내서라도 세무사를 찾아야겠다. 서울 세무사는 10군데 넘게 전화했으나 퇴짜 맞았다. 지방이라도 연락해보자. 결국 수원의 오○영 세무사님과 연락이 되었다. 적극적으로 응대해주시고 서울로 오셔서 도와주셨다.

세무사를 이용하면 내가 일처리를 직접 하는 건 아니지만 내가 잘 모르는 세무 업무를 공부하는 데 시간과 에너지를 쏟지 않아도 되고, 그때 나는 다른 것을 할 수 있어 좋았다. 또 내가 혹시나 잘못 신고하면 불이익을 당할 수도 있지만 세무사는 전문가이므로 믿고 따라가면 된다. 나는 사실 수수료가 걱정되어 '내가 직접 해볼까?' 생각도 해보았다. 하지만 세무사에 지불하는 비용은 대부분 비슷하고 생각보다 안 비싸다. 간이사업자라도 매출이 증가되면 신고 전에 미리 세무사를 알아놔야 하고 세무사와 함께 세금 준비를 해야 한다. 어렵고 모르는 건 나 혼자 끙끙 앓지 말고 전문가한테 맡기자. 연 매출 3억 이상이면 이때는 복식부기를 해야 하므로 매달 비용이 든다.

아웃소싱이 모든 것을 해결하지 않는다

우리가 상세페이지를 만들 때 처음에는 너무 막막하다. 고민하는 것이 골 아프고 귀찮다. 때마침 온라인에 '상세페이지 제작해드려요' 광고가 눈에 들어온다. 금액을 알아보면 상세페이지 만들어본 경험이 있는 사람들은 '그냥 내가 해야겠다'는 생각이 든다. 나는 처음에 아무것도 모르고 외주업체에 신청했다. 나는 알아서 해주겠지 생각했다. 막상 받아보니 마음에 안 들었다. 수정 요청을 했다. 돈을 또 받는다. 그리고 며칠이 지나도 연락이 없다. 바쁘단다. 이번 주 안으로 해주겠단다. '차라리 내가 하는 게 빠르겠다.' 싶었다.

내가 비용을 지불하고 요청했는데. 막상 받아보면 마음에 안 든다. 이렇게 저렇게 해달라고 하면 대개 귀찮아한다. 업체는 나 말고도 상대해야 할 고객들이 많다. 내 상품에 관심도 없고 틀에 맞춰 대충 만든다. 그래서 내가 상세페이지를 직접 만들어보고 어떻게 해야 하는지 처음부터 업체에게 자세히 알려주어야만 내 마음에 드는 상세페이지가 나온다. 하지만 업체를 이해시키는 일, 나중에 수정하는 일을 생각하면 애초에 내가 하는 게 빠르고 속 편하다. '업체가 알아서 잘해주겠지.'라는 생각은 하지 말자.

나는 판매 상품이 300~500개 정도 되는 데다 점점 늘어나고 있다. 사이트별로 물건 등록을 하는 게 사실 '노가다'다. 시간이 엄청 오래 걸린다. 처음에는 밤새서 올려보고, 집안일 내팽개치고 올려보고, 도 닦는 심정으로 꾸역꾸역 올려도 봤다. 올려야 판매가 되든지 안 되든지 하기 때문에 선택의 여지가 없었다. 회사가 큰 거래업체는 주문 취합, 상품 등록을 한 번에 할 수 있는 프로그램을 이용한다. 나도 그것을 너무 이용하고 싶었다. 상품 등록이 힘들었다. 나도 이용하고 싶어서 거래업체에 물어보았다.

아이 셋 키우며 부업으로 월 2000만 원 버는 법

"샤○○ 프로그램 어때요? 상품 등록을 계속해도 끝이 없네요."

"주문 한 번에 취합해주고, 한 번 등록하면 사이트에 다 올라가니까 편하긴 한데….''

"왜요?"

"노출이 잘 안 돼. 그래서 우리 웹디자이너 직원 고용했잖아."

프로그램 이용해서 쉽게 상품 등록을 하고 싶었다. 노가다를 벗어나고 싶었다. 나는 남동생에게 상품 등록이 힘들다고 하소연했다. 내 남동생은 나보다 8살 어리다. 낮에는 직장생활을 하며 밤에는 게임 전문가다. 엄마가 방 밖으로 안 나온다고 늘 걱정하신다. 게임 유튜버로 활동하며 게임 대회 가서 100만 원 상금도 받고 나름 유명하다고 한다. 남동생이 내가 딱해 보였는지 이렇게 말했다.

"누나. 상품 등록 어려워? 알바비 줄 거야?"

"너 할 수 있어? 너 바쁘잖아. 돈 필요해?"

"가르쳐줘봐. 나 컴퓨터 전문가잖아."

"아, 그랬지? 상품 등록만 해주면 내가 알바비 줄게!"

나는 내가 손이 빠르다며 자부하고 살았다. 어머! 내 동생은 훨씬 빨랐다. 역시 게임한 손은 다르구나! 손이 날아다닌다. 모든 것을 단축키로 사용해 적을 무찌르듯이 빠르게 해냈다. 상품 등록 속도가 2배 이상 빨랐다. 나는 깜짝 놀랐다. 우리 엄마는 게임만 한다고 앞으로 어떻게 하느냐 걱정만 하셨는데 상품 등록하는 속도를 보시더니 "병수가 원래 예전부터 빠릿빠릿했어! 이야, 잘한다!"라고 하셨다. 엄마는 기분이 좋으셨다. 나는 알바비를 두둑이 주었다.

모든 일을 아웃소싱으로 해결하는 게 정답은 아니다. 하지만 내가 잘 못하고 직접 처리하는 게 너무 어렵다면, 비용을 지불하고 외주업체를 이용하는 것도 나쁘지 않다. 사람마다 업무 처리하는 방식이 다르다. 운이 좋아 일 잘하는 사람을 만나면 훨씬 수월하고 편하다. 나는 상품 등록을 업체에 맡겨보았다. 일 처리가 너무 늦었다. 속이 터졌다. 차라리 내가 올리는 게 빨랐다. 하지만 남동생처럼 손 빠른 전문가를 만나면 비용이 더 들더라도 시간을 벌고 효율적으로 빠르게 문제를 해결할 수 있다.

아이 셋 키우며 부업으로 월 2000만 원 버는 법

6

한눈팔지 말고
매출 향상에 집중하자

위탁판매의 장점과 단점

나는 위탁판매 위주로 상품을 판매한다. 나처럼 나이 어린 자녀를 키우는 주부에게는 위탁판매가 좋다. 위탁판매란 물건을 제공해주는 업체의 도매사이트에서 상세페이지를 제공받아 내가 운영하는 오픈마켓에 상품을 등록해서 판매하는 방식이다. 위탁판매는 장점이 많다. 사무실이 없어도 가능하며 혼자서 충분히 운영할 수 있다. 주문이 들어오면 위탁업체에서 대신 발송해주고 운송장번호를 받아 처리한다. 물건 사입을 하지 않으므로 큰돈 안 들고 재고 관리가 필요 없다. 위탁판매에도 단점이 있다. 제품을 공급하는 공급처의 가이드라인을 따라 판매해야 하며, 공급처에는 자사몰이 이미 존재하므로 마케팅을 해도 경쟁력이 떨어진다.

내가 위탁판매를 해보니 실제로 너무 좋다. 아이 키우면서 일하기에는 최고다. 하지만 주의해야 할 점이 있다. 고객에게 다급하게 전화가 왔다.

"유제이컴퍼니 사장님이시죠? 물건 색상이 다르게 왔어요."
"네, 죄송합니다. 고객님 성함 알려주시겠어요?"
"물건 검정색 시켰는데. 화이트 색상이 왔어요."
"네, 확인해서 검정색으로 발송해드리겠습니다."

그렇다. 위탁업체에서 물건을 잘못 발송한 것이다. 이때 택배 비용은 누가 내야 할까? 나는 당연히 위탁업체라고 생각했다. 내가 주문을 잘못 넣은 게 아니므로 포장한 위탁업체라고 생각했다. 처음 물건 검정색 발송 택배 비용 2,500원, 반품 들어오는 택배 비용 2,500원, 물건 화이트 발송 택배 비용 2,500원, 총 7,500원의 택배 비용이 발생한다.

위탁업체와 택배 비용으로 서로 감정이 안 좋아졌다. 나는 기분이 나빴다. 이때 감정을 잘 조절해서 이성적으로 판단해야 했는데. 택배비 7,500원 때문에 위탁업체와 사이가 틀어졌다. 이때 불리한 건 누구일까?

위탁업체마다 도매 판매 기준, 규정은 다 다르다. 위탁 공급업체는 보통 제조, 도매, 소매를 같이하므로 일이 많고 바쁘다. 이 와중에 내 물건을 대신 포장해주는 것이다. 내가 물건이 소량일 때는 그나마 괜찮은데

아이 셋 키우며 부업으로 월 2000만 원 버는 법

판매량이 많아지면 위탁업체에서는 지원해주기가 힘들다. 공급업체는 나 말고도 여러 업체를 가지고 있다. 위탁업체와 사입판매를 하는 업체 중 누가 편할까? 물건만 발송해주면 되고 신경 안 써도 되는 사입판매를 더 좋아한다.

위탁 공급업체에 고마워하는 마음이 있어야 한다. 물론 공급업체마다 성향은 다르다. 누가 '옳다, 그르다'를 판단하기 전에 위탁업체 입장도 생각을 해야 한다. 위탁판매 위주로 운영하는 큰 업체도 있다. 이때는 제품을 공급받는 것은 쉽지만 판매자가 여러 명이므로 실제적으로 경쟁력을 갖추기가 결코 쉽지 않다.

사업하는 사람은 감정 컨트롤이 중요하다

위탁업체를 뚫는 것은 쉬운 일은 아니다. 그저 계속해서 문을 두드리고 강하게 어필하는 수밖에 없다. 공급업체도 상품을 유통함으로써 매출을 증대시키는 것이 목적이기 때문에 열심히 팔아보겠다고 어필하고 앞으로 어떤 판매 계획이 있는지 보여주면 긍정적으로 검토할 것이다. 나에게 기회가 와서 위탁업체를 뚫었다면 최선을 다해 팔자. 나 대신 택배 포장하는 위탁업체를 고마워하며 항상 좋은 관계를 유지하자. 내가 많이 팔면 나도 좋고 공급업체도 좋다. 서로 '윈윈 구조'다.

결국 택배비 7,500원 때문에 나는 판매를 못 하게 되었다. 사업하는 사람은 감정 컨트롤이 정말 중요하다. 감정을 다스리지 못하면 일을 그르치게 된다는 것을 깨달았다. 사업을 하다 보면 크고 작은 힘든 순간이 매번 찾아온다. 그때마다 '포기하느냐. 다시 일어나느냐' 하는 문제의 핵심은 바로 나다.

내 친구의 아빠는 배달 업체의 음식점 사장이다. 음식 맛도 좋았고, 사업 수완도 뛰어나서 장사가 잘되었다. 경험도 풍부했고 노련했다. 하지만 메르스와 세월호, 코로나의 여파로 모든 업종이 큰 어려움을 겪었듯이 친구의 아빠도 어려움을 겪었다. 엎친 데 덮친 격으로 경제가 회복되지 않자 결국 파산을 하고 밑바닥부터 다시 시작했다. 하지만 쌓여 있는 빚 앞에서 일어서질 못해 결국 회사 문을 닫게 되었다. 아침마다 힘낸다고 파이팅 외치며 열심히 장사했지만 점심 먹으며 반주를 마시고, 반주라며 계속 마시다 보니 알콜중독이 되면서 과거 잘나가던 시절만 이야기하며 살게 되었다. 결국 매일 신세 한탄만 하고 과거 회상만 하다가 알콜중독으로 병원에 입원하셨다.

사업 성공의 크기는 목표 그릇에 따라 달라진다

힘든 일이 있을 때일수록 마음을 다잡고 자기 자신을 믿고 사랑하고 성공에 대한 확신을 잃지 않아야 한다. 나는 요즘 명상을 자주 한다. 화가 날 때 잠깐 눈을 감는다. 내 마음 안에 나쁜 감정을 내보낸다 생각하며 '후~' 길게 내보낸다. 그리고 좋은 감정을 들어오게 한다는 생각으로 들이마신다. 그러면 내 마음이 따뜻해진다. 그리고 머리에 있던 나쁜 생각을 의도적으로 멈춘다. 지금부터 좋은 일이 생긴다. 우주가 나를 위해 좋은 일을 준비하고 있고, 내 사업은 앞으로 날로 번창한다고 굳게 믿는

아이 셋 키우며 부업으로 월 2000만 원 버는 법

다. 진정으로 나를 믿으면 기분이 다시 좋아진다. 내 일을 시작하기만 하면 되는 것이다.

사업 초기에는 목표를 정하지 않았다. 되는 대로 했다. 그래서 열심히 안 하게 되었다. 내가 사장이고 대표이니깐 내 마음대로 바쁘고 귀찮고 피곤하고 드라마 보고 영화 보고 큰 발전이 없었다. 매출이 조금씩 늘어나지만 내가 바라는 만큼 나오지 않았다. 안 되겠다 싶어서 내가 원하는 목표 매출을 적고 기한을 정하고 작은 목표라도 실행했다. 올해 나의 목표는 연 매출 4억이다. 한 달에 3,000만 원 이상 매출을 내야 한다. 어떻게 하면 매출을 향상시킬까?

해답은 내가 스스로 알고 있다. 지금처럼 오픈마켓 주문만 바라보면 안 된다. 온라인 마케팅에도 집중해야 한다. 다른 수입 파이프라인을 지속적으로 만들어야 한다. "하늘은 스스로 돕는 자를 돕는다."고 했다. 내가 생각하고 노력했더니 방법이 짠 나타났다.

올해 나의 매출이 기대된다. 목표한 대로 4억? 5억? 그 이상이 될 수 있다. 나는 떨린다. 그동안 사는 대로 살았더니 목표 없이 세월이 흘러갔다. 나는 이제 다른 사람 눈치 보지 않으며 내가 하고 싶은 것을 다 하고 누리며 살아갈 것이다. 특히 내 책을 읽은 사람이 온라인 판매의 중요성을 알게 되고 온라인 세상에 눈을 뜨며 지금 세상과 온라인은 떼려야 뗄 수 없는 관계임을 알고 배워나가길 진심으로 바란다. 나는 누구보다도 사회에 선한 영향력을 끼치는 좋은 사람이 되고 싶다.

7

지금 매출에
만족하지 말자

최고의 성과를 내려면 목표가 커야 한다

온라인 판매를 처음 시작할 때는 상품 '1개 라도 팔았으면 좋겠다.'는 생각을 했다. 처음 '신규주문 1건' 들어왔을 때의 그 행복한 순간을 잊지 못한다. '내가 드디어 온라인 판매를 하다니! 대단해! 잘했어!' 너무 기쁘고 구름 위를 걷는 것 같았다. 그리고 그다음 주문이 들어오면서 차츰 익숙해졌다. 이제는 1건 들어오면 큰일 난다. 지금은 주문이 쉬지 않고 계속 '띵동띵동' 들어왔으면 좋겠다. 지금 매출이 만족이 안 된다.

내가 너무 좋아하는 『정상에서 만나요』의 저자 지그 지글러는 이렇게 이야기한다.

"최고의 성과를 내려면 목표가 커야 할 필요가 있다. 목표가 클수록 성취에 필요한 열정을 더 크게 불러일으켜 주기 때문이다. 남을 따라가는 수준이나 그저 평범한 정도면 열정이 크게 일어나지 않는다. 집값을 지불하거나 자동차 값을 지불하며 그냥 살아가는 데 무슨 열정이 있겠는가. 최선을 다해야 열정이 일어날 수 있다. 그것도 적절한 목표가 있을 때에만 말이다."

나의 첫 목표는 내 스마트스토어에 300개 이상의 상품 등록을 하는 것이다. 처음에는 생각보다 쉽지 않았다. 1개 등록하는 데도 몇 시간 잡아먹을 때가 있다. 열심히 등록해도 100개 넘기는 것이 버거웠다. 하지만 어느 순간 보니 스마트스토어 상품 등록을 다하고 이베이(G마켓+옥션) 상품 등록을 하고 있었다. 처음은 어려웠지만 속도가 점점 붙었다. 이베이까지 상품 등록을 다하면서 목표가 커졌다. 스마트스토어, 이베이, 인터파크, 위메프, 티몬, 11번가, 쿠팡 등 주요 오픈마켓 채널에 내 상품을 전부 올리는 것이 목표였다. 내가 정말 다 할 수 있을까? 지금 내가 할 수 있는 것은 상품 등록이 전부였다. 정확히 말하자면 내가 상품 등록을 해야 매출을 올릴 수 있었다. 막상 어느 정도 주요 채널에 상품 등록을 다하고 나니 내 목표가 너무 작았다는 사실을 깨달았다.

스포츠계에서도 평범한 경기보다는 좀 더 힘든 경기에서 선수들의 성적이 좋다고 한다. 골프 선수, 테니스 선수, 축구 선수, 권투 선수 모두 평범하거나 별 볼일 없는 시합에선 무성의한 경향이 있다. 그래서 스포츠계에선 '실망스러운 성적'이 빈번하게 나온다. 정치에서도 마찬가지다. 당신이 목표를 크게 세우면 경쟁의식이 강화되어 최선을 다하게 된다. 그것은 열정을 불러일으키며, 최선을 다하여 목표를 성취할 수 있도록 해준다.

내가 온라인 판매를 하면서 온라인 시장을 알아야 하는데, 상품 등록만 보느라 시야가 작았던 것이다. 물론 상품 등록은 기본이다. 기본을 잘 지키면 매출은 따라온다. 하지만 한계가 있다. 목표가 작아 한계도 작았던 것이다.

부유한 사고방식으로 바꾸자

지그 지글러는 이렇게 이야기했다.

"당신의 사고방식이 문제다."

의사, 사업가, 변호사, 세일즈맨, 목사 등 어떤 직업을 가졌든 당신과 같은 업종에 종사하면서 상대적으로 부유한 사람들이 있다. 주유소를 경영하는 사람 중에 부자도 있고 망한 사람도 있다. 물건을 파는 사람도 부유한 사람이 있고 그렇지 않은 사람도 있다. 부유한 교육자도 있고 가난한 교육자도 있다. 부유한 변호사도 있고 그렇지 않은 변호사도 있다. 당신이 어떤 직종에 종사하든 그곳에는 그 직업에 중요한 공헌을 하면서 많은 돈을 버는 사람이 있다. 당신의 직업이 당신의 성공을 결정짓는 건

아이 셋 키우며 부업으로 월 2000만 원 버는 법

아니다. 자기 자신과 일을 바라보는 관점이 성공을 결정한다. 목표를 원대하게 세울 필요가 있다. 당신의 인생을 위대하게 만들기 전에 먼저 위대하게 볼 수 있어야 한다.

나는 자사몰이 아닌 위탁판매를 하기 때문에 판매에 자신이 없었다. 스스로 한계가 있다고 생각했다. 내 사고방식을 바꿔야 했다. 소비자는 내가 위탁판매인지 사입판매인지 관심 없다. 중요하지 않다. 그냥 판매 방식일 뿐이었다. 나는 물건을 파는 사람이므로 판매량을 늘리는 데 중점을 둬야 한다. 고객은 내 물건이 적당한 가격에 좋은 상품인지 아닌지가 훨씬 중요하다. 나는 좋은 상품을 선택해 많이 판매하면 된다.

예전에는 오로지 상품 등록에만 집중했다. 이제는 '더 많이 팔기 위해 어떻게 해야 할까? 어떤 목표를 세워야 내가 만족할까?' 고민했다. 스스로 한계를 생각하지 않고 내가 진짜 원하는 목표를 크게 세워보기로 했다.

종이에 구체적인 목표를 적어보자

지그 지글러는 먼저 당신이 되고 싶은 사람, 하고 싶은 일, 갖고 싶은 것을 반드시 종이에 적으라고 말한다. 누군가는 "그걸 다 쓰려면 며칠이 걸릴지도 모른다."라고 이야기할 수도 있다. 그러나 생각만큼 오래 걸리지 않는다는 사실을 알게 되면 상당히 놀랄 것이다. 중요한 순서대로 적어 리스트를 만들어라. 한 번에 여러 가지 목표를 향해 노력해야 한다.

또 목표는 장기적이어야 한다. 장기적인 목표가 없으면 잠깐 동안 좌절감에 빠지기 쉽다. 이유는 간단하다. 사람들이 당신만큼 당신의 성공에 관심이 없기 때문이다. 어떤 사람이 당신의 길을 가로막고 발전을 더디게 만든다는 생각이 들 때도 있겠지만, 당신을 가로막는 가장 큰 장애물은 바로 당신이다. 타인은 일시적으로 당신을 방해할 수 있지만, 영원히 방해할 수 있는 사람은 자신밖에 없다. 장기적인 목표가 없으면 일시적인 장애에도 쓸데없이 좌절감을 느낄 수 있다.

잠시 종이에 목표를 적어보자. 누구에게 보여주기 위한 것이 아니라 내가 정말 되고 싶은 사람, 하고 싶은 일, 갖고 싶은 것을 생각나는 대로 적어보자. 나는 종이에 목표 50개를 적어보았다. 처음 10개 정도는 술술 써진다. 그다음부터 머리를 쥐어짰다. 겨우 50개를 맞추고 지금 당장 할 수 있는 것부터 우선순위를 정해보았다. 나는 우선, 발레복 판매에서 1위를 하고 싶다. '발레복 하면 국산 유제이컴퍼니(UC)에서 구입해야 한다!'라는 말이 나올 정도로 내 회사명을 브랜딩한다. 그리고 네이버 메인 화면 오른쪽 하단 쇼핑 상품에서 판매를 한다. 네이버는 광고로 먹고사는 회사다. 네이버 메인 화면 자리는 가격이 높다. 나는 봄, 여름, 가을, 겨울 시즌별로 네이버 메인에서 판매를 한다.

또 나는 우리나라 온라인 판매 교육 1인자가 된다. 온라인 세상은 점점 더 커지고 발전한다. 온라인은 떼려야 뗄 수 없는 큰 시장이다. 먹고살려면 반드시 배우고 알아야 한다. 나는 사람들에게 그 시장을 알려주고 판매할 수 있도록 도와주고 싶다. 특히 주부, 직장인들에게 희망을 주고 싶다. 나는 강연가, 코칭가, 사업가로 성공하여 50살 안에 연 매출 100억을

아이 셋 키우며 부업으로 월 2000만 원 버는 법

유제이컴퍼니 PC 메인 화면

만든다. 나는 이촌동 래미안 첼리투스를 거쳐, 롯데 캐슬 100평 펜트하우스에서 멋지게 살고 싶다.

이제 구체적인 목표도 적어보자. '의미 있는 구체성'을 갖춰야지 '두루뭉술한 잡다한 목표'를 가지면 안 된다. 돋보기가 태양 빛을 더욱 뜨겁게 할지는 몰라도 돋보기를 계속 움직이면 불을 피울 수 없다. 반면 돋보기를 종이 한가운데로 집중시키면 태양을 이용할 뿐만 아니라 그 힘을 배로 증가시킬 수 있다. 그러면 불을 피울 수 있다. 특별한 지점에 초점을 맞춘 채 오랫동안 고정하지 않는 한 어떤 것도 해내지 못할 것이다.

목표 설정의 기술은 구체적이고 상세한 목적에 집중하는 것이다. '많은' 돈, '훌륭하고 큰' 집, '고임금' 일자리, '더 많은' 교육, '더 많은' 판매,

'커뮤니티를 위한 더 많은' 봉사, '좀 더 나은' 남편 또는 아내 또는 학생이 되겠다는 것은 목표로 설정하기에 너무나 광범위하다. 다시 말해 구체적이지 못하다. 솔직한 태도로 구체적인 목표를 설정하고 간단히 스케치를 해서 시각화한다. 이것이 중요하다.

나는 목표를 구체적으로 만들어보았다. 그동안 위탁업체에서 상세페이지를 그대로 가지고와 상호명만 바꿔서 사용했다. 상품이 1~2개가 아니고 300~500개이므로 상세페이지 바꾸는 작업은 쉬운 일은 아니다. 처음에 상품 등록할 때 잘하면 좋겠지만 상품 판매를 직접 해서 겪어보아야 수정할 곳이 눈에 들어온다. 나는 사진만 가져오고 글을 직접 작성하였다. 사진도 보기 좋게 보정하고 글 편집하여 다시 작성했다. 특히 썸네일 사진에 좀 더 신경 썼다. 나만의 노력을 기울여서 제품을 판매했다. 제품은 같아 보여도 느낌은 틀릴 수 있다. 이렇게 나는 앞으로 매일 목표를 구체적으로 세워 내 매출을 증가시킬 것이다.

찰리 컬렌은 "위대해질 기회는 나이아가라 폭포의 급류처럼 한꺼번에 오는 것이 아니라 한 번에 한 방울씩 떨어지는 물방울처럼 천천히 온다."라고 말했다.

8

사업의 성공은
시간 관리에 달려 있다

시간은 진짜 '금'이다

미국 독립선언서의 기초를 작성한 '벤자민 프랭클린'이 서점에서 일할 때 일화다. 어느 날 손님이 책값을 묻자 프랭클린은 5달러라고 답했다. 책을 사지 않고 나갔던 손님이 다시 들어와 똑같은 질문을 하자, 독서를 하고 있던 프랭클린은 6달러라고 대답했다. 기분 나빠진 손님이 왜 6달러냐고 따졌다. 그때 프랭클린의 대답은 이랬다.

"시간은 금입니다. 그런데 손님이 제 소중한 시간을 허비하고 계십니다. 이 때문에 가격이 올라가는 것입니다."

나는 온라인 판매를 시작하기 전에도 항상 바쁘게 살았다. 내가 자주 하는 말은 "시간 없어. 바빠!"였다. 육아를 하면서 집안일은 해도 해도 끝이 없다. 집안일은 해도 티도 안 난다. 하지만 안 하면 티 난다. 아이들 보랴, 설거지하랴, 빨래하랴, 밥하랴, 정리하랴, 청소하랴 정말 너무 바빴다. 그럼에도 집이 대단히 깨끗한 것은 아니었다. 인생을 바쁘게 산다고 좋은 결과가 나오는 것도 아니고 그냥 시간이 흘러가는 대로 아이들을 보며 살았다.

생각해보면 목표가 없으니 성과는 당연히 없다. 바쁘게 사는 게 중요한 게 아니라 인생의 목적을 가지고 삶을 태도를 바꿔야 한다. 지금은 집안일 하면서 온라인 판매도 하고 집에서 재택근무도 하고 아이들도 돌보고 책도 읽는다. 예전보다 훨씬 더 많은 것을 한다. 인생에 큰 목표도 있고 사업의 목표도 있다. 하루가 알차고 즐겁다. 이제야 진짜 사는 것 같다.

지그 지글러는 당신이 최선을 다하고 컨디션도 최고라면 잠자리에 누워 이렇게 말할 수도 있다고 했다. "난 오늘 최선을 다 했어." 당신은 원대한 목표를 향해 최선을 다하기 때문에 단잠을 즐길 수 있다. 별(당신의 원대한 목표)을 향해 가는 한 진흙덩이만 갖는 것으로 끝나지 않는다. 인생을 크고 흥미진진한 것으로 여겨야 하며 중요한 목표도 대단한 것으로 생각해야 한다.

나는 20대부터 부자가 되고 싶었다. 하지만 방법을 몰랐다. 그때 한창

아이 셋 키우며 부업으로 월 2000만 원 버는 법

베스트셀러였던 로버트 기요사키의 『부자 아빠 가난한 아빠』를 읽었다. 직장생활만 하는 내가 이해하기에는 내용이 어려웠다. 나는 직장을 그만두면 큰일 난다고 알고 있는데, 로버트 기요사키는 사업을 하라고 해서 도통 이해가 안 가고 받아들여지지가 않았다. 사업하다 망하면 어떻게 하나 싶어서 나는 그 뒤로 그 책을 꺼내보지 않았다.

내가 온라인 판매를 시작하면서 우연히 그 책을 다시 읽었다. 단어 하나하나가 가슴에 비수를 꽂는다. '아, 이런 내용이었구나.' '돈'에 대해 다시 생각하기 시작했다. 그 뒤로 나는 자기계발이나 부자 관련 책을 읽는 게 너무 좋았다. 책을 읽으면 희망이 보이고 나도 잘할 수 있다는 자신감이 생기며 이미 부자가 된 것처럼 흥분되었다. 하지만 아침부터 저녁 아이들 재울 때까지 내가 여유롭게 책 읽을 시간은 없었다. 아이들 재우고 겨우 몸을 일으켜 온라인 판매 반품, 교환, 문의를 처리하고 나면 피곤했다. 하루가 바쁘고 알차긴 하지만 내 가슴을 더 뛰게 하고 싶었다.

기적이 일어나는 부자의 아침시간

『미라클 모닝』의 저자 할 엘로드는 우리 모두에게 역경을 극복하고 특별한 삶을 창조할 가능성이 내재되어 있다는 사실을 보여주는 산 증인이다. 그는 가장 빛나던 20살의 나이에 음주 운전을 하던 대형 트럭과 정면으로 충돌했고, 6분간 사망했으며, 11군데의 골절과 영구적인 뇌 손상을 입었다. 수술을 집도했던 의사는 다시는 걸을 수 없을 것이라고 선고를 내렸다. 하지만 이 모두를 극복해냈다.

아침을 변화시킨 방법은 너무나도 간단했지만 효과는 강력했다. 그저 잠들기 전에 활기찬 아침을 의식적으로 생각했을 뿐이다. 아침의 상태를 결정하는 것은 몇 시에 잠자리에 들고, 몇 시에 일어나는 게 아니라 '잠들기 전에 기분 좋은 아침을 계획하라'이다. 매일 저녁 잠자리에 들기 전에 기다려지는 아침을 적극적으로 창조해내는 일이다. 긍정적인 성과를 미리 그려보고 스스로 믿고 다짐하는 시간을 갖는 것이다.

지금도 아침에 겨우 일어나는데 내가 가능할까? 할 엘로드 저자도 나처럼 전형적인 올빼미형 스타일이었단다. 밤늦게 무언가를 하는 게 집중이 잘되는 스타일이고 밤에 잠을 자려고 하면 몇 시간을 뒤척이다가 겨우 잠들었다. 어느 순간부터는 아예 일찍 자려고 시도하지 않았다. 하지만 이런 라이프 스타일은 자신을 더욱 피곤하게 했다. 왜냐하면 세상일은 대부분 낮을 중심으로 돌아간다. 맞다. 나도 아이들이 잠든 밤이 고요하고 좋았다. 나만의 시간이 생겨 책 읽기를 시도했지만 그밖에 잡일로 시간을 보내다가 의미 없이 사용하고 새벽에 겨우 잤다. 아침에 억지로 일어나니 하루 종일 피곤했다.

'이렇게 살아선 안 되겠다! 나도 해보자! 아이들을 재우면서 같이 자자.' 이렇게 결심하고 아이들과 자려고 누워서 이런저런 이야기를 많이 했다. 우리 아이들은 항상 수학여행 온 것처럼 조잘조잘 자면서도 이야기를 한다. 좋았던 일도 있지만 불평불만도 많다. 바꿔보기로 했다.

"얘들아, 내일 어떤 일이 일어났으면 좋겠어?"

아이 셋 키우며 부업으로 월 2000만 원 버는 법

"엄마가 장난감 사주면 좋겠어!"

나는 '안 돼! 지금 집에 있는 장난감도 많은데. 있는 거만 가지고 놀아도 충분해! 네 아빠가 문제야! 사달라는 대로 다 사줘서 애들 버릇만 나빠지고!'라고 평소 말버릇처럼 하고 싶었지만 꾹 참았다. 부드러운 목소리로 말했다.

"꿈 속에서는 원하는 것을 다 가질 수 있어! 어떤 장난감인지 생각해봐. 엄마가 꿈속에서 다 사줄게!"
"뭐야? 꿈속은 진짜가 아니잖아!"
"아니야. 혹시 알아? 엄마가 말 잘 들으면 칭찬스티커 줄지! 칭찬스티커 다 채우면 장난감 사줄게!"

아이들은 기분 좋은 상상을 하며 잠든다. 나도 아이들과 함께 상상한다. 나는 내일 아침에 잘 일어나 여유롭게 커피 마시며 내가 읽고 싶은 책을 읽고 뿌듯해한다. 나도 기분 좋은 상상을 하며 잠든다.

알람은 정확하게 아침 5시에 울렸다. 눈은 떴는데 알람을 끄고 본능적으로 '5분만 더 자야지.' 하고 일어나지 못했다. 미라클 모닝 시간을 바꿔야겠다. 내가 할 수 있는 6시로 바꿨다. 한결 수월했다. 아침에 일어나서 간단히 씻고 커피를 마시며 『지중해 부자』라는 책을 폈다. 책을 읽는 내 모습이 스스로 즐거웠다. 내 마음이 풍요롭고 여유로워졌다.

아침 여유가 있어 하루 계획을 저절로 짜게 된다. 아침에 확실히 아이디어가 잘 떠오른다. 정말 기적 같았다. 내가 어제 고민하며 '아, 몰라, 내일 생각하자.'라고 했던 일이 다음 날 아침에는 아이디어가 번뜩 떠올라 해결된다. 신기했다. '아침시간이 알짜구나. 이래서 부자들이 아침에 일찍 일어나는구나.'라고 생각했다. 아침에 일찍 일어나니 저녁에 피곤해서 빨리 잔다. 선순환 구조가 된다. 나는 '미라클 모닝'을 적극 권장한다. 한 끗 차이가 사업 성공을 결정한다.

나는 사업할 때 나만의 원칙이 있다. 우선 아이들이 학교 어린이집 갔다가 집에 도착하기 전 황금 시간에 내가 할 수 있는 모든 일은 바로 처리한다. 고객의 교환/반품건 문의도 바로 해결하고 안내도 바로 한다. 내가 해야 할 일을 미루지 않는다. 사실 급한 문제가 아니면 '다음에 하지 뭐.'라며 습관적으로 넘길 때가 있다. 하지만 그 일이 나중엔 더 큰 문제로 불어 나에게 돌아왔다. 최대한 바로 처리하자. 그리고 내가 처리하기 힘든 일은 아웃소싱한다. 세무사, 택배 포장 등 다른 사람의 시간을 돈으로 지불한다. 나는 나에게 필요한 핵심 업무에 집중한다.

나는 이제 '아침형 인간'으로 바뀌었다. 아침에 읽고 싶은 책으로 하루를 상쾌하게 시작하며, 당일 업무계획을 정리하고 기록한다. 또 해결해야 할 중요한 일은 먼저 처리한다. 생각과 말을 항상 긍정적으로 하며 시간을 철저하게 관리해 1분이라도 허투루 쓰지 않는다.

아이 셋 키우며 부업으로 월 2000만 원 버는 법

9

지금 외롭다면
잘하고 있는 것이다

나는 취업 준비를 하면서 여의도 여러 증권회사에 면접을 보러 갔다. 여의도 건물은 너무 좋았다. 나는 서울 촌년처럼 이리저리 두리번거리며 건물을 찾았고, 증권회사 건물은 막상 가까이 가서 보면 입이 딱 벌어졌다. 건물이 크고 깨끗하고 멋진, 딱 내 스타일이었다. 다니고 싶고 면접에 붙고 싶었다. 하지만 매번 떨어졌다. 쉽지 않았다. 이번에는 마포에 유한킴벌리 회사에 면접을 보았다. 여의도 건물은 으리으리한데 거기는 좀 작았다. 그래도 대기업이고 좋은 회사여서 붙고 싶었다.

"유정 씨, 성적이 좋은데. 더 좋은 회사 갈 수 있을 거 같은데…. 왜 우리 회사를 지원했죠?"

"말씀 감사합니다. 유한킴벌리는 사람들이 생활하는 데 꼭 필요한 제품을 생산하듯이, 저도 사람들에게 도움이 되는 일꾼으로 유한킴벌리에서 필요한 사람이 되고 싶습니다."

"네, 알겠습니다. 내일 중으로 연락드리겠습니다."

'이건 또 무슨 소리야?' 조금 당황했다. '내가 마음에 든다는 거야, 안 든다는 거야. 내일이면 알게 되겠지.' 다음 날 드디어 전화가 왔다.

"여보세요. 유한킴벌리입니다."

"네, 안녕하세요."

"유정 씨, 마음에 들긴 하는데 성적이 너무 좋아서. 교육 다 시켜놓았는데 몇 달 다니다가 다른 곳으로 갈까 봐 결정을 못 했어요."

"네, 말씀 감사합니다. 다른 곳으로 안 가고 열심히 일하겠습니다."

"아, 고민이네."

"…."

"아, 미안합니다. 아무래도 안 되겠어요."

"아, 저 다른 곳으로 안 갈 건데요."

"미안합니다."

나는 대기업 유한킴벌리에서 어이없게 떨어졌다. 내 회사가 아닌가 보다. 떨어져서 기분은 나쁜데 완전 나쁜 것도 아니고 좀 아리송했다. 그다음은 마포 운송회사에 면접을 보러 갔다. 빨간 벽돌 건물이 금방이라도

아이 셋 키우며 부업으로 월 2000만 원 버는 법

쓰러질 것 같은 회사가 썩 마음에 들지 않았다. 엄마가 좋은 회사라며 부추겨서 할 수 없이 간 건데 늦을까 봐 뛰어갔다. 엘리베이터가 올라가려는 걸 잽싸게 잡았다. 내 나이 또래의 여자를 만났다. 면접 보러 온 것 같았다. 나는 그때 오지랖이 넓었다.

"면접 보러 오셨나 봐요?"
"네."

나를 이상한 눈으로 쳐다본다. 나는 반가웠다.

"저도 면접 보러 왔어요. 파이팅이요!"
"네."

'얜 뭐지.'라는 눈빛으로 나를 쳐다본다. 나는 그러거나 말거나 면접을 보러 들어갔다. 사장님과 임원 6명. 여러 부서에서 한꺼번에 사람을 뽑는 것 같았다. 면접 보는 사람도 많았다. 방금 엘리베이터에서 만났던 또래 여자와 같이 면접을 보았다. 여자 임원분이 나에게 질문했다.

"유정 씨. 노래 잘하시나요?"
"네, 잘합니다!."
"유정 씨, 목소리 잘 쉬나요?"
"아니요. 고음 불러도 하루 이틀 정도는 *끄떡없습니다.*"

내 또래 여자에게도 같은 질문을 했다. 나는 '질문이 왜 이래? 특이하네. 회식자리에서 노래 시키려나 보네! 요즘도 회식에서 노래방 가나 보네. 그게 회사 업무랑 무슨 상관이야. 참 특이하다.' 대부분 다 노래 잘한다고 대답했다. 한 여자는 노래 못한다고 솔직하게 이야기했다. '쯧쯧, 면접 와서 못한다고 하면 어떡해.' 이렇게 면접이 끝났다.

나는 드디어 합격했다. 취업 성공!! 기분 좋게 신입사원 교육을 받으러 갔다. 내 또래 여자와 노래 못한다는 여자가 있었다. 인사과 담당자가 부서를 알려주었다.

"은미 씨는 청구과입니다."
"유정 씨와 신애 씨는 고객센터입니다."
"네?"

나는 당황했다. 이래서 목소리 쉬는지 안 쉬는지 물어봤구나! 아, 이럴 줄 알았으면 목소리 잘 쉰다고 할 걸. 내 또래 신애 언니와 나는 입사 동기가 되었다. 나보다 1살 많은 신애 언니와 나는 10년 가까이 서로 의지하며 회사생활을 열심히 했다.

나는 아직도 마음이 아프다

나는 내가 원하는 남자와 여의도 아름다운 웨딩홀에서 예쁘게 결혼했다. 회사 동료들과 고등학교, 대학교 친구들, 친척들 많은 사람들의 축복을 받았다. 신혼집도 내가 원하는 아파트에서 시작해서 매우 만족스러웠

아이 셋 키우며 부업으로 월 2000만 원 버는 법

다. 너무 좋아서 '이렇게 행복해도 되나?' 싶었다.

항상 행복할 줄 알았는데. 결혼은 현실이었다. 회사에 멋지게 사표를 냈지만 집에서 아이만 보고 있으니 나에게도 우울증이 왔다. 하루하루가 힘들었다. 남편은 피자 사업 한다고 항상 바빴다. 엎친 데 덮친 격 감당할 수 없는 빚으로 나는 아이 셋을 데리고 시댁에 들어가 살아야 했다. 남편은 새벽에 들어와 잠만 자고 아침에 다시 출근했다. 나는 너무 힘들었다. 어른들이 집에 안 계시고 아이들이 어린이집에 가면 나 혼자 집에서 고래고래 소리 지르며 울었다. 이렇게 살아서 뭐 하나 싶었다. 동네 친구들을 만나면 안 힘든 척하고 내색을 안 했다. 친정 부모님한테도 철저하게 행복한 모습만 보여드렸다. 부모님은 이미 알고 계시겠지만 나는 늘 괜찮은 척 웃는 모습만 보여드렸다.

그러던 어느 날, 회사 입사 동기 신애 언니한테 전화가 왔다. 7~8년 만에 전화가 온 것 같다. 너무나 반갑고 보고 싶은 언니였는데 떨리는 손으로 핸드폰만 바라보았다. 내가 이렇게 힘들다고 구구절절 말하고 싶은데 말할 용기가 안 났다. 내 처지가 슬펐다. 자존심도 상했다. 언니는 내가 잘사는 줄만 알 텐데, 신혼집 아파트에서 행복하게 사는 모습만 보여줬는데, 결국 전화를 못 받았다. 언니는 나의 이런 마음을 아는지 문자가 왔다. '유정아, 잘 살고 있지? 시간 날 때 연락해!' 나는 하염없이 눈물을 흘렸다. 마음속으로 말했다. '언니, 내가 마음 좀 편해지면 연락할게.' 그리고 나는 아직도 연락을 못 했다. 나는 아직도 마음이 아프고 힘들고 외롭다.

예전에는 오전에 아이들을 어린이집 보내고, 동네 친구 엄마들과 가끔 밥도 먹고 커피도 마시며 지냈다. 내가 온라인 판매를 시작하면서 바빠졌다. 오전에 택배 포장하고 가능하면 시간을 내어 동네 친구들과 만났다. 하지만 회사 재택근무까지 하게 되면서 동네 친구 만나기가 힘들어졌다. 나도 가끔은 친구들의 카톡 사진을 보면서 잘살고 있는 친구들의 모습에 부러웠다. 하지만 애써 바로 핸드폰을 덮는다. 부러워할 시간에 더 일하고, 더 책 보고, 더 매출 늘릴 생각을 한다.

성공은 내가 스스로 만들어낸다

『아무도 가르쳐주지 않는 부의 비밀』의 오리슨 S. 마든 저자는 이렇게 이야기했다.

"가난이라는 '마음의 병'을 낫게 해줄 약은 바로 당신 마음속에 있다."

당신의 인생에서 실현하고 싶다고 생각한 것은 그것이 무엇이든 그 목표를 마음에 품고 그것을 실현할 수 있다고 굳게 믿는 것이다. 부에 대한 비전을 끊임없이 연상하지 않으면 부자는 결코 될 수 없다. 사고의 집중, 기대, 신념이라는 문을 통하지 않고는 안 된다. 항상 부을 얻기 위해 좋은 것에 눈을 두는 것, 빛이 가득한 곳에 마음을 두는 것, 내일이 희망으로 가득하고 행복이 넘치는 것을 느끼도록 하는 것이 성공을 높일 수 있는 지름길이다.

아이 셋 키우며 부업으로 월 2000만 원 버는 법

아무것도 원하지 않으면서 무언가 얻기를 기대할 순 없다. 부를 향하는 것은 습관이다. 성공을 원하고 부를 원한다면 부에 대해 생각하고 말하고 행동하라! '할 수 있다. 나는 누가 뭐라 해도 꼭 성공할 것이다.'라는 강한 확신과 신념은 그 누구도 무너뜨릴 수 없다. 결코 역경과 가난에 끌려 다녀서는 안 되며, 자신은 상황을 받아들이는 입장이 아니라 상황을 바꾸는 사람이라고 믿고, '성공과 부'를 향해 마음의 문을 활짝 열어야만 긍정의 기운이 자기 암시를 통해 반드시 실현된다.

나는 사업을 하면서 나만의 신념이 있다. 사업 초창기에 내가 힘들었던 이유는 습관적으로 다른 사람한테 기대려는 것이었다. 물론 무섭고 두려워서 더 그랬다. 하지만 그래서 상처받고 힘들었다. 내 주변 상황이 누가 나를 도와줄 수 없다는 것을 알게 되면서 나만의 원칙이 생겼다. '내 일은 내가 스스로 해결한다!' 이것을 내 마음속에 딱 넣는 순간, 문제를 해결하는 능력이 달라졌다. 어떤 일이 닥치면 도와줄 사람이 어차피 없기 때문에 불평하거나 걱정하지 않고 바로 여러 해결 방법을 찾는다. 매사에 적극적으로 바뀌었다. 분명 외롭지만 점점 단단해졌다. 외로워서 슬픈 게 아니라 오히려 행복하고 즐거웠다. 나는 잘하고 있다.

빚 갚고 진짜 부자가 되기로 결심했다

1

엄마의 돈 공부
이제 시작이다

부부의 절반 이상이 돈 때문에 싸운다

남편 피자 사업 빚으로 우리 부부는 싸움이 잦았다. 서로 얼굴 볼 시간이 없지만 볼 때마다 나는 답답함에 계속 싸움을 걸었다. 나는 성격이 급하고 빨리 문제가 해결되길 바랐지만 남편은 늘 똑같은 대답뿐이었다.

"오빠, 그래서 그다음 계획이 뭐야?"
"유정아, 좀 기다려봐."
"도대체 뭘 기다려? 어떻게든 해결을 해야 할 거 아니야?"

아이들을 재우고 새벽에 들어온 남편과 라면을 먹으며 나는 또 슬슬 싸움을 걸었다. 하지만 소득 없는 답변뿐이었다. 답답했다. 화가 머리끝까지 났다.

"도대체 언제까지 기다려야 해!! 시댁에 들어가서 살든 뭔가 해결책을 제시해야 할 거 아니야?"
"네가 시댁 가기 싫다며! 그래서 방법을 찾고 있잖아!"
"방법이 없는데 무슨 방법을 찾아?"

나는 화가 나서 그릇을 던지고 일어났다. 남편도 화가 나서 뜨거운 라면 냄비를 던졌다. 우리는 당황했다. 이렇게까지 싸워본 적이 없었다. 처음이었다. 서로 밑바닥까지 간 것 같았다. 아이들이 울면서 잠에서 깼다. 상황은 급하게 마무리되었고 우리는 휴전했다. 남편은 라면을 치우고 문을 쾅 닫고 나가버렸다.

나는 봉준호 감독의 〈기생충〉 영화를 수십 번 보았다. 처음 영화관에 본 이후 다운받아서 계속 보았다. 처음에 내가 좋아하는 유튜버가 소개해서 가볍게 영화관에 갔다. 하지만 영화를 보면서 나의 마음이 너무 불편하고 아프기까지 했다. 내 상황과 딱 맞아 떨어졌다. 시댁에 얹혀사는 내 처지가 송강호 가족 같았다. 내가 기생충 같았다. 한심하고 내 자존심은 저 밑바닥에 있었다. 송강호가 피자 박스 접는 장면에서 나도 모르게 눈물이 쭉 나왔다. '하필 피자 박스일 게 뭐람.' 흔들리는 입술을 붙잡으

아이 셋 키우며 부업으로 월 2000만 원 버는 법

며 누가 볼까 봐 아무렇지 않은 척했다.

영화 중반부에 딸이 아빠에게 다그치듯 묻는다.

"어떻게 할 거야? 계획이 뭐냐고?"
"걱정 마, 내게 생각이, 계획이 다 있다."

또 수해를 당한 주민들이 모여 있는 체육관에서 아들 기우가 아빠에게 묻는다.

"아버지, 근데 계획이 뭐예요?"
"절대 실패하지 않는 계획이 뭔지 아니? 무계획이야, 무계획. 노플랜! 왜냐? 계획을 하면 반드시 계획대로 안 되거든, 인생이. 여기도 봐봐. 이 많은 사람들이 '오늘 떼거리로 체육관에서 잡시다.' 계획을 했겠냐? 근데 지금 봐, 다 같이 마룻바닥에 쳐자고 있잖아. 우리도 그렇고 그러니까 계획이 없어야 돼, 사람은! 계획이 없으니까 뭐 잘못될 일도 없고, 또 아무 계획이 없으니까 뭐가 터져도 상관없는 거야. 사람을 죽이건, 나라를 팔아먹건, 다 상관없다 말이지."

신랑이랑 싸우면서 그렇게 계획이 뭐냐고 다그쳤던 내가 생각났다. 그동안 살아오면서 나도 여러 계획을 세워봤지만 여러 가지 어려움에 처해 자꾸 실패를 반복했다. 영화 속 아빠 송강호의 말이 정답인가 싶기도 했다. 아들 기우의 잘못된 생각에서 비롯된 잘못된 계획들은 번번이 어긋

나고 결국 무계획을 강조한 아빠 기택은 우발적인 살인을 하게 되면서 영화 속에서 비유됐던 바퀴벌레처럼 박 사장 주택의 지하벙커에 숨어 살게 된다.

나는 영화를 여러 번 보면서 박사장이 자주 한 "나는 선 넘는 사람이 제일 싫어."라는 말을 곱씹어봤다. '도대체 이 선이 뭘까?' 이 '선'을 내가 넘으면 나도 박사장처럼 부자가 될 수 있는 걸까? 나는 송강호의 삶이 아니라 박사장의 삶을 살고 싶다. 나는 더 계획적으로 선을 넘어 반드시 부자의 삶을 살아야겠다고 다짐했다. 그런데 내가 어떻게 해야 할까?

돈이 부족한 것은 모든 악의 근원이다

직장생활을 할 때는 절대 이해할 수 없고 오히려 반감을 샀던 『부자 아빠 가난한 아빠』책을 다시 꺼냈다. 부자 아빠 부자 엄마가 되려면 나는 이 책을 반드시 이해해야 한다고 생각한다. 예전 직장생활이 내 인생에 전부였을 때는 전혀 이해할 수 없었던 내용이 내가 사업을 하고 절실한 상황에 있기 때문에 이해가 되었다. 나의 돈 공부는 이렇게 시작되었다.

로버트 기요사키의 진짜 아버지는 가난한 아빠다. 돈을 좋아하는 것은 모든 악의 근원이다. 공부 열심히 해서 좋은 직장을 구해야 하고 돈은 안전하게 사용하고 위험은 피해라. 똑똑한 사람이 되어야 한다. 반면 친구 아빠는 부자 아버지이다. 돈이 부족한 것은 모든 악의 근원이다. 공부 열심히 해서 좋은 회사를 차려야 한다. 무엇보다 위험을 관리하는 법을 배워라. 네가 똑똑한 사람을 고용해야 한다.

아이 셋 키우며 부업으로 월 2000만 원 버는 법

로버트 기요사키의 부자가 되는 핵심은, 자산과 부채의 차이를 알고 자산을 사야 한다. 이것만 알면 된다. 그리고 유일한 규칙이다. 부자들은 자산을 획득한다. 반면에 가난한 사람들과 중산층 사람들은 부채를 획득한다. 하지만 그들은 그것을 자산이라고 생각한다. 자산이 무엇인지 알고 그것을 획득하기만 하면 부자가 된다. 하지만 어른들은 다른 식으로 교육을 받았기 때문에 먹히지 않는다.

'자산은 주머니에 돈을 넣는 어떤 것이다.'
'부채는 주머니에서 돈을 빼내는 어떤 것이다.'

자산의 예를 들면 부동산 임대 수입, 주식 배당, 예금 이자, 지적 재산권, 책 출판 인세이다. 그리고 부채를 예를 들면 세금, 소비 지출, 교통비, 카드 결제 등이다. 나는 헷갈린다. 집은 자산일까? 지출일까? 내가 소유한 집에 내가 살고 있느냐 남이 살고 있느냐에 따라 다르다. 내가 소유한 집에 내가 살고 있으면 내 주머니에서 돈을 빼낸다. 세금, 유지비, 관리비, 전기세, 수도세 등. 그러면 부채다. 내가 소유한 집에 남이 살고 있어서 임대료가 나온다면 주머니에 돈을 넣는 것이기 때문에 자산이다.

그럼 자동차는 자산일까? 부채일까? 자동차를 소유하면 내 주머니에서 돈을 빼낸다. 자동차 세금, 보험료, 기름값, 유지비 등. 자동차를 소유한다고 내 주머니에 돈이 생기지 않는다. 그러면 부채다. 차는 재산이지만 자산은 아니다.

'우와, 진짜 맞네.' 생각보다 간단하구나. 내가 왜 그동안 이걸 몰랐지? 내가 왜 돈 공부를 안 했을까? 지금부터 더 열심히 하자. 부자가 되려면 내 주머니에 돈을 넣어주는 '자산'을 늘려야 한다. 내가 살고 있는 집과 자동차는 자산이 아니다!

부자가 되기 위해 공부를 해야 한다

로버트 기요사키의 6가지 교훈에 대해 알아보자.

첫 번째, 부자들은 절대, 돈을 위해 일하지 않는다. 가난한 사람들과 중산층 사람들은 돈을 위해 일한다. 하지만 부자들은 돈이 자신을 위해 일하게 만든다.

두 번째, 부자들은 자녀들에게 돈에 관한 지식을 가르친다.

세 번째, 부자들은 남을 위해 일하지 않고 자신을 위해 사업을 한다. 자기 사업을 하라. 사람들이 재정적으로 어려움에 처하는 것은 평생 남을 위해서만 일하기 때문이다. 평생 직장에서 일을 하고 난 후에는 결국 아무것도 갖지 못한다.

네 번째, 부자들은 세금의 원리와 기업의 힘을 안다. 금융 IQ의 4가지 구성 요소인 회계 지식, 투자 지식, 시장에 대한 지식, 법률 지식이 필요하다.

다섯 번째, 부자들은 돈을 만든다. 근본 원인은 돈을 잃는 것을 걱정하기 때문이다. 이기는 사람들은 지는 것을 걱정하지 않는다. 현실 세계에서는 똑똑한 사람보다 용감한 사람이 앞서간다.

아이 셋 키우며 부업으로 월 2000만 원 버는 법

여섯 번째, 부자들은 돈을 위해 일하지 않고 배움을 위해 일한다. 재능에 금융지능(회계, 투자, 마케팅, 법률지식)이 결합하면 돈을 버는 것이 더 쉬워진다.

나는 6가지 교훈을 읽으면서 내가 부자가 아닌 가난한 사람의 생각을 갖고 있었다는 것을 깨달았다. 내가 그동안 '돈'에 대해 너무 몰랐다. 너무 쉽게 생각했다. 나의 돈에 대한 무지함을 당연한 듯 생각했다. 시대가 변했는데도 불구하고 말이다. 부모님이 나한테 했던 말을 반복해서 우리 아이들한테 했던 것 같다. 이제 공부만 잘하라는 말보다 아이들이 용감하게 도전하는 삶을 살아가는 사람이 되도록 도와주어야겠다. 내가 먼저 부자 아빠, 엄마가 되자.

2

부동산의 꽃,
경매를 배우다

하루라도 빨리 재테크 공부를 하자

　오늘날 유대인이 전 세계를 쥐락펴락한다. 왜 유대인들은 전 세계의 부를 장악할까? 그것은 우연이 아니다. 그들은 어렸을 때부터 부모가 삶의 치열함을 몸소 가르치고 돈을 쓰는 법, 돈을 버는 법, 돈을 불리는 법에 대해 교육을 한다. 돈에 대한 올바른 가치관을 갖추고 제대로 된 교육을 받아야 한다. 부는 대물림된다. 돈에 대한 가치관도 같이 대물림된다. 나는 아이 셋이다. 책임감이 막중하다. 내가 돈을 다스릴 수 있어야 아이들에게 그것을 가르칠 수 있다.

지금은 자본주의 시대다. 자본, 즉 재물이 근본을 이루는 국가다. 지금 이 시대를 살고 있는 우리는 이것을 잊어버리면 안 된다. 우리는 자본주의 시대 대한민국에서 잘 살고 있다. 나는 우리나라가 좋다. 코로나 사태에 대처하는 우리나라를 보면서 더 좋아졌다. 물론 부족한 것도 있지만 세상에 완벽한 나라가 어디 있겠는가.

대한민국은 고도 성장의 산업사회를 넘어 지식정보화 사회로 진입했다. 더 이상 직장생활만으로는 큰돈을 벌 수 없게 되었다. 그러므로 스펙에 집착할 때는 지났다. 고학력자 중에 백수 실업자도 많고 돈 때문에 허덕이며 생활고를 겪는 사람이 상당하다. 돈에 대한 올바른 가치관을 정립하지 못한 탓이며 체계적인 교육을 받지 못했기 때문이다.

나도 돈에 대해 깊게 생각해본 적이 없었다. 억대 빚으로 돈의 쓴맛을 보았다. 감당 안 되는 대출 이자가 얼마나 무서운지 뼈저리게 느꼈다. 돈의 혹독함, 처절함, 소중함을 깨달았다. 이제야 빚을 갚아 아직 경제적 자유인은 아니지만 나는 방향을 제대로 틀었다. 돈 공부를 계속하고 있다. 돈 공부를 하느냐, 안 하느냐가 전혀 다른 삶을 만든다. 하루라도 빨리 느끼고 배운다면 누구든지 지금과 전혀 다른 삶을 살게 될 것이다.

지금 시대는 월급만 가지고 만족하면 큰일난다. 월급이 인생에 전부라고 생각하면 절대 안 된다. 나는 고객센터 부서에서 10년 동안 직장생활했다. 돈을 주는 회사가 나의 전부였다. 당연히 목숨을 걸 수밖에 없었다. 이때 내가 책을 읽었으면 달라졌을까? 나는 책을 읽었지만 받아들이지 못했다. 직장에 다녀오면 피곤하고 지치고 아무것도 하기 싫고 드라마 보고 쉬는 게 전부였다. 다른 생각하는 것 자체가 사치였다. 대기업이나 큰 회사를 다니는 사람은 월급이 많은 대신 그들의 시간, 노동, 영혼까지 탈탈 털린다.

'당장 직장을 그만두세요!'라고 하는 것은 절대 아니다. 오히려 고정적으로 들어오는 월급은 중요하다. 사업을 하면 고정 월급의 중요성을 더 깨닫게 된다. 하지만 월급쟁이 사고방식은 필히 바꿔야 한다. 월급만 보지 말고 다른 수입 파이프라인을 만들자.

여러 개 파이프라인을 무조건 만들자

나만의 파이프라인을 만들자. 처음에는 직장생활을 하면서 동시에 만들어야 한다. 막막하다면 전문가에게 가서 배우면 된다. 처음에는 부업으로 시작하자. 가볍게 실행하자. 나도 처음에는 온라인 판매가 부업이었다. 아이 셋을 키우면서 전업 주부였기 때문에 어떤 일을 도전하기 쉽지 않았다. 처음에는 중고나라에 물건을 올리면서 온라인 세상을 조금씩 알아가기 시작했다. 부업으로 생활비를 마련하자. 수입을 늘려야 투자를 해도 마음이 편하다. 빚이 있는 상태에서 투자를 하면 안 된다. 빚이 있으면서 하는 투자는 마음이 불편하여 실수를 한다. 부업으로 파이프라인을 만들고, 수입을 늘려 종잣돈을 모으자.

먼 훗날 나는 어디선가
한숨을 쉬며 이야기할 것입니다.

아이 셋 키우며 부업으로 월 2000만 원 버는 법

숲 속에 두 갈래 길이 있었다고,

그리고 나는 사람이 적게 간 길을 택했노라고,

그래서 모든 것이 달라졌다고.

   -로버트 프로스트, 「가지 않는 길」 중에서

  나는 이 시가 예전부터 눈에 들어왔다. 여러 번 읽어보았다. 예전에는 와닿지 않았다. 이제야 이해가 된다. 사람이 적게 간 길이 부자의 삶이라는 것을 알았다. 그래서 부자가 소수일 수밖에 없다는 것을 알았다.

  우리는 기존의 관점에만 얽매여 사는 경우가 많다. 어렸을 때부터 학교에서 가르쳐주는 똑같은 교육을 받고 달달 외워서 시험을 보고 대학교를 가서 취업을 하는 시스템에 길들여졌기 때문이다. 하지만 이젠 달라져야 한다. 통상적으로 익숙한 것이 모두 정답은 아니다. 경제적 자유를 꿈꾸는 사람이라면 발상의 전환을 해야 한다. 한 방향으로만 바라보던 세상을 다른 쪽으로도 바라보자. 내가 무조건 맞다고 생각하는 것에 물음표를 던지자.

  최근 부동산 값이 엄청 올랐다. 서울 외곽인 우리 동네 아파트까지 전부 올랐다. 친정 부모님은 아파트 구입을 어떻게든 해야 했다며 엄청 후회하셨다. 지금 구입하려고 하니 너무 비싸서 못 사겠다고 하셨다.

조합원 아파트는 성공 사례가 별로 없다

어느 날 남동생한테 다급한 전화가 왔다.

"누나, 집에 부동산 계약서가 있어. 아파트인데 1012동 1501호까지 나왔어. 완공이 5년 뒤야."

"아파트 가고 싶다고 노래를 부르시더니 계약하셨구나. 잘하셨네."

"누나, 엄마한테 들은 이야기 있어?"

"아니, 없었어! 서프라이즈인가?"

엄마가 말도 없이 계약해서 이상했다. 조금 걱정이 되어서 인터넷으로 아파트를 알아보았다. 초역세권 아파트에 유명 연예인이 선전을 하고 있다. 조합원을 모집 중이라고 한다. '조합원? 이상하네.' 2,000만 원 상당의 가전제품을 무상으로 풀옵션으로 제공한다고 한다. 아파트는 은평구에 있는데 홍보관은 마곡동에 위치했다. 나도 부동산을 모르니 얼마 전 새 아파트를 샀다는 친구한테 전화했다.

"미진아, 엄마가 아파트 계약을 했대. 1012동 1501호래. 완공이 5년 뒤야. 어때?"

"이상하네. 동 호수는 추첨이라서 바로 안 나오는데. 뭐 5년 뒤? 언니, 이상해. 내가 알아보고 연락할게."

엄마가 이미 계약금 1,000만 원을 납부한 상태라서 마음이 다급해졌다. 친구한테 연락이 왔다. 조합원은 불법은 아니지만 위험하다고 한다. 계속 비용이 들어가고 중요한 건 아파트 완공이 언제 될지 알 수가 없다고 한다.

아이 셋 키우며 부업으로 월 2000만 원 버는 법

유튜브에 '조합원 아파트'를 알아보았다. 피해 사례가 엄청났다. 엄마에게 말씀드렸다. 놀라시면서 마곡동 홍보관에 갔다. 계약서 작성하면 취소가 안 된단다. 나는 네이버에 계약 취소 방법을 찾아보았으나 특별한 해결 방법이 없었다. 1,000만 원 날리게 생겼다. 엄마는 굳은 결심을 하고 홍보관 앞에서 1인 시위를 하셨다. 결국 800만 원 돌려받았다. 그 뒤로 엄마는 아파트 이야기를 안 하신다. '아파트'는 우리 집 금지어다.

TV에 조합원 아파트 피해 사례가 뉴스에 계속 나온다. 한 할머니가 짜장면 한 그릇도 안 사먹고 모은 전 재산을 날렸다면서 우시는 안타까운 사연이 나왔다. 모든 투자는 누구도 장담할 수 없다. 공부해야 한다. 공부라고 하면 조금 거창하지만, 처음에는 독서로 시작하자. 돈, 재테크, 투자 관련된 책도 읽고 돈 버는 법, 부자 되는 법, 경매 등 관련 책을 최소 10권 이상 읽어보자. 그러면 무엇을 해야 하는지 답이 나온다.

세상에는 많은 종류의 재테크, 투자 방식이 있다. 대표적으로 은행 예금 적금, 주식, 부동산, 펀드, 금, 은 등 다양하다. 그만큼 자본시장이 성숙하고 발전되어간다는 증거이다. 앞으로도 계속 세분화되고 복잡해질 것이다. 어떤 것을 해야 하는지 정답은 없다. 하지만 우리나라 자산은 부동산이 많다. 부동산을 구입하는 방법으로 일반 매매, 급매, 분양, 경매 등 여러 방법이 있다. 부동산을 저렴하게 구입하는 방법은 경매를 추천한다. 경매는 레버리지를 활용해 구입하는 것이다.

부동산 경매는 절대 지지 않는 투자 방식이다. 애초에 수익률을 설정해놓고 내가 위험을 제거할 수 있다는 확신이 들었을 때, 자본을 투자하기에 실패할 일이 거의 없다. 해당 물건이 실패할 가능성이 있고 해결할 수 없는 수준이면 투자하지 않으면 그만이다. 물건에 따라 수익이 크고 적은 차이가 있을 뿐, 내가 시세 조사 등 충분히 알아보고 투자한다면 절대 손해를 보지 않는다.

경매는 레버리지를 활용한 소액 투자 방법이고 부동산을 저렴하게 살 수 있다. 세상 모든 일에는 정답이 없다. 부동산 경매 관련 책을 읽고 학원에서 경매를 배우자. 공부하지 않고 확신이 없는 투자는 절대 하면 안 된다. 내가 옳다는 판단과 확신을 가지고 도전해야 한다.

아이 셋 키우며 부업으로 월 2000만 원 버는 법

3

대단하다,
내가 이 빚을 다 갚다니!

빚 갚는 일에 집중과 몰입하자

빚 갚는 일은 생각보다 쉽지 않다. 감정이 널뛴다. 빚이 생기고 빚을 갚기까지의 3년 넘게 마음 고생한 것 같다. 우리 부부는 빚 갚는 일에 집중했다. 다른 것은 쳐다보지 않았다. 마트에 가면 뭐라도 사고 오기 때문에 안 가고, TV 보다가 홈쇼핑 여행 상품이 나오면 그냥 꺼버렸다. 친구 만나고 오면 나 자신이 초라해지고 남편이 미워져 친구도 안 만났다. 빚만 다 갚으면 뭐든지 할 수 있을 것 같고 빚 없이 집 있는 사람들이 마냥 부러웠다.

나는 남편이 안쓰럽고 마음이 아프다. 남편은 성공을 확신했다. 그래서 겁 없이 돈을 끌어다가 사용했다. 옆에서 얼마나 많은 고생을 했는지 누구보다 잘 안다. 돈 벌겠다고 새벽 2시까지 영업하면서 본인이 피자 만들고 배달하고, 맛있고 건강한 피자 만든다고 영업 끝나면 직접 반죽하고 숙성시켰다. 새벽에 들어와 씻고 바로 뻗었고, 게으름도 안 피우고 아침에 10시쯤 나가서 장사 준비를 했다. 365일 하루도 안 쉬고 일했다. 영업하면서 중간중간 한가할 때 쪽잠 자며 고생을 참 많이 했다. 나도 알고 있다. 나도 처음에는 그런 남편을 응원했다. 하지만 나도 독박육아로 잠 못 자고 힘들어하며 지쳐갔다. 이렇게 서로 고생했는데 하늘도 무심하시지, 형편이 나아지지 않았다. 만약 하나님이 나에게 "다시 이때로 돌아갈래?" 하고 물어보신다면 "아니요." 하며 손사래 칠 것이다.

시댁에 살면서 신랑이랑 수차례 다짐했다. 빚 다 갚으면 내가 좋아하는 소곱창 왕창 먹자고. 남편은 소곱창을 좋아하지도 않으면서 알았다고 했다. 남편은 직장과 피자 아르바이트 투잡을 하고, 나도 인터넷 판매와 회사 재택근무 투잡을 하면서 빚 갚는 일에 집중했다. 같이 노력하니 빚은 내가 계획한 날짜보다 조금 일찍 갚았다. 막상 갚고 나니 신기하고 좋으면서 실감이 나지 않았다. 엄청 기쁠 줄 알았다. 엄청난 축하를 받으며 밴드가 연주되고 천장에서 색종이 조각이 마구 흩날릴 것만 같았다. 하지만 주변에서는 생각보다 관심이 없다. 빚을 '0'으로 만들기 위해 온갖 고생과 희생을 했지만 막상 다 갚으니 오히려 '이제 시작이야.'라는 생각이 들었다.

아이 셋 키우며 부업으로 월 2000만 원 버는 법

나는 내가 얼마나 바뀌었는지 잘 안다. 나는 180도 바뀌었다. 나 스스로 정말 감탄한다. 왜냐하면 나는 누구보다 돈을 모을 줄도 몰랐고, 특히 아껴 쓰는 것과 거리가 먼 사람이었기 때문이다. 아마 이 책을 읽는 내 지인들은 깜짝 놀랄 것이다. 나는 빚을 갚기 위해 능력이 훨씬 높아졌다. 온라인 사업을 잘하고 있고 독서도 잘하고 있으며 독자에서 저자의 삶을 살아가고 있다. 나는 앞으로 더 나아가 강연가, 코칭가, 교육자가 될 것이다.

예전에는 남편이 미웠다. 왜 나랑 결혼해서 이렇게 고생시키나 했다. 지금은 진짜 고맙다. 오히려 나랑 살아줘서 고맙다. 내가 그동안 구박하고 잔소리하고 짜증내고 정말 많이 괴롭게 했는데 그걸 받아주고 참아주고 안아주고 이해해줘서 너무 고맙다. 우리 부부는 힘든 일을 같이 이겨내며 서로 더욱 단단해졌다. 정말 시련은 성장의 기회다. 내 안에 있던 능력을 바깥으로 빼낸 것 같다. 나는 잘 안다. 영혼까지 완전 다른 사람으로 탈바꿈되었다. 물론 지금 겉모습이 남들이 보기에는 크게 달라진 게 없지만 지금의 나는 어떤 일이든 헤쳐나갈 자신이 있다. 내가 자랑스럽다. 이 빚을 다 갚다니 정말 대단하다!

주문은 정확하게, 힌트는 바로 실행하자

『2억 빚을 진 내게 우주님이 가르쳐준 운이 풀리는 말버릇』의 저자 고이케 히로시. 나는 동네 도서관에서 아이들과 책을 보다가 발견했다. 2억이면 나랑 비슷한 빚이라는 생각을 하면서 책을 들었다. 책이 작고 표지가 너무 귀여워서 마음에 들었다. 저자는 원래 부정적이었는데 긍정적인 말버릇과 사고방식으로 빚을 모두 갚았다는 것이다. 이게 가능할까? 허무맹랑한 말이라고 생각했지만 그래도 한번 읽어보기로 했다.

우리가 카페나 테이크아웃 전문점에서 주문할 때 "아이스 아메리카노 한잔 주세요."라고 명확하게 말을 해야 주문한 음료가 제대로 나온다. "뭔가 마시고 싶은데요."라며 애매하게 주문하는 사람은 없다. 커피를 주문했는데 다른 음료가 나올지도 모른다고 걱정하는 사람은 없다. 꿈이나 소원에 대해 말할 때도 마찬가지다. 소원을 빌 때도 명확하게 말로 표현해야 이루어질 가능성이 높아진다. 그런데 '아마도 이루어지지 않을지도 몰라.' 이렇게 걱정을 하면 그 생각들이 머릿속을 부정적인 사고방식으로 지배하게 만들어버려 이루어질 가능성이 낮아진다.

이루고 싶은 꿈이나 소원이 있다면, 결과를 정하고 주문을 하라고 한다. 막연하게 마음속으로만 소원을 비는 것이 아니라, 이미 이룬 것처럼 말한다. 마음속으로 정한 것을 분명하게 입 밖으로 표현하라. 즉, 명확하게 결과를 정하고 말로 표현하는 것이다. 자신이 입 밖으로 꺼낸 말은 그대로 증폭된다. 귀를 통해 머릿속에 계속 각인시킨다면 사고방식이 긍정적으로 변하게 된다. 나는 어려운 것도 아니니 해보자며 '빚을 갚고 경제적 자유인으로 살아갈 수 있어서 감사합니다.'라고 몇 번 외쳤다. 마음속 깊이 믿었다. 빚을 갚았다고 생각했다. 빚을 갚고 나니 정말 기쁘고 신이 났다. 당장 빚이 줄어든 건 아니지만 빚이 없다고 생각하니 어깨에 빚이

아이 셋 키우며 부업으로 월 2000만 원 버는 법

라는 무거운 짐이 누르고 있었는데 한결 홀가분해졌다. 신기했다.

소원을 주문했다면 머릿속으로 떠오르는 생각(힌트)들을 즉시 실행에 옮겨라. 머릿속에 떠오르는 생각들이 소원을 이루도록 도와주는 힌트라고 여기고, 즉시 실행에 옮기려는 노력을 해야 한다. 그 행동의 결과로 연쇄반응이 일어나듯 다양한 일들이 연달아 일어난다고 한다. 까맣게 잊어버리고 있었던 은행 통장 잔고에 남아 있던 돈을 확인해 조금이나마 빚 변제에 보탤 수 있었고, 형의 요청으로 가게 일을 잠시 도와주게 되어 생각하지도 못한 수입을 얻게 되었으며, 새 옷을 진열하자 판매로 이어져 결제 대금 걱정을 덜 수 있었고, 친구에게 파워스톤 팔찌를 만들어준 것이 판매로 연결되어 예상 밖의 수입을 얻게 되었다고 한다. 그러면서 깊게 생각하지 말고 힌트를 얻었다고 생각하면 즉시 실천에 옮겨보라고 한다.

생각해보니 나에게도 힌트가 계속 있었다. 빚을 갚아야 하는데 아이가 셋이라서 돈을 벌러 나가기가 막막했다. 그때 예전에 임신테스트기 대량을 싸게 구입하려고 중고나라 카페에 들락날락했던 기억이 떠올랐다. 힌트다. 나는 중고나라로 물건을 팔기 시작했다. 처음으로 반찬값 버는 놀라운 경험을 했다. 핸드폰으로 물건을 올리다가 답답해서 컴퓨터를 구매했다. 우연히 친구와 빅마켓 1층에서 구청에서 진행하는 경단녀를 위해 포토샵을 가르쳐준다는 현수막을 보았다. 친구들은 그냥 지나쳤지만 나는 실행했다. 이것이 온라인 판매로 잘 이어졌다.

결혼 전 다녔던 회사에서 알고 지냈던 지연 언니한테 "재택근무 해볼래?" 하는 전화가 왔을 때도 직감으로 알았다. '기회구나! 우주님이 주신 기회다. 그럼 잡아야지!' 그리고 OK했다. 예전에는 힌트가 오면 변명이 많았다. '이래서 안 돼, 저래서 안 돼. 다음에 해야지.' 하지만 내가 빚을 갚고자 애쓰는 마음이 우주님께 전해졌다. 힌트가 오면 어떻게든 방법을 찾아 실행했다.

항상 긍정적이고 행복한 마음으로 살자

고이케 히로시는 평소에 상대방과 말을 할 때나 소원을 빌 때도 부정적인 말을 쓰지 말라고 한다. 불행을 불러들이는 말 대신에 긍정적이고 해낼 수 있다는 자신감이 생기는 말을 자주 사용하라고 한다. 사람은 변화를 싫어하는 동물이라서, 새로운 변화에 불편을 느껴 언제나 반대의 핑계를 댄다고 한다. 구실이나 트집은 나약한 마음이 겉으로 표출된 것이라고 한다. 긍정적인 말버릇을 들여 평소에도 당당하게 '난 문제없다.'라고 외치라고 한다. 부정적이고 모호한 말 대신 긍정적이고 매우 상세한 내용으로 소원을 말해보라고 한다. 능력은 샘솟는 것이라고 한다. 본인이 지금 불행한 것은 본인이 바란 결과라고 한다. 살아오면서 자신도 모르게 부정적인 말들을 내뱉어 그것들이 무의식 속에 자리 잡아 행동으로 나오는 것이라고 한다. 행복은 자신이 스스로 만들어가는 것이지, 남이 대신해서 행복을 만들어줄 수는 없다고 한다.

이제부터 시작이다. 나는 잘 안다. 빚 갚은 에너지로 돈을 모으면 앞

아이 셋 키우며 부업으로 월 2000만 원 버는 법

으로 금방 나아갈 것이다. 하지만 나는 가끔 부정적인 말버릇을 할 때가 있다. 상황이 내가 원하는 대로 안 되거나 아이들이 말을 안 들으면 금방 부정적인 말버릇이 튀어나온다. 한 번 더 뼛속까지 완전히 바꿔보자. 긍정적인 엄마가 되자!

4

몸 때우기는 이제 그만, 돈을 굴리자

시간을 나를 위해 사용한다

디지털 노마드(digital nomade)란 첨단 디지털 장비를 갖추고 여러 나라를 다니며 일하는 사람을 말한다. 즉, 시간과 장소에 상관없이 디지털 장비를 갖고 일하는 사람이다. 처음에는 부업으로 시작하였다가 요즘은 본업을 버리고 자유로운 삶을 선택한다. 내가 20대 때에는 직장을 안 다니면 큰일나는 줄 알았다. 여자 직업은 공무원, 선생님이면 최고이다. 요즘은 정말 시대가 좋아졌다. 스마트폰은 시대의 혁명이다. 모든 정보를 핸드폰 하나면 해결할 수 있다. 이런 시대에 맞추어 다양한 플랫폼이 더 발전해간다.

많은 사람들은 직장에 얽매이다 보니 시간이 자유롭지 못하고 불편하다. 사람들은 내가 내 시간을 자유롭게 사용하고, 선택할 수 있는 환경 속에서 살고 싶다. 많은 이들이 비슷한 이유로 프리랜서 선언을 하거나 디지털 노마드로서의 삶에 관심을 갖는다. 디지털 노마드의 삶은 어떤 일을 나름대로 잘 정리하고 기록해서 남들에게 보여줄 수 있는지에 달려 있다. 직장이라는 울타리가 없을 때에는 나를 세상에 모든 수단을 동원해서 알려야 돈을 벌 수 있고 얼마만큼 알리느냐에 따라 부의 양이 달라진다.

디지털 노마드의 삶도 쉬운 것 같지만 결국 나의 기록을 남기는 것을 습관화해야 하며 매일 꾸준히 등록해야 한다. 나의 전문성이 드러나는 일에 대한 콘텐츠라면 좋겠지만 그렇지 않더라도 그게 무엇이든 기록을 남기면 그중에서 인기 있는 콘텐츠를 선택해 그 주제들을 중심으로 기록해가면 된다.

직장생활은 회사를 위해서 일을 하지만 디지털 노마드의 삶, 프리랜서, 유튜버는 자신을 위해 일을 한다. 사업도 나를 위해 일을 하므로 내가 시간을 자유롭게 사용할 수 있다. 물론 사업이므로 항상 신경 쓰고 이익을 창출해야 하지만 어느 누가 돈으로부터 완전히 자유롭겠는가?

온라인 판매는 알아갈수록 재미있고 신난다
온라인 판매는 처음에 시스템을 구축만 해놓으면 그다음부터는 온라인에서 24시간 365일 매일매일 상품 판매가 이루어진다. 내가 화장실을 가거나 밥을 먹거나 커피를 마시거나 잠을 자도 심지어 해외여행을 가도 주문은 계속 들어온다. 나는 직장생활을 할 때 아침 9시부터 저녁 6시, 7시, 8시 당직을 하면서 하루 종일 일했다. 바쁠 때에는 화장실 가는 것도 상사 눈치가 보였다. 아무리 열심히 일해도 월급은 항상 비슷했다. 집에 오면 지쳐서 말할 기운도 없이 그냥 누워 뻗어버렸다. 또 아침에 일찍 일어나 화장하고 다시 회사에 갔다.

온라인 판매는 직장생활과 완전 다르다. 내 사업과 직장생활은 완전 다르다. 세상을 보는 눈이 달라진다. 나는 진작 온라인 판매를 왜 몰랐을까? 안타깝다. 내가 온라인 판매를 10년 했으면 금전적으로 엄청난 부를 이루었을 것이다. 실제 10년 전에 온라인 시장은 상품 등록만 하면 대박 났다. 경쟁자가 별로 없어서다. 지금은 많은 사람들이 판매를 하고 있지만 그래도 매출의 일부분을 광고로 돈을 굴리면 매출을 올릴 수 있다. 내가 조금만 신경 쓰면 매출은 분명 달라진다. 힘들게 '발품' 노동 안 해도 '손품'만으로 매출을 올릴 수 있다.

온라인 판매는 오픈마켓에 등록해서 판매하는 방식도 있지만 블로그, 인스타그램, 페이스북, 카페, 밴드, 카카오스토리, 유튜브 등 다양한 매체로도 판매가 가능하다. 연결이 가능하다. 그러므로 온라인 판매 기본 시스템을 장착하고 내가 노력을 하면 할수록 매출은 올라간다. 내 사업이 잘되면 내가 신난다. 내가 일하면서도 즐겁다. 내 사업은 누가 시켜서 한 일이 아니기 때문에 덜 힘들고 알아갈수록 재미있고 즐겁다.

아이 셋 키우며 부업으로 월 2000만 원 버는 법

온라인 쇼핑만 하지 말고 온라인 판매자가 되자

내가 일을 안 할 때에는 육아와 살림을 잘해야 한다는 강박관념이 있었다. 원래는 살림에는 관심이 없었는데 동네 친구 집을 들락거리다 보니 우리 집과 비교가 되었다. 이때부터 살림에 집착이 생겼다. 걸레질까지는 못 해도 청소기는 매일 돌려야 하며 설거지통에 그릇이 있는 꼴은 절대 못 봤다. 애가 셋이라서 하루 이틀만 지나도 빨래양이 많은데 매일 빨래를 해야 직성이 풀렸다. 아이들과 어른 빨래는 나눠서 하고 수건 따로 속옷 따로 빨아야 했다. 그런데 일을 하면서 자연스레 육아와 집안일을 놓았다. 생각해보니 집안일은 내가 투자한 시간이나 노력에 비해 생산성이 없다는 것을 깨달았다.

주부는 일을 해도 육아와 살림까지 해야 한다. 남편이 도와주지만 어디까지나 도와주기만 할 뿐 책임감 있게 처리하지는 못한다. 아무리 내가 살림에 손을 놓았다고 해도 마음이 편한 것은 아니다. 신경이 계속 쓰인다. 집에 아이들이 항상 있어서 금방 지저분해진다. 그러면 나도 모르게 아이들과 남편에게 잔소리를 하게 된다.

나는 너무 답답해서 가사도우미를 이용했다. 나를 위한 보상으로 처음에는 기대가 너무 컸다. 집이 반짝반짝 윤이 나게 변신될 줄 알았다. 큰 기대는 접고 청소할 때 옆에서 지켜보지 말자. 나는 내가 할 수 있는 일에 돈을 쓴다는 생각이 들어 돈이 아까워서 눈을 부릅떴다. 생각을 바꿨다. 이 시간에 내가 생산적인 일을 하자. 지금은 한 달에 몇 번 정도만 가사도우미를 사용한다.

살림 때문에 스트레스 받고 가족을 괴롭힐 것이 아니라 살림도 가끔 가사도우미에게 맡기자. 주부도 돈을 굴려보자. 몇 번 가사도우미에게 맡기면 나름 익숙해지고 편하고 마음에 여유가 생긴다. 그리고 돈이 아깝다는 생각이 들면 다시 직접 집안일을 하자. 가사도우미에게 맡길 것을 내가 하니 '내가 돈을 벌고 있네.'라는 생각도 든다.

사업이든 집안일이든 시스템화할 줄 알아야 한다. 돈으로 다른 사람의 노동과 시간을 사는 연습이 필요하다. 모든 것을 내가 다 하려고 하면 아무것도 못 한다. 도전을 안 하게 된다. 가만히 있게 된다. 그 자리에 계속 있으려고 한다. 사람은 게으르다. 사람은 하던 습성대로만 하려고 한다.

내가 빚을 갚아야 할 때는 무조건 안 입고 안 먹고 안 쓰고 초특급 절약을 했다. 그래서 빚 갚는 기간을 줄였다. 빨리 갚아야 내 마음이 편하기 때문이다. 하지만 빚 금액이 적어서 스트레스 받지 않는다면 조금 느슨하게 가도 된다. 개인 성향에 따라 다르다. 어느 정도 빚을 해결하고 나서는 조금 시야를 넓히자. 핑계는 그만하고 방법을 찾아보자. 나도 무슨 일을 하려면 아이들이 문제였다. 예전에는 방법을 찾아보지도 않고 내가 다 해결해야 한다고 생각했다. 그러면 내 생각에도 한계가 생긴다. 이 한계가 무서운 것이다. 사람을 아무것도 못 하게 만든다. 생각을 가두어버린다.

시스템화를 연습하다 보면 내 생각이 열리게 된다. 내가 다른 사람에게 맡길 것은 맡기고 나는 다른 생산성 있는 것을 실행한다. 생각이든 그

아이 셋 키우며 부업으로 월 2000만 원 버는 법

무엇이 되었든 가사 도우미를 부르면 사실 돈이 아깝다. 그래서 나는 더 가치 있는 일을 하려고 계획한다. '내가 뭘 하면 돈이 안 아까울까?' 생각하게 된다. 그러면 그동안 배우고 싶었는데 미루었던 것을 실행하게 되고 다음에 해야겠다고 미뤘던 일을 끄집어내게 된다. 주부에게도 그런 생각 연습이 계속 필요하다. 가만히 집에서 집안일을 잘한다고 누가 알아주는 사람 없다. 집안일은 생산성이 낮고 만족도가 작다. 천천히 생각을 바꿔보자.

나는 막내딸이 너무 어려서 집에서 꼼짝을 못 하고 아이만 보고 있었다. 점점 육아 우울증이 왔다. 아이가 자주 보채고 징징거리고 울면 달래고 챙기느라 바쁘다. 하지만 우리 막내는 너무 순했다. 잘 먹고 잘 자고 잘 웃고 나에게 생각할 시간이 많아졌다. 그래도 맘 편히 쉴 수는 없었다. 안 되겠다. 잠깐이라도 도우미를 부르자. 집 밖으로 나가자. 형편이 어려웠지만 독박육아가 너무 답답했다. 나라에서 운영하는 아이 돌봄 서비스를 신청했다. 뜻이 있는 곳에 길이 있다고 신랑이 법인이고 월급 신고가 높지 않아 다행히 지원을 조금 받을 수 있었다.

막상 집에만 있다가 밖으로 나오니 무엇을 해야 할지 몰랐다. 동네 언니가 도서관에서 동화구연 자격증을 배우자고 했다. 나는 아이들에게 책을 실감나게 읽어주자는 생각이 들어 자격증도 취득했다. 그리고 김금선 선생님의 하브루타 수업을 들었다. 나이, 직업, 성별에 관계 없이 두 명이 짝을 지어 서로 논쟁을 통해서 지혜를 찾고 다른 생각을 존중하고 토론하는 것이다. 하브루타 수업은 정말 좋다. 아이와 책을 읽고 궁금한 점을 서로 질문하고 답하면서 생각이 열린다. 많은 유대인들은 성공 비결로 탈무드 하브루타를 꼽는다. 나도 한동안 하브루타에 푹 빠져서 아이들과 서로 질문하느라 바빴다.

내가 육아, 살림, 사업, 일 모두 완벽하게 다 할 수 없다. 생각을 조금 바꾸면 해결할 수 있다. 생각을 멈추지 말고 방법을 찾자. 뜻이 있는 곳에 길이 있다. 내가 하고 싶은 것을 찾자. 온라인 쇼핑만 하지 말고 온라인 판매자가 되어보자. 우리는 어떤 일이든 할 수 있다.

동화구연 지도자 자격증

하브루타 부모교육사 자격증

아이 셋 키우며 부업으로 월 2000만 원 버는 법

5

아이 인생이 아닌
내 인생을 살자

엄마가 행복해야 아이가 행복하다

여자의 인생은 결혼 후부터가 진짜다! 나는 원래 이기적인 사람이다. 나를 중심으로 세상이 돌아간다고 생각했다. 하지만 아기가 태어나면서 완전 바뀌었다. 아기는 내가 조금만 다른 데 눈을 돌리면 울고 사고가 난다. 그래서 내가 아기만 바라볼 수밖에 없다. 내가 밥을 먹으러 가면 울고, 내가 화장실 가도 울고. 첫째 키울 때는 요령도 없었지만, 임신했을 때 어렴풋이 책에 아이를 울리면 안 된다고 읽었다. 그래서 내가 주방에서 밥 먹으려고 숟가락을 들다가도 큰방에서 아기가 울면 그 짧은 거리를 최선을 다해 뛰어갔다.

첫째 물티슈 뽑기   첫째 주방

　첫째 딸은 내 마음도 몰라주고 계속 울었다. 나는 첫째를 거의 안아서 키웠다. 손목이고 발목이고 안 아픈 곳이 없었다. 잠도 제대로 못 자고 먹을 것도 못 먹어서 살이 계속 빠졌다. 결혼식 할 때 아무리 다이어트해도 몸무게가 50kg 밑으로 내려간 적이 없는데 첫째 키울 때는 24시간 매일 딸과 붙어 있고 잠도 못 자고 밥도 못 먹어서 47kg가 되었다. 자동으로 다이어트가 되었다.

　나는 나밖에 아기를 볼 사람이 없어서 모든 신경이 딸에게 있었다. 다칠까 봐 늘 예민하고 조심했다. 딸이 조금만 위험한 것을 만지면 "안 돼! 조심조심! 위험해! 다쳐!" 이런 말을 입에 달고 살았다. 딸이 자다가 조금만 들썩이면 바로 깨서 이불 덮어주고 깊게 잠 안 잔다고 걱정했다. 그래서 큰딸은 내가 키운 대로 예민하고 겁이 많다. 나는 강아지, 개를 무서워한다. 애써 안 그런 척하지만 개가 물까 봐 온몸이 굳어진다. 딸을 안

아이 셋 키우며 부업으로 월 2000만 원 버는 법

첫째, 동네언니와 물감놀이

고 지나갈 때 개가 있으면 멀리 돌아간다. 지금 내 딸도 나랑 똑같다. 강아지나 개가 지나가면 기겁하고 울음을 터트리며 도망간다.

나는 TV에서 엄마가 한눈파는 사이에 아이에게 사건 사고가 터지는 장면을 몇 번 보았다. 뜨거운 물을 엎질러서 화상을 입는 사고, 의자에서 떨어져 허리가 다치는 사고, 한눈파는 사이 이것저것 먹어서 큰 병원에 가는 사고…. 아이를 키우기 전에는 몰랐는데 내가 아이를 키우면서 아이들 사건 사고는 마음이 엄청 아프고 쓰리다. TV에 아이들이 병원에 있는 장면만 나와도 마음이 아프고 그 부모의 마음이 그대로 느껴진다. 특히, 엄마의 실수로 인해 아이가 아플 때는 누구를 탓할 수도 없고 원망할 수도 없고 시간을 되돌릴 수도 없는 안타까운 심정이다. 나는 혼자 딸을 보는 시간이 많아 무서웠다. 그래서 더욱 예민하게 딸을 조심시켰다.

내가 너무 과하게 예민하고 걱정했다. 또래 친구들과 싸워도 걱정, 한글을 못 읽어도 걱정, 더하기 빼기를 못 해도 걱정, 영어를 못 할까 봐 걱정, 걱정 투성이였다. 지금 생각하면 딸에게 미안하다. 내 상황이 그랬지만 걱정하면서 온갖 부정적인 말로 딸의 자존심을 무너뜨렸다. 걱정 병이 있어 딸이 무슨 행동을 하면 못마땅했다. 나는 딸을 바꿔보려고 들들 볶고 소리치고 때렸다. 지금 생각하면 내가 한심하다. 소중한 딸의 자존감이 엄마의 잘못된 걱정 병 때문에 무너지고 있었다.

"시현아, 엄마가 정말 미안해." 내 걱정 병을 없애기 위해 노력했다. 쉽지 않았다. 어른인 나도 잘 안 바뀌는데 그동안 어찌 아이를 내 마음대로 바꿔보겠다고 애썼는지 모르겠다. 지금은 많이 내려놓았다. 아이만 바라보면 절대 바뀔 수 없다. 나는 아이 인생이 아닌 내 인생에 집중하고 몰입하면서 점점 달라졌다. 엄마가 행복해야 아이가 행복하다!

아이 셋 키우며 부업으로 월 2000만 원 버는 법

나는 집을 위해 살지 않고 아이들을 위해 살겠다

예전 나는 전업 주부였다. 아이도 잘 키워야 하고 살림도 잘해야 한다는 압박감이 있었다. 결혼 전에는 살림에 관심도 없다가 결혼을 하면서 조금씩 하고 있었다. 그러다가 아이가 태어나면서 아이를 잘 키워야 한다는 생각으로 내 모든 것을 쏟아 부었다. 아이를 키우면서 사회성을 위해 동네 친구도 만들고 자주 서로 집에 들락거리면서 내 살림이 창피했다. 그때부터 집안 살림에 조금씩 신경을 쓰기 시작했다. 나는 혼자 아이를 돌보는 것도 버거웠는데 살림까지 신경 써야 해서 더 예민해졌다.

나는 살림 콤플렉스가 생기면서 집에 친구가 온다고 하면 그때부터 치우기 시작했다. 누가 오면 스트레스였다. 안 하던 청소를 하니 몸이 여기저기 아프고 집을 어지르는 아이들이 싫었다. 집안일에 신경 안 쓰는 남편에게 잔소리를 했다. 막상 친구가 오면 피곤했다. 청소하느라 피곤했던 것이다. 그래서 청소하기 싫어 가끔 약속을 취소하기도 했다. 육아 스트레스, 살림 스트레스, 전업주부는 많이 힘들다.

가수 이적의 어머니는 유명한 여성학자 박혜란님이시다. 선생님이자 작가이기도 한 그녀는 세 아들을 모두 서울대에 보낸 것으로 유명하다. 이적의 어머니는 아이들이 집안을 어질러도 절대 집을 치우지 않았다고 한다. 그래야 아이들의 창의력과 자율성을 향상시키는 데 도움이 된다고 했다. "집이 사람을 위해 존재하는 것이지, 사람이 집을 위해 존재하는 것은 아니다! 나는 집을 위해서 살지 않고 아이들을 위해서 살겠다."

내가 박혜란 선생님을 진작 알았어야 했는데 그동안 집을 괜히 치웠다는 생각이 들었다. 그 뒤로 친구들에게 이렇게 말했다. "아이들 서울대 보내려면 집 치우면 안 돼!"

이적이 방송에 나와서 이야기했다. 자기 집이 친구네 집에 비해 너무 지저분해서 엄마한테 집 좀 치우며 살자고 했단다. 그런데 어머님 말씀이 "먼지에게 시간을 줘라! 먼지는 굴러다니다가 스스로 뭉치기 마련이고 그럼 자동 청소가 된단다." 그런데 솔직히 말이 쉽지 살림을 안 할 수가 없다. 특히 어린아이를 키우기 때문에 더욱 신경이 쓰인다. 아이들이 기침 한 번 하면 내가 청소를 안 해서 감기 걸렸다는 생각부터 든다.

육아와 살림은 주부와 떼려야 뗄 수 없는 관계다. 나는 일을 하면서 결국 육아와 살림을 적당히 안 한다. 육아는 어린이집에 맡기고 살림은 사람이 살 수 있을 만큼만 해놓고 산다. 그렇다고 부끄럽거나 창피하지 않다. 신경 쓰이면 애초에 친구를 안 부른다. 밖에서 만난다. 나는 못하는 살림까지 내가 완벽히 하려고 애썼다. 나의 쓸데없는 고집이 나를 힘들게 할 뿐만 아니라 아이들과 남편에게도 짜증을 냈다. 이제 구속하지 말자. 내버려두자.

나는 전업주부로 독박육아를 하면서 아이 둘은 있어야 한다고 계획했다. 그런데 생각하지도 못한 셋째가 막상 태어나니 너무 예쁘다. 조그만 얼굴에 눈, 코, 입이 다 있는 게 신기하고 사랑스러웠다. 셋째라서 잘 울지도 않고 순했다. 하지만 나 혼자 아이 셋은 버거웠다. 내가 잠시라도

아이 셋 키우며 부업으로 월 2000만 원 버는 법

셋째 만삭사진

쉴 수가 없었다. 나는 없는 살림에 나라에서 운영하는 아이돌봄 서비스를 신청했다. 셋째는 어린이집 다니기 전 5개월 정도 돌봄 선생님이 보셨다. 막내가 야무지고 순해서 특별히 걱정 없었다. 선생님도 정말 잘해주셨다. 그런데 내가 직장을 안 다녀서 집에 돌봄 선생님과 함께 있다 보니 본의 아니게 감시하는 것처럼 되어버려서 나는 밖으로 나갔다.

자기 자신을 키우면서 아이들이 커가는 모습을 따뜻한 눈으로 바라보라

나는 집에서 아이만 보고 있다가 아이를 맡기고 나오니 세상 너무 좋았다. 가만히 있어도 웃음이 실실 나왔다. 동네 언니가 같이 도서관에 가자고 했다. 언니와 동네 도서관에서 가르쳐주는 구연동화를 배웠다. 내가 가끔 동화책을 읽어주면 우리 아이들이 너무 좋아했다. 나는 더욱 잘 읽어주고 싶었다. 구연동화 자격증 시험을 준비했다. 생각보다 쉽지 않았다. 여자아이, 남자아이, 할아버지, 할머니 목소리가 좀 어려웠지만 여러 번 연습하면 괜찮았다. 목소리 변신 달인이 되어갔다. 친정 부모님께 아이들을 맡기고 시험을 보러 갔다. 오랜만에 시험을 보러 가는 내 발걸음은 가볍고 즐거웠다. 막상 시험을 볼 때는 많이 떨렸지만 합격했다. 나는 구연동화 자격증 있는 엄마이므로 사명감을 가지고 동화책을 열심히 읽었다. 우리 아이들은 계속 읽어달라고 했다.

박혜란 선생님은 "아이들을 키울 생각을 하지 말고, 자기 자신을 키우면서 아이들이 커가는 모습을 그저 따뜻한 눈으로 바라보라."고 말했다. 맞는 말씀이다. 육아와 살림을 하면서 나를 자꾸 잊어버린다. 아이 인생만 생각한다. 혹은 남편 인생을 걱정한다. 그러나 이제는 나를 진짜 사랑하자. 내가 진정 원하는 것이 무엇인지 생각하고 고민하자. 나중에 후회하지 말고 지금 내 인생을 살자.

아이 셋 키우며 부업으로 월 2000만 원 버는 법

6

부의 추월차선은
온라인 판매가 답이다

모든 선택과 결정은 내가 하는 것이다

엠제이 드마코의 책『부의 추월차선』을 읽어보았는가? 미국 아마존 금융 사업 분야에서 1위 베스트셀러다. 저자는 가난의 근원을 추적해보면 모두 한 가지, 선택이라고 말한다. 잘못된 선택은 가난의 주요 원인이다. 가난한 의식이 가난한 선택만 하게 되는 것이다. 당신이 현재 있어야 할 자리에 있지 않다면, 문제는 당신이 한 선택이다. 당신이 처한 상황은 그런 선택으로 인해 발생한 증상이다. 당신이 내린 선택들이 모여서 과정이 되고, 과정이 라이프 스타일을 만든다. 라이프 스타일을 결정하는 선택이 모여서 당신을 가난한 사람이나 부자로 만들 것이다.

그동안에 나의 삶을 돌아보면 나는 스스로 부자는 당연히 될 수 없다고 한계를 짓고 있었다. 가난한 의식으로 선택을 하다 보니 점점 더 가난해졌다. 내가 갖는 목표가 작거나 아니면 인생이 가는 대로 내버려두었다. 이 모든 선택의 중심은 나다.

엠제이 드마코가 서행차선을 부정적으로 보는 이유는 무엇일까? 바로 내 삶의 선택권을 남, 그리고 회사, 상사, 주식시장, 경제, 그 밖의 모든 형태의 타인에게 넘겨줘버리기 때문이다. 이런 잘못된 결정이 모여 가난이라는 퍼즐을 맞춰나갔다. 즉, 매일 내가 내리는 결정이 시간이 지나면서 파문처럼 번지게 되는 것이다.

엠제이 드마코는 당신의 인생에서 내린 결정은 수백만 개의 가치를 뻗은 늙은 떡갈나무와 같다고 한다. 각각의 가지들은 당신이 내린 선택의 영향을 상징한다. 나무 밑동에서 가까운 굵은 가지는 인생 초반에 내린 결정을 의미한다. 나무 꼭대기로 올라가면서 가늘어지는 가지는 인생 후반에 가까워 내린 결정을 의미한다. 젊어서 내린 결정은 가장 강력한 힘을 발휘하며 나무의 몸통 부분을 장식한다. 가지들은 시간이 지나 위쪽을 향해 뻗어 나갈수록 더 가늘어지고 약해진다. 가지는 나무가 자라나는 방향을 바꿀 힘이 없다. 나무의 몸통이 이미 세월과 경험, 반복적인 습관으로 두꺼워졌기 때문이다.

보통 첫 직장이 매우 중요하다고 한다. 처음 선택한 직장 따라 평생 쭉 따라가기 때문이다. 나는 10년 동안 고객센터에 있었기 때문에 전화를

아이 셋 키우며 부업으로 월 2000만 원 버는 법

받는 일 외에 다른 일을 시도하기가 정말 어려웠다. 나는 남편한테 정말 고맙다. 사실 빚은 감당하기 어려웠지만 빚이 있었기 때문에 어떻게든 빚을 갚아야 한다는 노력으로 내 다른 능력들이 바깥으로 겨우 나왔다. 그런 일이 없었다면 나는 그저 그런 평범한 삶을 살았을 것이다.

독서를 하면서 세상을 바라보는 눈이 달라졌다. 나도 더 늦었으면 큰일날 뻔했다. 헤어나오기 힘들었을지도 모른다. 지금 내 나이가 20~30대보다 젊은 건 아니지만 그래도 지금 부지런히 움직이면 내 나무가 자라나는 방향을 바꿀 수 있다. 40~50대까지 괜찮다. 혹시나 늦었더라도 나를 찾아오면 최대한 움직일 수 있도록 도와주겠다.

온라인 판매의 큰 장점

영향력 법칙에 따르면, 당신이 통제하는 범위 안에서 더 많은 인생에 영향을 미칠수록 당신은 더 부자가 된다. 즉, 수백만 명에게 영향을 미치면 수백만 달러를 번다. 추월차선 부의 방정식에서 '규모'와 '중요도'는 '순이익' 변수에 포함된다.

$$순이익 = 판매 개수(규모) \times 단위당 이익(중요도)$$

중요도가 중시되는 활동은 규모가 작아도 높은 이익을 낼 잠재력이 있다. 중요도는 늘 물건의 가격에 반영된다. '높은 가치 = 높은 가격 = 높은 중요도'라는 공식이 성립된다. 도널드 트럼프는 중요도와 규모 면에서 모두 영향력을 미칠 수 있어서 엄청난 부자가 된 사람이다. 로버트 기요사키가 백만장자라면, 도널드 트럼프는 억만장자다.

온라인 판매도 순이익 계산 방법이 비슷하다. 온라인 판매는 규모가 대단하다. 오프라인 장사는 보통 동네 장사다. 물론 유명한 맛집은 전국 방방곡곡에서 오지만, 대부분은 인근에서 손님들이 오기 때문에 한정적이다. 하지만 온라인 판매는 대상 자체가 우리나라 전 국민이다. 앞으로는 점점 더 많아진다. 국내 어디든, 세계 어디든 가능하다. 서울부터 경기도, 전라도, 경상도, 그리고 제주도, 심지어 해외 판매도 가능하다.

상품마다 중요도가 다르다. 가격이 저가에서 고가까지 몇천 원에서 몇십만 원, 몇백만 원까지 물건이 다양하다. 내 순수익을 높이기 위해서 판매 개수를 높이고 단위당 이익을 올리면 된다. 온라인 판매의 판매 규모는 압도적이다. 가격이 다양해서 항상 고객의 선택을 받는다. 순수익을 계속 높일 수 있다.

빌 클린턴은 대중 연설 수수료로 5,000만 달러 이상을 벌어들였다. 연설한 시간만큼 돈과 맞바꾸는 거래다. 아마도 시간당 10만 달러 이상이므로 클린턴의 내재 가치는 엄청나다. 클린턴은 수백만 명에게 연설하고 수백만 달러를 받으므로 영향력이 크다.

작곡가는 수백만 곡을 팔아 수백만 달러를 번다. 스타 운동선수의 매니저는 그의 고객이 수백만 관중을 즐겁게 했기 때문에 수백만 달러를 번다. 부자의 돈의 출처를 따라가면 늘 수백만의 어떤 것이 존재한다. 규

아이 셋 키우며 부업으로 월 2000만 원 버는 법

모 및 중요도 면에서 직접적으로든 간접적으로든 영향력을 발휘할 수 있어야 돈이 따라온다. 직접적으로나 간접적으로 더 많은 사람들의 인생에 영향을 미칠수록 더 많은 부가 따라온다.

지금 내가 빌 클린턴처럼 유명해지는 것은 실현 가능성이 없다. 또 작곡가, 스타 운동선수의 매니저가 되기 힘들다. 하지만 인터넷 판매는 지금 누구나 가능하다. 나이 제한이 없고 학력이 필요 없다. 성차별도 없다. 그리고 인터넷 판매의 규모는 우리나라 국민이다. 5,000만 명이 넘는 숫자가 내 규모다. 물론 상위 노출, 마케팅으로 우리나라 국민 개인의 눈에 띄어야 한다. 하지만 노력하면 할 수 있다. 그래서 인터넷 판매를 시작해서 어느 정도 자리 잡으면, 일반 회사원보다 많이 벌고 노력 여하에 따라 상당한 수익을 얻는다. 온라인이라는 공간은 어떻게 보면 누구에게나 똑같이 기회가 주어지고 판매할 수 있으므로 공평하다.

교육을 받고 추월차선으로 나아가자

부자들은 교육이 졸업식과 동시에 끝나지 않는다는 것을 알고 있다. 교육은 그때부터 시작인 것이다. 세상은 끊임없이 변화하고 세상이 진화하면 당신이 받는 교육도 그에 맞춰 달라져야 한다. 그렇지 않으면 당신은 평범한 사람으로 머무르게 될 것이다.

추월차선 안에서 교육의 목적은 돈이 열리는 나무와 비즈니스 시스템의 힘을 확대하는 것이다. 당신은 바퀴에 달린 톱니가 아니다. 당신이 그 바퀴를 만드는 법을 배우는 것이다. 추월차선의 교육은 비즈니스 시스템의 성장을 촉진시키기 위한 것이다.

온라인 판매도 교육을 받아야 한다. 그냥 덤빈다고 판매가 되는 것이 아니다. 전문가에게 배우면 시간을 벌 수 있다. 비용이 들더라도 전문가에게 교육을 받아야 사기를 안 당한다. 지금 실제적으로 온라인 판매를 하는 사람에게 배워야 한다. 온라인 판매를 안 하면서 교육만 하는 사람은 신빙성이 떨어지고 시대 흐름에 뒤처진다. 온라인 시장의 10년 전과 지금은 판매방식이 다르다. 온라인 시장의 무대가 예전에는 다음(daum)이었다면 지금은 네이버, 유튜브이다. 앞으로도 계속 바뀔 것이다. 온라인 판매자는 이 흐름을 읽을 줄 알아야 한다. 그러므로 끊임없이 배우고 따라가야 한다.

나는 예전부터 부자가 되고 싶었다. 하지만 직장을 다니고 먹고살 만 했기 때문에 간절함이 사라졌다. 빚이라는 역경이 오면서 내가 간절히 원하는 것이 무엇인지 확실히 깨닫게 되었다. 나의 노력은 다른 사람이 대신해줄 수 없다. 사업을 하면서 깨달았다. 직장에서는 시키는 일만 하면 크게 문제 될 것이 없고 상사가 있으므로 문제의 책임은 보통 상사가 진다. 하지만 사업은 다르다. 모든 결정과 선택이 나한테 달려 있다. 누가 대신해주지 않는다. 이것이 내 삶의 주도권을 잡는 것이다. 내가 생각하고 노력하고 판단한 것에 따라 사업이 달라진다.

온라인 판매에는 장점이 많다. 온라인 판매의 전반적인 흐름을 배우고

아이 셋 키우며 부업으로 월 2000만 원 버는 법

상품 등록을 배워서 온라인 세상에 한 번 올려놓으면 내가 잠자는 시간, 화장실 가는 시간, 내가 노는 시간에도 상품 판매는 되고 24시간 365일 매일매일 그것이 나 대신 일한다. 내가 글을 쓰고 있는 지금도 온라인 주문이 계속 들어온다. 오프라인 일반 매장은 손님을 항상 기다려야 하지만 온라인은 기다리지 않아도 되고 또 나를 밖으로 드러내지 않아도 된다. 하지만 이렇게만 한다고 판매가 쉬울까? 온라인도 헌신이 필요하다. 나를 알아봐달라고, 사달라고 지속적으로 알리고 광고해야 하며 여러 방법으로 마케팅을 해야 한다. 하지만 중요한 것은 헌신을 하면 반드시 성과가 나온다는 것이다. 시간이 지나면 기하급수적으로 성장 곡선으로 추월한다.

7

간절함만이
내 인생을 바꿀 수 있다

진짜 공부는 졸업과 동시에 시작한다

내 주변에 온라인 판매에 대해 알려줄 수 있는 사람은 없었다. 내가 배우러 가야 했다. 장소가 대부분 강남이거나 멀었다. 나는 아이가 셋이므로 시간 여유가 없었다. 저녁 교육과 주말 교육은 들을 수가 없었다.

남편이 직장생활을 하면서 지금도 평일 주말 피자 아르바이트를 투잡으로 하고 있다. 또 아이가 하나나 둘이면 친정 부모님께 맡기고 교육받겠는데, 3명은 생각보다 쉽지 않다. 나는 평일 오전에 강남으로 가서 오후까지 교육받고 아이들 하원 전에 집에 도착했다. 대중교통을 타기 때문에 지친다. 그리고 아이들 밥 먹이고 씻기고 육아하고 재우고 저녁에 조금 복습하고 다음 날 또 교육받으러 갔다. 하나라도 더 배우고 싶었다. 지치고 힘들지만 나는 포기하고 싶지 않았다. 항상 기대가 되었다. 간절했다.

『부의 추월차선』에서 엔진오일을 교체하면 당신의 자동차 수명을 몇 달 혹은 몇 년 더 연장할 수 있다는 것은 무슨 뜻일까? 당신이 지속적으로 교육을 받아 기생적인 부채에 순응하는 대신, 당신의 추월차선 시스템을 향상시켜야 한다는 것이다. 저자는 마케팅과 금융, 두 분야의 경영학 학위를 따고 대학을 졸업했다. 둘 다 컴퓨터공학과 관련 있는 분야는 아니었다. 대학에서 나는 컴퓨터 프로그래밍을 배운 적이 없다. 그러나 나는 수만 가지 일을 인터넷상에서 처리한다. 우습지만 13년 동안 비싼 값을 내고 고등 교육을 받으면서 인터넷이나 웹 기술 관련 수업을 들어본 적이 없다.

나도 초등학교 6년, 중학교 3년, 고등학교 3년, 대학교 4년을 다니면서 부자에 대해서 배운 적이 없다. 부동산, 포토샵, 온라인 판매에 대해서 단 한 번도 배운 적이 없다. 나는 학교에 다니면서도 왜 공부를 해야 하느냐고 엄마 아빠한테 많이 물어보았다. 공부를 잘해야 대학에 가고 대기업에 취업할 수 있다고 했다. 언젠가 분명 필요할 날이 올 줄 알았다. 막상 대기업에 취업해도 업무를 다시 배워야 한다. 학교에서 배운 것을 사용한 적은 없다. 내가 생각하기에 더하기, 빼기, 곱하기, 나누기 정도만 잘하면 살아가는 데 크게 문제는 없는 것 같다.

엠제이 드마코는 이렇게 말한다.

"내가 나의 기술 세팅(엔진오일)을 새롭게 하지 않았다면 나의 여정은 막혀서 나아가지 못했을 것이다. 내가 지식을 추구한 덕분에 끝없이 변하는 세상에서, 추월차선에서 얻는 기회를 놓치지 않을 수 있었다. 공부는 졸업과 동시에 끝나지 않았다. 그때부터 시작되었다. 가장 멋진 일은 내가 스스로 한 공부가 추월차선에서 트윈 터보 엑셀이었다는 것이다."

나는 학교 공부를 너무 하고 싶어서 스스로 찾아 공부한 적이 없다. 시험을 잘 보기 위해 어쩔 수 없이 했다. 학교 선생님이 시키고, 부모님이 바라고, 이것이 올바른 길인 줄 알았다. 하지만 막상 사회생활에서는 전혀 다른 능력을 요구한다. 학교 공부는 취업할 때 이력서 한 줄 기재하기 위해서 필요했다. 내가 사업을 할 때도 나는 학교에서 배운 공부는 사용한 적이 없다. 하지만 내가 배운 포토샵은 지금도 계속 사용하고 있으며, 내가 하나라도 더 듣기 위해 강남으로 가서 배운 온라인 판매 기술은 나의 뼈와 살이 되었다. 간절함으로 내가 필요해서 받는 교육은 다르다. 배우는 자세도 다르고 습득도 빠르고 정말 열심히 한다. 공부는 몇 번 한다고 끝나는 것이 아니라 지속적으로 꾸준히 해야 한다. 온라인 판매 교육도 계속 받아야 시대의 흐름을 따라갈 수 있다.

하루라도 빨리 간절히 원하고 배우자

얼마나 간절히 그것을 원하는가? 당신은 의지가 얼마나 강한 사람인가? 그것을 이루기 위해 차에서 잠깐 자면서 생활할 수 있는가? 친구들

아이 셋 키우며 부업으로 월 2000만 원 버는 법

이 자기 집을 가지고 있더라도 당신은 작은 원룸에서 생활할 수 있는가? BMW 신형 모델을 포기하고 이미 15만 마일이나 달린 낡은 차를 선택할 수 있는가?

대부분의 사람은 의지가 강하지 못하며, 바로 이것이 승자와 패자를 가른다. 50년간 무한경쟁 속에서 사는 것보다는 바짝 이해해서 그러한 삶에서 탈출하는 것이 덜 힘들 것이다. 당신은 지금 적당한 안락을 누리거나 나중에 화려한 안락을 누릴 수 있다. 추월차선을 달리는 사람들은 향후 도래하게 될 특별한 장기적 안락을 위해 현재의 단기적 안락을 포기할 수 있는 선견지명이 있다.

나는 그동안 편안한 삶에서 만족하고 그쳤다. 그래서 더 이상 발전이 없고 제자리걸음이었다. 내가 만약 20대 때에 온라인 판매를 배웠다면 배우는 속도가 남다르고 여러 번의 인생 역전을 해서 벌써 부자가 되었을 것이다. 지금은 배우는 속도와 이해력이 느리다. 20대 때는 나만 열심히 하면 되고 부모님은 항상 응원하셨다. 지금은 아이 셋의 등원, 하원시간과 건강, 남편의 시간과 건강, 친정 식구, 시댁 식구 등 항상 챙겨야 할 범위가 커졌다. 그만큼 무엇인가 배우기가 어렵고 의지가 약해진다. 포기하기 쉽다. 그리고 중요한 건 몸도 안 따라준다. 20대 때는 아픈 것을 잘 몰랐다. 지금은 조금만 무리하면 여기저기 쑤시고 아프다.

대부분 사람은 친구들과 가족으로부터 '불가능해.'라는 말을 듣고 자신의 꿈을 접을 것이다. 흥미와 패기를 가지고 어떤 일을 시작하지만 첫 번째 장애물 혹은 실패에 포기하고 만다. 그들은 한두 걸음만 더 가면 성공이 있다는 것을 모른 채 단념한다. 이러한 한계선상에서의 노력은 다른 사람이 대신해줄 수 없다. 일과 희생이 따를 것을 예상하고 목적지를 알고 꿈을 구체화하고 수단을 준비해야 한다. 당신이 추월차선 기회가 요구하는 힘든 일을 하지 않는다면 다른 누군가가 할 것이다. 또한 당신이 남들과 같지 않다면 당신은 놀라운 것을 발견할 것이다. 그것은 바로 당신이 남들과 다르게 살 수 있다는 것이다.

나도 예전에는 목표가 작다는 것을 몰랐다. 목표를 크게 가지려면 내가 보는 시야를 넓혀야 한다. 시야를 넓히려면 관련 분야를 계속 공부하고 책을 읽고 내 분야에서 최고를 찾아가야 한다. 그러면 내 목표가 작다는 것을 깨달을 수 있다. 시련이 와도 나는 목적지를 보며 참고 이겨낼 수 있다. 지금이 과정임을 안다. 그리고 시각화는 굉장히 중요하다. 목표를 구체화하고 시각화하자. 그럼 포기하고픈 순간이 와도 목적지를 생각하며 다시 일어날 수 있다. 목표가 작으면 작은 만큼만 움직이게 되고 간절함이 덜하다. 쉽게 포기하고 핑계가 늘어난다.

시간을 최대로 활용하면 부도 최대화된다

엔진 오일을 교체할 시간을 어디에서 찾아야 할까? 진지하게 직장에서 풀타임으로 일하고 2명의 자녀를 둔 당신에게 그럴 시간이 있을까? 반복적이고 끊임없이 해야 하는 일상 활동과 연결 지으면 엔진오일을 교체하는 일은 어렵지 않다. 옛말에 '일거양득'이라고 하듯이 하나의 시간 블록 안에서 2가지 일을 처리함으로써 시간을 조작할 수 있다. 시간을 최대로 활용하면 당신의 부도 최대화된다. 하나의 시간 프레임 안에서 2가지 목표를 달성해라.

남편은 낮에 직장생활하면서 저녁과 주말에는 피자 아르바이트를 한다. 빚을 갚기 위해서 시작했다. 빚이 없었다면 시작했을까? 빚을 갚은 지금도 여전히 아르바이트를 한다. 성공하기 위해 노력한다. 피자 아르바이트는 수단이다. 남편은 계속 생각한다. 프랜차이즈에 대해 공부하며 유튜브를 찍고 추가 컨설팅으로 더 큰 소득을 얻는다.

나도 온라인 판매를 하면서 동시에 재택근무 설문전화도 돌린다. 동시에 2가지 일을 한다. 오후에는 아이들이 오면 육아를 하면서 동시에 문의전화도 받는다. 저녁에 아이들을 재우고 나는 온라인 판매를 계속 공부한다. 발전하기 위해 끊임없이 노력한다.

우리 부부는 지금 24시간을 풀(fuul)로 사용한다. 예전 직장생활을 할 때는 주어진 업무만 끝나면 쉬고 놀기 바빴다. 아무리 쉬어도 개운하지 않았다. 재미없고 반복된 일을 하느라 삶이 지루하고 투덜거리고 불평만 했다. 내 사업을 하면 다르다. 내 시간을 내가 활용할 수 있다. 삶이 자유롭고 즐겁다. 하루하루가 기대된다. 자는 시간까지도 허투루 쓰지 않는다. 신랑은 자려고 누워서 유튜브 편집을 하고, 나도 누워서 이어폰을 꽂고 유튜브나 오디오북을 켜놓고 공부하면서 잔다. 왜 이렇게까지 할까? 빚으로 경제적 어려움을 겪어보고 힘들었지만 이겨냈다. 공부하면서 부자들의 삶을 보았다. 부자에 대해 갈망한다. 누구보다 성공하고 싶은 마음이 간절하다.

8

경험을 돈으로 바꾸는
기술을 배우자

가르치는 것은 2번 배우는 것이 된다 –조세프 주베르

나는 고등학교 때 반장을 했다. 나는 부끄럽고 쑥스러움이 많았다. 그래도 '차렷, 경례'를 열심히 했다. 자연스럽게 반 친구들을 많이 도와주었다. 시험기간이 되면 나에게 이것저것 물어보는 친구들이 있었다. 나는 반장의 사명감으로 친구들에게 내가 아는 것을 전부 다 알려주었다. 그때 성취감과 희열을 느끼면서 중요한 사실을 깨달았다. 내가 말해주면서 한 번 더 배운다는 것을 알았다.

『배움을 돈으로 바꾸는 기술』의 저자 이노우에 히로유키는 배움이 거

듭되고 쌓여서 스스로의 내부에서 어느 정도 성과로서 굳어지고 있다면 '무엇을 하고 싶다.'라고 크고 솔직하게 말로 꺼내보라고 한다. 가령 손이 닿지 않는 저 멀리 있는 바람일지라도 그 소망은 누군가의 귀에 들어가게 되고 그 사람을 움직여서 결국 현실로 결실을 맺게 된다는 것이다. 그러므로 솔직하게, 크게, 많이 말하자. 실현될 확률이 높아진다.

나는 유튜브가 '말하는 연습'을 하는 데 훌륭한 수단이라고 생각한다. 남편은 유튜브 촬영하기 전에 말할 내용을 간단하게 흐름을 적는다. 그리고 핸드폰을 켜고 중얼중얼한다. 말을 하면서 동시에 귀로 듣는다. 내 안에 제대로 쌓이게 된다. 그래서 말은 정말 중요하다. 나는 시험공부를 할 때 종이에 적으면서 하지 않았다. 종이에 적으면 손가락 아프고 속도가 늦었다. 책을 먼저 읽고 이해하고 책을 덮고 말하면서 달달 외웠다. 그러면 손으로 적는 것보다 훨씬 빨리 정확하게 외워진다. 이때 엄마는 기분 좋아하셨다. 손으로 적으면서 공부하면 엄마가 방안에서 공부를 하는 건지, 노는 건지 조용해서 궁금해하셨지만, 내가 말하면서 공부하면 옆에서 들리기 때문에 공부하는지 알고 만족해하셨다.

결혼 전에 다녔던 회사의 지연 언니한테 오랜만에 전화가 왔다. 언니가 회사 뱅크팀에 자리가 났다는 것이다. 뱅크팀이면 회사 부서 중에서 제일 한가한 편으로 일도 쉽고 늦게 출근하고 너무 좋은 부서였다. 하지만 나는 오후에 아이들을 돌봐야 하기 때문에 시간이 안 맞았다. 나는 "언니, 너무 좋은데 내가 시간이 안 돼. 아쉽다."라며 전화를 끊었다. 몇 달 뒤 지연 언니한테 다시 연락이 왔다.

"유정아, 이번엔 재택근무인데 가능해?"
"OK, 가능해!"

나는 우주님이 주신 힌트, 기회라고 생각하고 바로 승낙했다. 이 업무가 나에게 주는 영향을 모른 체 그냥 받아들였다. 재택근무여서 월급이 큰 것은 아니지만 고정적으로 들어오는 월급의 힘을 알기 때문에 우선 'YES'했다. 고객들에게 회사 이용 만족도 점수를 받고 그 이유에 대해 간략하게 기재하는 업무다. 회사에서 연락이 왔다.

"유정 대리님, 이렇게 적으시면 안 됩니다. 요점을 정리해서 보기 쉽게 적어주세요."
"네, 알겠습니다."

나는 그냥 고객이 말한 순서대로 정리 없이 다 적었다. 여러 번 수정했더니 이제는 요점을 잘 적는다. 지금 생각해보니 그것이 다 책 쓰기 위한 준비 과정이었던 것 같다. 책 쓰기도 글을 쓰는 연습이 필요하다.

기회가 왔을 때는 무조건 'YES'
『배움을 돈으로 바꾸는 기술』에서는 제안받는 즉시 밝고 기쁨에 찬 목소리로 "네, 기꺼이 하겠습니다."라고 대답하라고 한다. 그 지점에서 새로운 길이 열리는 사례가 무척 많다는 것이다. 그러한 적극성과 긍정성이 상대의 잠재의식에 좋은 인상을 남겨서 나중에 기회가 생겼을 때 '참, 그 사람이 있었지!'라고 떠올리게 된다고 한다. 또 어지간하면 기분 좋게 받아들이는 사람이라는 생각에 상대도 부담 없이 제안할 수 있게 된다는 것이다. 기억하라 누군가에게 처음으로 받는 제안은 즉시 수락하라!

열심히 배움을 지속하면 어떤 과제라 해도 '배움'과 돈을 연동시킬 기회, 다시 말하면 '배움'을 돈으로 바꾸고 돈을 벌 기회가 의외로 많다고 한다. 예를 들면 수강하는 세미나에서 "다음 마지막 회에는 이번 세미나를 정리하는 의미로 다른 사람들 앞에서 스피치를 좀 해주세요."라는 부탁을 받은 경우에 "아니요, 저는 좀…."이라며 분명하지 않은 태도를 보이는 사람이 의외로 많은데, 그것은 기회를 놓치는 것이다.

나는 사람들 앞에 서서 이야기하는 것을 잘 못한다. 앞에 나가기만 하면 머리가 하얘지고 표정이 굳고 빨리 짧게 말하고 들어가는 습관이 있다. 이노우에 히로유키처럼 이제부터 나도 적극적으로 말을 하는 연습을 해야겠다.

온라인 판매의 장점은 내가 소극적이든 적극적이든 손님을 직접 대면하지 않아서 좋다. 가끔 문의 오면 문자나 전화로 이야기한다. 난 고객 전화는 거침없이 잘 받는다. 차분하게 설명도 잘한다. 고객센터에서 10년이나 근무했기 때문이다. 경험은 정말 중요하다.

둘이 나누면 가치는 2배가 되고, 셋이서 나누면 3배가 된다

이노우에 히로유키는 '배움'에 의해 얻은 것은 그 무엇과도 바꿀 수 없는 보물이며 많은 사람들에게 알려서 모두 함께 그 보물을 공유하는 것이라고 말했다. 구체적으로는 블로그, 페이스북을 통해 배운 것을 다른 많은 사람과 함께 공유한다는 것이다.

배움과 교양, 마음의 풍요로움은 물리적인 세계의 그 무엇과는 차원이 달라서 나누면 나눌수록 확대되는 법칙성을 가지고 있다고 한다. 둘이 나누면 가치가 2배가 되고, 셋이서 나누면 3배가 된다. 블로그, 페이스북을 통해 배움을 나누고 있는 사람을 헤아려보면 수만에서 수십만 명에 이르는데 그 방대한 숫자만큼 반향이 크고 이루 말로 다할 수 없을 만큼 큰 보람도 느낀다는 것이다. 그러니 SNS를 통해 지식과 깨달음을 꾸준히 공유하라.

온라인 판매도 내 상품을 알려야 한다. 마케팅은 필수다. 가끔 보면 카카오스토리, 인스타그램, 블로그에서 개인적인 일상의 게시글을 올리다가 어느 순간 판매 상품이 막 올라가는 경우를 보았을 것이다. 방법은 다양하다. 일상을 공유하면서 자연스럽게 판매 상품을 넣는 방법도 있고 처음부터 판매 상품을 올리는 방법도 있다. 고객에게 내 상품을 알릴수록 누군가는 들어와서 상품을 구매하기 때문에 온라인 판매자는 전략적으로 여러 곳에 판매 상품을 올려야 한다.

요즘은 마케팅의 진입장벽은 없지만 오히려 종류가 너무 많아서 어떤 것을 해야 할지 갈팡질팡할 때가 있다. 가능하면 이용자가 많은 곳, 아니

아이 셋 키우며 부업으로 월 2000만 원 버는 법

면 내가 사용하기 편하고 쉬운 것부터 차근차근 해나가면 된다. 앞서 말했듯이 유튜브 이용자가 제일 많다. 하지만 처음 하는 사람에게는 조금 어려울 수도 있다. 얼굴 노출이 부담스럽고 부끄럽고 카메라로 작업하는 게 쉽지 않기 때문이다. 그러면 다른 플랫폼을 해야 한다. 블로그, 인스타그램부터 시작하면 좋다. 모르면 배워야 한다. 배움에는 정말 끝이 없다. 하지만 한 번 놓쳐버리면 따라가기가 쉽지 않다. 새로운 플랫폼이 계속 나오는데 보통 다음 카페 운영했던 사람이 네이버 카페를 운영하고, 블로그 했던 사람이 유튜브를 한다. 어떤 플랫폼이든 배우고 꾸준히 하면 해내지 못할 것이 없다.

조세프 주베르의 말처럼 가르치는 것은 2번 배우는 것이 된다. 나는 확실히 다 안다고 생각해서 알려주다가 제대로 알지 못했다는 사실을 깨닫게 되기도 하고, 다시 한 번 더 철저히 점검할 수 있기 때문이다. 나는 고등학교 때 친구들과 스터디 모임을 했다. 성적 상위권인 친구들이었다. 서로 알려주면서 모르는 것도 배우지만 질문하면서 질문의 중요함을 깨달았다. 내가 중요하게 생각하지 않았던 질문을 받으면 이 문제에 대해 다시 한 번 생각해보게 되고 다시 공부한다. 그동안 내 성적이 정체되어 있었는데 그때 스터디 모임을 하면서 성적이 향상되었다.

온라인 판매를 배울 때 나는 질문을 많이 했다. 궁금한 것을 미리 종이에 적어가기도 했다. 나의 이런 진지한 태도가 수업 분위기를 향상시킨다. 내가 질문을 하면 다른 사람들도 용기 내어 질문을 한다. 옆 사람의 질문을 듣고 미처 내가 모른다는 사실도 몰랐다가 배우게 된다. 질문은 하나라도 더 배워갈 수 있다. 강사도 질문을 받고 대답을 하면서 실력이 향상된다. 질문에 열심히 대답하면 상당한 에너지가 소모되지만, 생각하지도 못한 질문을 받고 대답하는 것 자체로 스스로 실력이 향상되는 것을 느끼고 쾌감마저 느끼게 된다.

배운 것을 확실히 익히는 최고의 방법은 가르치는 것이다. 가르칠 때에는 수강비를 받아야 한다. 일대일로 가르치는 것도 마찬가지다. 수강비를 받아야 책임감이 생겨 미리 자료를 준비하고 최대한 알려주려고 연습을 한다. 수강생도 진지하게 수업을 들으며 많은 것을 얻어갈 수 있다.

9

빛 갚고 진짜 부자가
되기로 결심했다

긍정적인 생각으로 풍요로움을 끌어당기자

내가 20대 때는 자신감이 하늘을 찔렀다. 내 중심으로 세상이 돌아간다고 생각했다. 일이 술술 풀린다고 생각했다. 하지만 회사에 취업하면서 나의 자존감은 지하 9층까지 내려갔다. 무시는 기본이고 무시에 익숙해졌다. 아무리 노력해도 달라지지 않는 현실이 싫었다. '원래 삶이 이런 건가? 내가 어려서 그동안 몰랐구나. 삶이 절대 녹녹하지 않구나.' 이때부터 모든 일이 겁나고 무서웠다. 그래서 조심조심 눈치만 보고 제발 조용히 지나갔으면 좋겠다고 생각했다. 자연스럽게 나에게 부정적인 감정과 생각들이 쌓였다.

"나는 되는 일이 하나도 없어."

"내 인생은 왜 이래, 내가 그럼 그렇지."

"하여튼 돈이 문제야."

"아이고, 내 팔자야."

"기부는 개뿔, 내가 불쌍한 사람인데."

나는 이런 말을 아무렇지 않게 했다. 이런 말들이 나를 가두었다. 더 큰 꿈을 꾸지 못하게 현실에 발목을 붙잡혔다. 내가 의식을 하든 못 하든 내 잠재의식 사고방식에 차곡차곡 쌓여서 내 행동도 부정적인 잘못된 선택을 했다. 물론 돈에 대해서도 나는 끊임없이 부정적으로 표현했다. 그런데 이런 생각이 방해물이고 쓰레기라는 것을 알게 되었다. 돈에 대한 부정적인 생각으로 나와 돈 사이는 더 멀어졌다. 내가 돈을 좋아하고 좋은 생각을 가지고 있으면 돈은 자연스럽게 나를 끌어당긴다.

마하트마 간디는 이렇게 말했다. "사람은 자기 믿음대로 되는 경향이 있다. 내가 어떤 일을 해낼 수 없다고 계속해서 말하면 정말로 그 일을 할 수 없게 될 가능성이 생긴다. 반대로 할 수 있다고 믿으면 애초에 그 일을 해낼 능력이 없었어도 결국에는 정말로 그 능력을 갖추게 된다."

긍정적인 말버릇이 운명을 바꾼다

나는 이 말의 산 증인이다. 나는 돈에 대해 정말 무지했고 아끼는 것과는 절대 거리가 멀고 오히려 내가 원하는 것이 있으면 할부를 써서라도 가져야만 직성이 풀렸다. 그렇다고 아무 생각 없이 쓰는 건 아니지만 내

아이 셋 키우며 부업으로 월 2000만 원 버는 법

가 할 수 있는 어느 정도 선까지는 내 맘대로 살았다. 그런데 갑자기 빚이라니. 몇백, 몇천도 아니고 '억'이 넘었다. 나는 억 소리가 났고 머리가 혼미했다.

처음에는 남편 탓을 하며 원망하고 싸우고 미워하고 화내고 했지만 달라지는 건 아무것도 없었다. 나는 아이가 셋이기 때문에 빚을 대물림하면 안 된다고 생각하며 아이들이 더 크기 전에 빨리 갚고 자리잡자고 결심했다. 마음이 급했다. 5년 동안 길게 빚 갚지 말고, 2~3년 바짝 고생해서 빨리 갚자고, 나는 할 수 있다고 계속 생각하고 다짐했다. 사고 싶은 게 있어도 입술을 굳게 닫으며 꾹 참았다.

처음부터 긍정적인 생각을 했던 건 아니었다. 하지만 조금씩 계속 말을 바꿨다. 내 입에서 나쁜 말이 나오다가도 다시 긍정적인 말로 순화했다. 긍정적인 확언을 계속했다. '나는 할 수 있어! 그래! 이것으로 소원이 이루어졌어! 지금 부자가 되고 있는 과정이야!'라고 계속 이야기했다. 처음에는 긍정적인 말, 확언을 할 때 어색하고 오글거렸다. 하지만 기분은 좋아졌다. 누가 듣든지 말든지 나만 기분 좋으면 되었다.

우리 집 아이들은 모두 수다쟁이다. 정말 조용할 날이 없다. 아이들 이야기만 듣고 있어도 머리가 복잡하다. 가만히 아이들 이야기를 들어보니 나의 부정적인 말을 그대로 따라 한다. 그때 심각성을 느꼈다. '아, 정말 말조심해야겠다. 긍정적인 말버릇을 해야겠구나.' 이때부터 아이들에게 이야기할 때도 습관적으로 했던 부정적인 말을 계속 바꿨다. 아직도 감정에 휘둘려서 부정적인 말이 나오긴 하지만 계속 노력했다.

긍정적인 말버릇을 하면서 내 상황이 자연스럽게 바뀌었다. 지금 생각해보면 너무 신기하다. 결국 내가 계획했던 날보다 일찍 빚을 갚았다. 긍정적인 말버릇으로 내 안의 잠재의식을 조금씩 바꾼 것이다. 항상 긍정적인 생각만 하면 좋을 텐데 상황에 따라 그때그때 변한다. 여자 마음이 갈대라고 아직도 부정적인 생각을 할 때가 있다. 그때마다 내가 좋아하는 책을 읽는다.

상상력과 잠재의식을 이용하여 진짜 부자가 되자

김밥 파는 CEO 김승호 회장님을 아는가? 미국으로 이민 가서 현재 4,000억 원 자산가가 된 기업인이다. 이분이 TV에서 강의하는 것을 보았다. 너무 평범하게 생기셨고 엄청난 부를 이루셨지만 조금 떨면서 천천히 말씀하셨다.

"제가 어떻게 자산을 이루었는지 알려드릴게요. 간단합니다. 자기 전에 소원을 100번씩 적는 것을 100일 동안 합니다."

김승호 회장님은 이렇게 해서 모든 소원을 다 이루었다고 이야기하셨다. 핸드폰 바탕화면에도 깔아놓고, 이메일 패스워드도 소원으로 바꿔놓으셨다고 했다. 그때 내 상식으로는 이해가 전혀 안 되었다. 하지만 내가 긍정적인 말버릇으로 잠재의식을 바꿔 빚을 갚은 경험으로 지금 나는 무슨 말인지 모두 이해했다.

나폴레온 힐의『놓치고 싶지 않은 나의 꿈 나의 인생』은 내 인생을 바꿔 준 엄청난 책이다. 우리가 오감을 통해 스스로 자기 마음에 주는 암시나 자극을 자기 암시, 자기 최면이라고 한다. 소원을 의식적으로 잠재의식에 주입해서 인생을 변화시키는 힘이 있다. 사람은 누구나 '자기의 생각'을 가지고 있다. 자기도 모르게 잠재의식에 자기 암시를 주고 있다. 암시의 힘으로 생활에 필요한 모든 것을 창조한다. 이 능력을 효과적으로 활용할 수 있는 사람은 드물다.

나는 처음 잠재의식에 대해서 관심이 없었다. 나와는 먼 나라 이야기였다. 빚 때문에 걱정만 하며 살았다. 부정적인 말을 입에 달고 살았다. 그러다가 이젠 말 좀 예쁘게 해야겠다며 한번 긍정적인 말을 했더니 내가 기분이 좋아졌다. 그래서 점점 긍정적인 말버릇을 실천하게 되었다. 막상 내가 빚을 갚고 나니 세상이 달라보였고 그전에 믿지 않았던 글을 다시 보게 되었다. 나폴레온 힐의 책은 나를 완전히 바꿔놓았다.

소망을 소리 내어 읽을 때 중요한 것은 그 말이 아니고 그것을 반복함으로써 생겨나는 마음의 변화다. 바로 '감동'이며 잠재의식은 이 감동이 일어날 때 놀라운 힘을 발휘한다. 싫증이 나겠지만 되풀이하는 일의 중요성을 이해해야 한다. 되풀이를 안일하게 생각해서 많은 사람이 기회를 놓치게 되는 것이다.

잠재의식을 자극하는 것은 신념에 찬 감정이 배어나는 말이다. 처음 마음먹은 사람에게는 어려울지도 모른다. 한두 번 잘되지 않는다고 해서 곧 그만두어서는 안 된다. 연습도 하지 않고 노력 없이 무엇인가를 얻으려고 하는 안일한 생각은 당장 버리자. 진심으로 성공하고 싶다면 인내하자. 끝까지 해낸다는 각오가 잠재의식을 움직이는 것이다.

결국 내가 반복적으로 생각하는 것이 소원으로 이루어진다는 말이다. 그럼 내가 원하는 것을 의도적으로 계속 생각을 하면 소원을 이룰 수 있다. 나는 빚을 갚기 위해 돈을 더 많이 벌어야 된다고 생각했다. 계속 어떻게 하면 돈을 벌 수 있을까? 거의 매일 그 생각만 했던 것 같다. 그래서 내 눈에 돈을 더 벌 수 있는 방법들이 계속 나타났다. 나는 거침없이 잡았고 실행했다. 나는 온라인 판매가 너무 좋아 여기저기 소문내고 알리고 싶다. 모든 직업이 100% 만족할 수는 없지만 누구나 아이를 키우면서, 직장을 다니면서, 부업으로도 할 수 있고 더 나아가 직업으로 고소득을 올리는 '온라인 판매 대마왕'이 될 수 있다.

나는 부자에는 두 종류의 사람이 있다는 것을 알게 되었다. 가짜 부자는 악착같이 아끼고 열심히 모아서 종잣돈을 만들고 그 돈을 투자하고 불려서 부자가 된다. 그래서 돈을 제대로 쓰지도 못하면서 불안과 불만족의 에너지를 내보낸다. 반면 진짜 부자는 잠재의식과 상상력을 이용하여 풍요로움을 끌어당긴다. 돈을 쓰는 순간을 즐기면서 행복하게 산다. 진짜 부자의 돈이란 오늘을 마음껏 누리게 해주는 수단이자 하인이다. 가난한 부자는 돈이 목표고 주인이며 없음을 끌어당긴다. 이제 우리는 상상력과 잠재의식을 이용하여 풍요로움을 끌어당겨 진짜 부자가 되자.

아이 셋 키우며 부업으로 월 2000만 원 버는 법

가족사진

친정 가족사진

위기는 정말 기회다

나는 평범한 아이 셋 주부다. 육아하면서 아이만 잘 키우면 된다고 생각했다. 하지만 독박육아는 힘들고 어렵다. 솔직히 직장생활은 내가 나를 컨트롤해서 열심히 일하면 되지만 아이들은 내 마음대로 절대 안 된다. 육아를 하면서 나의 내면을 알게 되었고 막상 부모가 되어보니 내 부모님이 얼마나 대단하고 고마운지 진심으로 알게 되었다.

나는 남편이 벌어오는 돈으로 생활하면서 그럭저럭 잘 살았다. 돈이 넉넉하지 않았지만 부자들 빼고는 다 그렇게 산다고 생각했다. 아이들 키우는 것도 바쁘고 정신없어서 돈을 번다는 것은 상상할 수도 없었다. 하지만 거액의 빚이 생기면서 나는 편하게 육아만 하면서 지낼 수는 없었다. 처음에는 중고나라, 번개장터, 당근마켓, 헬로마켓을 이용하면서 반찬값이라도 조금씩 벌었다. 머릿속에 온통 물건 팔 생각으로 가득했다.

내가 너무 간절했던 것인가. 포토샵 배울 기회가 생기면서 온라인 세상에 관심이 생겼다. 나는 우연히 온라인 판매를 할 수 있는 기회를 잡았다. 내가 온라인으로 쇼핑만 하다가 온라인 판매를 직접 해보니 신기하고 재미있었다. 이걸 왜 이제야 알았나 싶기도 했다. 주변에서 온라인 판매에 대해 많이 물어본다. 나는 많은 사람들에게 알려주고 싶어서 점점 입이 근질거렸다. 그러면서 교육을 시작하게 되었다.

위기는 정말 기회다. 온라인 판매를 하면서 많은 것을 깨달았다. 요즘은 오프라인 장사만으로는 먹고살기 힘든 세상이다. 온라인 판매는 기본이며, 네이버 블로그, 카페, 유튜브, 인스타, 페이스북, 밴드, 카카오스토리 등 판매 채널은 너무 다양하다.
요즘 코로나 바이러스로 외출이 어렵다 보니 온라인 판매는 더욱 활성화되고 있다. 앞으로 온라인 판매는 점점 더 확장되며 많아질 것이다.

지금 안정된 직장에 다니고 있다면 부업하기 좋은 조건이며, 월급 이외에 다른 파이프라인을 만들고 싶다면 부업을 공부하자. 또 듬직한 남편이 따박따박 월급을 잘 벌어서 아이를 키우면서 여유가 있다면 정말 부업하기 좋다. 반대로 남편 월급이 적어 주부가 벌어야 된다면 온라인 판매를 배우자.

또 삶이 재미없거나 우울증이 있다면 부업을 하자. 누구나 시작할 수 있다. 스펙은 중요하지 않다. 활발한 성격이 아니어도 된다. 돈을 벌고자 하는 의지, 성실함만 있으면 누구나 가능하다. 돈을 벌고 통장에 돈이 쌓여가면 자존감이 올라가고 더 큰 욕심이 나고 의욕이 생긴다. 삶이 달라질 수 있다.

나는 네이버 스마트스토어, G마켓, 옥션, 인터파크, 11번가, 티몬, 위메프, 쿠팡에서 발레복, 한국무용복, 댄스화, 액세서리 등 좋은 상품을 판매하고 있으며, 인스타그램@sooji_closet 수지옷장에서 유아동복, 장난감 등 여러 가지를 물품을 판매하고 있다. 또 네이버 '한국부자만들기연구소' 카페를 운영하며 평범한 사람들이 부자 마인드로 바꾸어 부업을 통해 빚을 빨리 갚고 경제적 자유를 누릴 수 있도록 교육하고 있다.

월급 받는 직장인이라면 온전히 내 것으로 흡수하지 못할 수도

아이 셋 키우며 부업으로 월 2000만 원 버는 법

있다. 괜찮다. 나도 직장생활만 할 때 나와 다른 세상 이야기는 믿지도 못하고, 눈에 들어오지 않았다. 내가 10년 동안 직장생활을 할 때 내 주변은 전부 직장인밖에 없어서 도움을 전혀 받지 못했다. 그때 내가 할 수 있는 선택은 결혼밖에 없었다.

그때 조금 더 마음을 열었으면 분명 내 상황은 달라졌을 것이고, 세상 보는 눈도 깊어졌을 것이다. 그래도 직장생활을 하면서 열심히 출근하고 일하고 퇴근하고 하는 습관과 노력으로 잃은 것보다 얻는 것이 더 많았지만, 내가 원해서 하는 부업은 힘든 것이 덜하다. 또 시키는 일을 주먹구구식으로 하는 것보다 내가 생각하고 판단해서 하는 것은 선택에 책임을 져야 하므로 도전적이고 진취적이며 적극적이다.

자, 이제 인생을 바꿀 새로운 시작을 꿈꿔보자!